동아시아 공동출판 ◆ 한국어판

동아시아에 새로운 '책의 길'을 만든다

편집위원

중국❖류쑤리劉蘇里

대만❖하오밍이郝明義

일본❖가토 게이지加藤敬事

한국❖한기호韓淇皓

한국출판마케팅연구소

동아시아에 새로운 '책의 길'을 만든다

❖ 차례

한국어판 서문
동아시아 문화 공동체의 체계화를 위하여 ······ 한기호 ····· 5

서문
동아시아 공동출판으로 무엇을 할 것인가 ······ 쓰노 가이타로 ····· 9

왕복서간
변혁기의 사회는 '독서'를 원한다 ······ 류쑤리, 가토 게이지 ····· 15

❖ 한국

화보──**386세대로부터 2030세대로** ····· 25

평론──**한국학 이끄는 한국 출판의 삼두마차** ······ 이권우 ····· 41

이 사람과 일──**이기웅 '출판 도시'를 편집하다** ······ 한미화 ····· 47

한국의 10년──**아동·청소년 출판과 인문서의 성장** ······ 강맑실 ····· 52

❖ 대만

화보──**留住手藝 전통공예를 기록한다** ····· 57

평론──**순문학과 대중문학 사이에서** ······ 쉬수칭 ····· 73

이 사람과 일──**왕룽원 언제나 시대를 앞서는 사람** ······ 환웨안 ····· 79

대만의 10년──**출판업계의 양극화 현상** ······ 쉬카이천 ····· 84

❖ 일본

화보──**읽는 사람 1935-1958 일본** ····· 89

평론──**독서의 힘을 갱신하기 위한 힌트** ······ 가토 노리히로 ····· 105

이 사람과 일──**도미타 미치오와 아오조라문고** ······ 에다와 고이치 ····· 111

일본의 10년──**변화된 책과 시장과 사람의 관계** ······ 나가에 아키라 ····· 116

❖ 중국

화보――**走向前台** 무대로 올라온 중국 민영출판업 ·· **121**

평론――**격동하는 사회와 맞선 지식인들** ······· 왕이팡 ··· **137**

이 사람과 일――**왕자밍 '일책지상주의'를 실천하는 편집자** ······· 루웨강 ················· **143**

중국의 10년――**계획경제의 속박에서 벗어나** ······· 쑨칭궈 ··· **148**

❖ 좌담
전통문화를 미래에 전수한다
동아시아의 문자, 책, 디자인 ········ 스기우라 고헤이, 뤼징런, 안상수 ··················· **153**

❖ 에세이
한국――**동아시아와 동북아시아, 그리고 한국** ········ 백낙청 ·· **170**

대만――**푸젠의 문화적 힘을 대만으로** ········ 난팡쉬 ·· **172**

일본――**여자와 어린이, 그리고 책** ········ 나카자와 게이 ·· **174**

중국――**새로운 흐름을 만들어내는 힘** ········ 찬쉐 ·· **176**

❖ 외부의 시각
내가 본 동아시아 출판문화 세계 7개국 출판인·학자의 기대와 전망을 듣는다 ········ **178**

동서양의 지적 대화를 위해 ········ 로저 사르티에

동아시아에 대한 깊은 이해를 ········ 앙드레 쉬플랭

동서의 장벽을 허물기 위해 ········ 고든 그레엄

타이의 중국어 신문 100년사 ········ 타네스 윙야나바

독서에 대한 불굴의 의지 ········ 브루스 커밍스

문화교류야말로 ········ 모하메드 알리 세판로우

다문화 국가인 러시아와 동아시아 ········ 유리 메이슈라츠, 보리스 에젠킨

책은 그 나라의 정체성을 나타내는 창이다 ········ 도로시아 로사 힐리어니

❖ 토론
동아시아에 공통된 '책문화'가 존재하는가 ········ 하오밍이, 한기호 ······················· **189**

❖ 후기 ··· **197**

한국어판 서문

동아시아 문화 공동체의 체계화를 위하여

한기호 한국출판마케팅연구소 소장

미국형 베스트셀러의 퇴조

『부자 아빠 가난한 아빠』(로버트 기요사키 외)와 『누가 내 치즈를 옮겼을까』(스펜서 존슨)는 한국, 중국, 일본 모두에서 밀리언셀러가 된 책들이다. 현실사회주의 몰락 이후 지난 몇 년 간 더욱 공고화된 신자유주의체제에서 개인의 변화를 역설한 책들은 동아시아의 여러 나라에서도 폭발적인 반응을 몰고 왔다. 또 미국에서 탄생한 자기계발서들의 베스트셀러 순위는 동아시아 각 나라에서도 별다른 차이 없이 늘 인기였다. 이런 흐름으로 말미암아 세계 출판계가 시장으로서는 곧 하나로 통합될 것 같은 분위기마저 없지 않았다.

그런데 최근 이런 흐름에 변화의 조짐이 보인다. 각 나라에서 인기를 끄는 베스트셀러를 통해 그 흐름을 살펴보자.

중국에서 『상도』의 인기비결

먼저 중국에서는 우리 소설 『상도商道』(최인호)가 개인의 처세서로 읽히며 장기간 베스트셀러 1위에 올랐다. 출판사에서 공식적으로 밝힌 판매 부수만 200만 부이니 실제로는 얼마나 팔렸는지 아무도 알 수 없다.

중국에서 이 책이 많이 팔린 이유는 공맹孔孟사상 같이 중국인들의 정서와도 부합하는 정신이 면면히 흐르고 있기 때문이라 할 수 있다.

이 소설이 부자가 되기를 권하는 것은 주로 상술을 가르치는 미국산 자기계발서와 별반 다르지 않다. 그러나 돈을 취한 다음의 태도는 다르다. 이 소설에서는 상불商佛이 되는 것을 강조하고 있다. 그 정신은 소설의 본문에 나오는 "재물은 평등하기가 물과 같고, 사람은 바르기가 저울과 같다財上平如水, 人中直似衡"는 말이 집약하고 있는데, 이것은 '군자란 재물을 취하는 데도 도가 있다君子愛財, 取之有道'는 중국의 명언과도 일맥상통한다.

이처럼 재물은 취하되 취한 다음의 행동을 더욱 강조하는, 즉 이利보다는 인간이기를 중시하는 것은 유교적 자유관에 입각한 '유교적 자본주의'의 소산이라 할 수 있다.

자유주의적 개인주의의 한계

과거에 근대화는 곧 서구화를 의미했다. 더 극단적으로는 미국화를 의미했다. 그러나 서구의 근대 이성은 찬란한 위력을 지녔지만 동시에 가공할 만한 폭력성을 갖고 있었다. 어쨌든 순전히 개개인의 사적인 이해관계를 일차적으로 고려하면서 계약사회를 유지하려는 서구식 현대사회의 '자유주의적 개인주의'로는 분명한 한계가 노출됐다.

유교라는 사상을 공동 기반으로 하는 동아시아의 나라들도 미국이라는 일국 중심의 체제 강화 이후 서구 중심주의에 대해 일정한 반성을 하기 시작했고, 결국 자기 주변에서 문화의 정체성을 찾으려 했다. 서구식 가치관은 혈연을 중시하는 가족중심주의, 가부장적인 불평등한 인간관계를 중시하는 것과 같은 '동아시아적 가치'를 부정적인 것으로 비판해왔다. 하지만 자본 증식을 위해서라면 못하는 일이 없는 자유주의적 개인주의의 한계와 서구 이성에 대한 신뢰감의 상실로 말미암아 동아시아에서는 유교적 자유주의에서 대안을 찾기 시작했다.

유교적 자유주의는 "개개인의 이해타산을 고려하기보다는 공동체 전체의 화합과 안녕을 이루어내기 위해 노력한다. '지도자' 엘리트들의 '배움'과 '반성적 사유'를 강조하면서 다른 한편으로는 공동체 안에서 서로 다른 역할을 한다. 이것은 '자기'와 관련된 주위 '다른 사람들'에게 각별한 '배려[恕]'를 강조하는 유교 '덕'의 윤리다. 결국 개인이 공동체 안에서 자기가 실현해야 할 역할을 통해 규정해내는 일종의 유기체론적인 세계관에 그 뿌리를 두고"(송영배, 「세계화 시대의 유교적 윤리관의 의미」) 있는 것이기도 하다.

2001년 WTO 가입 이후 중국에서는 '집단'에서 '개인'으로 급격하게 관심이 이동하면서 '이익 중시'와 무한경쟁의 논리가 책을 통해 빠르게 확산되었다. 『상도』의 새삼스러운 인기는 이런 인식 전환의 흐름을 단적으로 반영한 것이라 할 수 있다.

이에 반해 우리나라에서는 『인생을 두배로 사는 아침형 인간』(사이쇼 히로시)이라는 일본의 처세서가 대단한 인기를 몰고 왔다. 아침잠을 줄이는 것으로 대표되는 시간관리를 통해 삶의 총체적 변화가 가능하다는 컨셉트만 '나부끼는' 책이지만 새로운 '인생철학'으로 여겨진 바 없지 않다. 이 책은 스스로의 변화를 통해 인생의 즐거움을 찾아가자는 내용으로, 성장의 컨베이어 벨트만 잘 올라타면 마치 인생의 성공이 보장될 것처럼 강조해온 미국형 자기계발서들에 대중이 식상할 무렵에 출간돼 대단한 인기를 끌 수 있었다.

일본에서도 미국형 자기계발서의 인기는 퇴조하는 반면에 『바보의 벽』(요로 다케시)이란 책이

300만 부 이상 팔렸다. 책의 질에 관해서는 일본에서마저 매우 비판적이지만 어쨌든 개인의 다양성을 인정하고 타자他者의 차이를 존중하는 '화이부동和而不同'의 철학을 강조하고 있다.

이런 가치가 다시 주목받는 것은 개인의 차이를 인정하기보다 단일한 방법론과 유일한 해석을 통해 획일적으로 줄을 세우려 들었던 서구 이성에 대한 반성 때문이라 할 수 있다.

동아시아 담론의 확산

물론 베스트셀러를 통해 도식적으로 사회를 재단하는 것에는 일정한 한계가 있다. 하지만 동아시아의 각 나라에서 미국형 베스트셀러가 일제히 퇴조하고 동아시아에서 직접 생산된 책들이 인기를 끌고 있는 것은 시사하는 바가 크다.

더구나 요즘 동아시아 각 나라의 출판물 교류가 매우 늘어나고 있다. 대만과 우리의 대중소설이 중국에서 인기를 끌고 있고, 우리 아동물과 실용서의 중국 수출이 크게 늘어났다. 일본에서는 우리 드라마만을 다룬 월간지가 확실하게 자리잡고 있으며, 우리 드라마를 소설화한 책이 나올 때마다 베스트셀러에 오르고 있다.

문화의 교류는 비단 책만이 아니다. 영화, 가요, 게임 등 문화산업 전반으로 크게 확대되고 있다. 게다가 세계체제가 더욱 공고화될수록 동아시아의 상호 연관성이 날로 긴밀해지고 있음을 느낄 수 있다. 그래서인지 최근 동아시아 각 나라에서 동아시아 담론이 유행처럼 번지고 있다. 물론 논의되는 방향이나 질과 수준은 다르지만 동아시아 담론이 갈수록 확산될 것만은 분명하다.

더구나 인터넷의 발달로 공간의 제약마저 사라지고 있어 이런 논의는 앞으로 더욱 활기를 띨 것으로 보인다. 또 출판사 간의 연합은 국경을 초월하고 있다. 미국 최대 기업인 랜덤하우스가 일본의 고단샤와 우리나라의 중앙M&B와 합작법인을 설립한 것에서 알 수 있듯이, 이제 국가 간의 연합은 단순한 저작권 수출의 단계를 넘어선다. 앞으로는 처음부터 시장을 전세계로 확대하고 기획하는 명실상부한 글로벌 기획이 더욱 강화될 것이다.

인터넷에는 국경을 초월한 정보 네트워크가 생겨 새로운 '공공의 공간'이 형성되는 한편, 그 이면에서 다양한 정치적·문화적 충돌이 가시화되고 있다. 이런 변화가 한참 진행 중인 지금 "유럽에서는 개성과 주체성을 중시하면서도 통합을 추진해, 이제 과거의 '외부'까지 문화적·정치적 신체에 편입하려 하고 있다. 그리고 책의 문화에 대해서도 새로운 인식이 전개되고 있다. 이 전환기에 출판이나 도서관의 역사를 모두 정리한 '기록의 장'이 구축되고 있는 것이다. 유럽의 역사를 재고하는 시험으로 〈총서유럽〉 같은 각국 공동 출판도 한창"이다.

당위로서의 동아시아 공동출판

그러나 동아시아는 어떤가? '한자문화권'이라는 공통의 문화적 기반을 지니고 있음에도 "오직 서구의 지적 도구에 끌려다니다가, 정작 자신의 문자와 책 세계를 조금씩 잊어온 느낌이다. 지금 화혼양재和魂洋才를 어떻게 계승할 것인지를 말하려는 것이 아니다. 동아시아의 문자문화라는 문화적 신체를 이제 확실히 인식해야 한다. 그러기 위해서는 무엇보다 '경험의 장'을 공유"(이상 인용은 미야시타 시로宮下志朗「동아시아의 문자문화를 재고한다」, 〈책과컴퓨터〉, 2003년 겨울)해야 한다. 그것은 단순히 비즈니스만을 위한 것이 아니다. 공동 출판은 공통의 '기억의 장'을 구축하는 일이면서 전세계 타자와의 '진정한 소통'을 위해 반드시 필요한 일이다.

동아시아 각 나라들은 지난 100년간 압축적으로 근대를 경험하는 과정에서 냉전 시스템이 작동해 서로를 인정하기보다는 애써 무시하거나 공격하는 일이 많았다. 하지만 지금이라도 늦지 않았다. 우리는 세계체계의 지역적 구현체인 동아시아 지역체계에 대한 더욱 깊은 체계화가 필요하다. 그런 체계화는 서로의 정신적 자산에 대한 이해가 전제되어야 한다. 이번 공동 작업은 동아시아에 공통된 책의 문화를 마련해 보는 매우 적극적인 시도라는 점에서 의의를 찾을 수 있을 것이다.

이렇게 교류가 활발하게 이뤄지면서 경제적 블록화 이상으로 동아시아의 문화 공동체의 필요성은 커지고 있다. 이 공동체가 제대로 작동하려면 상극이 아닌 상생의 철학이 필요하다. 필자는 이 프로젝트가 동아시아, 나아가 전세계를 항상 긴장하게 만드는 한반도의 분단을 극복하는 방향이어야 한다고 참여의 변을 밝힌 바 있다. 이때 분단 극복은 힘의 논리에 의해서가 아니라 건강하고 튼튼한 정신 인프라의 구축을 통해서 이뤄져야 할 것이다.

영상매체가 아무리 맹위를 떨친다 하더라도 문화 공동체 형성에 제대로 기여하기 위한 모든 문화 콘텐츠의 기본은 출판이다. 그래서 고담준론이 아닌 생생한 현장성을 기반으로 하는 이 프로젝트는 궁극적으로 동아시아 여러 나라의 문화적 발전에 기여할 것이다. 아니 기여해야만 한다.

동아시아 공동 출판무크『동아시아에 새로운 '책의 길'을 만든다』는 일본의 지원이 없었으면 사실상 출간이 불가능했다. ㈜다이닛폰인쇄大日本印刷는 원고료, 번역비 등의 대부분을 지원했다. 우리가 한 일이라고는 기획 아이디어를 제공하고 실제 책을 만드는 것뿐이다. 이 자리를 빌려 새삼 일본의 관계자 여러분께 감사드린다. 또 한국 섹션의 디자인을 맡아주신 정병규 선생님, 글을 써주고 기획아이디어를 제공한 이권우, 표정훈, 한미화 씨 등의 평론가, 이 프로젝트를 직접 진행하고 한국판의 번역을 도맡아 해준 박지현 씨께도 감사드린다.

서문

동아시아 공동출판으로 무엇을 할 것인가

**동아시아 출판계에
상호 이해의 터전을 마련하는 시험이 시작되었다**

쓰노 가이타로 津野海太郎 〈계간 책과컴퓨터〉 총괄편집장

쓰노 가이타로
1938년 도쿄에서 태어났다. 〈계간 책과컴퓨터〉 총괄편집장이며 와코和光대학 표현학부 이미지 문화학과 교수로 재직 중이다. 1960년대부터 단행본을 비롯하여 다양한 형태로 출판과 관계된 일을 하고 있다. 저서로 『책은 어떻게 사라지는가』 『신 책과 사귀는 법』 『구텐베르크 은하계의 행방』(한국출판마케팅연구소 번역 출간) 등이 있다.

상호 불신과 무관심을 넘어

최근, 그 동안 소원하게 지내던 동아시아의 출판인들과 급속도로 깊은 관계를 맺게 되었다. 그리고 이제 막 시작된 교류를 통해 이 책이 태어났다.

이 지역에 대해 잘 모르는 영어판 독자 여러분은 옆에 지도를 펼쳐주시기 바란다. 광대한 중국 대륙의 동북부에 한반도가 있으며, 좀더 동쪽 해상으로 가면 대만과 일본 열도가 조그맣게 떠 있을 것이다. 이 지역이 우리의 '출판활동의 장,' 그러니까 이 책에서 '동아시아'라 부르는 곳이다. 지도를 보면 알 수 있듯 중국·한국·대만·일본 간의 거리는 굉장히 가깝다. 그러나 앞에서 밝혔듯 20세기 후반의 약 50년 동안 동아시아 각국의 출판인 사이를 갈라놓았던 심리적 거리는 대단히 먼 것이었다. 극소수의 예외가 있긴 하지만, 대체로 서로 어떤 모습으로 무슨 일을 하는지 전혀 몰랐고 굳이 알려고 하지도 않았다. 가깝고도 먼 나라. 어떤 나라 사이든지 두 나라의 관계는 그렇게 소원했다.

내 나름대로 판단하건대, 이유는 두 가지다. 첫 번째는 두말 할 것도 없이 19세기 말 일본이 이 지역을 군사적·정치적·경제적으로 침략하여 식민지로 삼거나 식민지화하려 했기 때문이다. 두 번째는 2차 대전 후 일본을 제외한 3국이 서로 다른 정치적 상황에 따라 '언론과 출판의 자유'를 잃었기 때문이다. 그것은 엄중한 감방에 갇힌 것과 다름없었다. 그 결과 이 책의 편집위원인 한

기호 씨가 지적한 대로, 최근 100년 동안 급작스런 근대화를 경험하는 과정에서 각국은 서로를 인정하기보다는 무시하거나 공격하는 일이 많았다. 그런 상황에서 '공통의 책문화'를 잃어버렸다고 해도 좋을 것이다.

그러나 세기의 전환점에서 조금씩 교류하며, 이제야 비로소 '상호 불신이나 무관심이 결코 극복할 수 없는 조건이 아니라는 것'을 깨닫게 되었다. 그것을 발견하는 기쁨이 없었다면 각국 출판인들이 공동으로 '동아시아의 책문화'에 관한 책을 편집하고 완성하여 서로 다른 언어(문자)로 출판하는, 거의 무모함에 가까운 —그런 이유로 과거에 한 번도 실현된 적이 없는— 공동 출판은 결코 기획할 수 없었을 것이다. 물론 우리의 계획은 시작에 불과하다. 앞으로 더욱 많은 사람들이 다양한 시도를 할 테고, 틀림없이 동아시아에는 새로운 상호 이해의 길이 만들어질 것이다. 우리도 그 과정에 함께할 수 있기 바란다.

문화사적인 접근

그렇다면 이 책은 어떻게 편집해야 할까. 나는 두 가지 생각을 했다. 첫 번째는 문화사적 접근이다. 즉 과거 동아시아가 2000년 동안, 짧게 잡더라도 약 1500년 동안 공유해온 '책 문화'에 대한 잃어버린 기억을 되살리는 것이다. 두 번째는 잡지적인 접근이다. 서로 현재의 출판 상황을 보고함으로써, 오랫동안 우리 마음을 옭아매온 '상호 불신과 무관심'에서 벗어날 수 있는 계기를 마련하는 것이다.

우선 첫 번째 접근법부터 살펴보자. 동아시아는 지역적 특성이 비슷하다. 따라서 유럽의 그것과는 상당히 다른 책의 형태를 국경을 뛰어넘어 공유해왔다. 그 특징은 세 가지 —부드럽고 가벼운 종이, 엄청나게 많은 한자, 목판 인쇄— 이다. 한자로 쓰인 텍스트를 부드럽고 가벼운 종이에 목판으로 인쇄하여, 그것을 수십 장 겹쳐 가장자리를 맞춘 다음 가는 실로 꿰맨 것. 과감히 단순화하면 이것이 바로 중국 대륙에서 태어나 각지로 퍼져나간 동아시아의 전통적 책의 형태였다.

이런 책의 형태가 성립된 것은 10세기 초. 그 이전, 즉 책이 목판 인쇄가 아니라 필사본으로 존재하던 시대부터 동아시아에는 중국에서 한반도로, 그리고 일본 열도로 이어진 책의 교역로가 있었다. 그리고 중국과 일본 사이에는 직통 해로도 존재했다. 저장浙江대학의 왕융王勇 교수는 이렇게 중국에서 동쪽으로 나아가는 교역로를, 서쪽으로 향하는 실크로드와 대비되는 '북 로드 book road'라고 했다. 유교나 불교 경전은 물론 지식인을 위한 시문집이나 대중 오락물에 이르기까지 다종다양한 책이 북 로드를 통해 동방에 위치한 여러 나라에 전해졌으며, 때로는 거꾸로 중국으로 유입되기도 했다. 그 양 또한 엄청나서 9세기 중국의 시인 백거이白居易는 자신의 작품집 『백씨문집白氏文集』의 사본이 활발하게 유통되는 지역으로 중국 장안長安, 뤄양洛陽과 함께 신라와 일본을 꼽았을 정도였다.

그러나 이 매력적인 '책의 형태'는 19세기 이후 동아시아 지역이 제 의지와는 상관없이 유럽 중심의 세계에 흡수되자 자취를 감추고 말았다. 가볍고 부드러운 종이는 유럽식 제지 기술로 만들어진 무겁고 두꺼운 종이로, 목판 인쇄는 구텐베르크 혁명으로 시작된 활판 인쇄로 바뀌었다.

그럼 한자는? 역사적 과정은 차치하고 현황만 이야기하면, 오늘날 동아시아인들은 서로 다른 문자 시스템을 사용하고 있다. 대만은 전통적인 한자(번체자)를 지켜가고 있지만 중국은 그것을 간략하게 만든 간체자를, 일본도 간략하게 만든 한자와 두 종류의 표음문자(히라가나, 가타가나)를 혼용하고 있다. 단, 이 간략화는 중국과는 전혀 다르다. 그리고 한국은 한자를 버리고 고유의 표음문자인 한글로 통일하려 하고 있다. 이러한 변화의 결과 이 책도 네 지역에서 네 가지(영어를 포함하면 다섯 가지) 언어로 인쇄되어 나올 것이다.

전통적인 종이나 인쇄술의 힘은 약해졌다. 한자도 마찬가지다. 즉 '부드럽고 가벼운 종이에 한자로 쓴 텍스트를 목판으로 인쇄한 책'을 국경을 넘어 공유하던 북 로드의 전통은 이제 동아시아에서 완전히 사라졌다 해도 과언이 아니다.

그러나 현실이 그렇다 해도 우리가 옛날, 가볍고 얇은 책문화를 공유했던 기억까지 완전히 사라질 리는 없다. 그렇다면 그 기억을 되살려 서로 머리를 맞대고 거기서 무언가 끌어낼 수 있지 않을까? 가능하다면, 아니 불가능함을 확인하는 것으로 끝난다 해도 그 노력은 앞으로 우리의 관계로 인해 틀림없이 좋아질 것이다. 우리는 우리의 새로운 책으로 그것을 실현해보려 한다.

잡지적인 접근

하지만 우리는 아직 서로의 현황에 대해 모르는 것이 많다. 과거의 기억을 더듬는 것뿐만 아니라, 그 전에 서로에 대한 무지와 무관심에서 벗어나야 하는 것이 아닐까? 그러한 초조한 마음이 두 번째 잡지적인 접근법으로 향하게 했다.

똑같이 '출판'이라는 말을 쓰지만 그 말이 의미하는 바 —출판사나 인쇄소나 유통기구, 저자나 독자, 편집자나 디자이너, 인쇄제본 기술자가 만들어내는 관계의 구조— 는 서로 유추할 수 없을 만큼 다르다. 사실 구미를 비롯한 세계 다른 지역에서는 거의 비슷한 의미로 사용한다. 그 점에서 동아시아의 국경을 가르는 거리가 가까운 만큼 그 차이가 갖는 의미는 오히려 더욱 크게 느껴진다.

차이는 출판구조에서 끝나는 것이 아니다. 2002년 중국에서는 10만 693종, 한국에서 3만 4549종, 대만에서는 3만 4533종, 일본에서는 7만 4259종(신간 초판)이 출판되었다(대만은 2000년 통계). 하지만 이 숫자는 현재 출판산업이 사회에서 어떤 역할을 담당하고 있으며 어느 정도의 비중을 차지하는지 정확하게 반영하는 것이 아니다. 서로 왕래가 잦아진 오늘날 출판이라는 일이 각 사회에서 맡은 역할, 나아가 각 지역에서 책이라는 미디어가 차지하는 비중은 상상할 수 없을 만큼 큰 차이가 있었다. 특히 그 차이는 일본과 다른 세 지역 사이에서 확연히 드러났다. 현재 일본 출판인들은 지금까지 한 번도 경험하지 못한 어려운 상황에 처해 있다. 책이 잘 팔리지 않는 것이다. 그와 함께 책이 사람을 움직이는 힘도 급속히 저하되고 있다. 그런데 중국이나 한국, 대만의 출판인들은 의기충천하여 매우 활기찬 것 같다. 사람들이 아직 책에 대한 신뢰감을 갖고 있다. 적어도 일본 출판인인 내 눈에는 그렇게 보인다.

1980-90년대에 중국이나 한국, 대만은 모두 엄청난 정치적·경제적 변화를 겪었다. 그들의 활기는 이 경험과 깊은 관련이 있다.

중국은 1980년대에 '개혁개방' 정책에 따라 국가가 독점했던 유통기구가 민간으로 서서히 옮겨졌고, 1996년 마침내 국가신문출판서의 서적유통이 자유화되기에 이르렀다. 대만에서 계엄령이 해제된 것은 1987년. 같은 해 한국에서도 민주화 운동이 일어나 정부는 이를 수용하는 형태로 민주화를 선언했고, 이에 따라 출판도 겨우 자유를 되찾았다. 그리고 1999년 대만에서는 계엄령이 해제된 이후에도 존재하던 출판령이 폐지되어 출판과 보도가 완전히 자유화되었다. 일본을 제외한 동아시아 지역은 이 시기에 한결같이 '자유화'와 '민주화'라는 커다란 변화를 경험했다. 출판인들이 활기찰 수밖에 없었다. 그것은 독자들도 마찬가지였다.

물론 간단한 문제는 아니다. 출판산업의 '자유화'는 자칫하면 '팔리는 책이면 된다'는 식의 시장중심주의로 흐를 수 있기 때문이다. 이것은 바로 1980-90년대 일본 출판산업이 경험한 일이다. 그리고 이것 ―압도적인 대량소비문명에 전통적인 책문화가 어떻게 대응할 것인가 하는 점― 은 현재 일본뿐만 아니라 동아시아의 출판계가 피할 수 없는 중요한 문제로 대두될 것이다. 그런 의미에서 '일본의 출판계가 제공할 수 있는 것은 성공과 함께 쇠퇴의 경험이다. 이 점이 다른 국가에 조금이나마 도움이 될 수 있을 것'이라고 편집위원인 가토 게이지加藤敬事가 말한 것도 그저 역설적인 과장은 아니다.

이 책을 보면 알 수 있듯이, 이번 시도에서는 이 두 가지 방식 중 첫 번째 문화사적인 접근법보다는 두 번째 잡지적인 접근법에 중점을 두었다. 학자들보다는 현장에서 일하는 출판인들의 생생한 목소리를 담아 잡지처럼 편집한 것도 그런 이유 때문이다. 지금도 격렬하게 끊임없이 움직이는 동아시아의 출판 상황을 보면 이것은 당연한 선택이라 해도 좋다. 그러나 그렇다고 해서 우리가 옛 북 로드에 대한 관심을 버린 것은 아니다. 사실 이 책에서도 일본의 스기우라 고헤이杉浦康平, 한국의 안상수, 중국의 뤼징런呂敬人이라는 세 명의 걸출한 북 디자이너가 '아시아의 문자와 책의 형태'에 관해 토론했다. 이 좌담에서는 앞으로 우리가 함께 생각해야 할 날카로운 질문이 많이 제기되었다. 만화를 비롯한 대중문화나 인터넷 출판에 대한 언급이 부족하다는 점은 인정한다. 기회가 된다면 다음에는 이 주제도 꼭 다루고 싶다.

외부 세계로 열린 새로운 북 로드를

끝으로 이 책의 구성과 출판에 이르기까지의 과정을 간단히 설명하겠다. 이 출판계획은 2003년 봄, 일본 책과컴퓨터 편집실의 주도로 시작되었다. 책과컴퓨터 편집실은 1997년 ㈜다이닛폰인쇄大日本印刷의 지원을 받아 도쿄에 설립되었다. 책과컴퓨터는 전통적인 종이책 출판인이나 편집자, 전자출판 관련자나 인쇄 전문가들의 대화와 교육의 장으로 자리잡았다. 또한 잡지 〈계간 책과컴퓨터〉를 비롯해, 출판과 전자화에 관한 책이나 팸플릿, 버클리 편집실을 중심으로 한 영어 웹 매거진 〈The Book & The Computer〉 등을 간행하고 있다. 뿐만 아니라 전람회 〈아시아의 시공時空〉(2000), 심포지엄 〈동아시아 출판인회의〉(2002) 등 동아시아 출판에 관한 행사를 개최하기도 했다.

이런 활동을 통해 알게 된 동아시아의 여러 출판인들과 이야기를 나누며 이 책을 기획하게 된 것은 이미 설명한 대로다. 편집위원 중 세 사람(한국의 한기호, 대만의 하오밍이, 중국의 류쑤리)은 출판에 꿈을 건 각국의 젊은 세대가 믿고 따르는 유능한 출판인들이다. 그리고 일본의 가토 게이지는 대선배로서 큰 힘이 되어주었다. 서로 찾아가 보기도 했지만 주로 온라인으로 편집위원회를 구성했다. 이와 함께 각국 출판사와 교섭한 결과, 2004년 간행을 목표로 북경의 허베이자오위출판사河北教育出版社, 서울의 한국출판마케팅연구소, 대만의 넷앤북스Net and Books 등 의욕적인 출판사가 각국의 국어판 인쇄와 발행을 맡기로 했다. 일본어판은 〈계간 책과컴퓨터〉를 발행하는 도쿄의 다이닛폰인쇄 ICC 본부가 맡았으며, 영어판은 2004년 가을 간행할 예정이다.

이 온라인 편집위원회와 〈계간 책과컴퓨터〉 편집실이 협력해 전체 구성은 크게 세 부분으로 나누기로 했다. 서문과 중국·일본 편집위원이 교환한 왕복서간이 그 1부에 해당한다. 2부는 각국 편집자들이 그들이 신뢰하는 디자이너들과 함께 제작한 16쪽의 특집 섹션을 중심으로 출판 현황을 다각도에서 보고한다. 그리고 마지막 3부는 국경을 초월한 대화로 구성된다. 앞에서 언급한 세 명의 북 디자이너 —스기우라 고헤이, 안상수, 뤼징런— 가 나눈 정담鼎談, 각국을 대표하는 네 명의 지식인이 집필한 에세이, 동아시아 밖으로 확대하여 세계의 출판인과 연구가들이 보내는 메시지, 대만·한국의 편집위원이 나눈 대담으로 마무리된다.

20세기 후반의 50년 동안, 동아시아의 출판은 서로 폐쇄된 환경에 놓여 있었다. 그것은 일본도 예외가 아니다. 이런 폐쇄성과 그로 인한 서로 간의 무지와 무관심을 정치적·경제적·군사적인 힘을 쓰지 않고 극복하려면 어떻게 해야 할까? 우리의 공동출판은 그 가능성을 모색하는 시도이기도 하다.

그러나 우리의 시도가 동아시아를 다른 지역과 따로 떼어 유럽 중심의 책전통에 우리의 독자성을 함부로 대립시키려는 것은 아니다. 우리는 이미 150년 이상 유럽에서 기원한 책(활판 인쇄한 두껍고 무거운 종이를 단단히 묶은 것)이 획득한 보편성에 익숙해졌다. 즉 그것을 통해 생각하고 지식을 축적하며 상상력을 길러 낯선 사람들과 시공을 초월한 대화를 할 수 있었다. 그런 의미에서 우리도 구텐베르크의 발명이 만들어낸 근대적 책세계의 내부에 살고 있다. 이제 와서 그 외부에 있는 척 할 수는 없다. 덧붙이면 현재 우리는 근대적인 책의 세계가 디지털 혁명과 대량소비 문명으로 크게 흔들리는 현실을, 구미를 포함한 다른 지역 사람들과 함께 경험하고 있다. 이 '책의 위기'를 극복하고 과거와 미래의 단절이 아닌, 풍요로운 연속성을 만들어내기 위해 우리는 어떻게 해야 할까. 이것은 우리뿐만 아니라 전세계 출판인과 책을 사랑하는 사람들 모두에게 주어진 공통 과제다.

동아시아에 새로운 북 로드를 만들자. 이 책은 그런 이야기를 하는 것이다. 새로운 북 로드의 특징은 하나의 강력한 중심점으로 유지되던 과거의 북 로드와 달리 '하나가 된 여럿, 여럿이 된 하나,' 즉 여러 개가 중심이 되는 다층성에 있다. 그 구조를 동아시아뿐만 아니라 앞으로 재편성될 전지구적 규모의 책세계까지 넓히고, 그 곳에 고대부터 근대에 이르는 동아시아 책의 기억이나 경험을 되살리고 싶다. 아니, 동아시아의 책의 기억이나 경험만 이야기할 것이 아니다. 위기는 기회이기도 하다. 현재 우리가 맞닥뜨린 '책의 위기'를 계기로 다른 지역에서도 책의 기억이 되살아나 그것이 모두 합류될 때, 우리가 공유할 수 있는 새로운 책의 형태가 만들어질 것이다. 그렇게 되면 얼마나 좋겠는가.

◆ 편집부 주— 한기호, 가토 게이지의 발언은 〈계간 책과컴퓨터〉 9호 특집 '동아시아 공동 출판 프로젝트'에서 인용.

왕복서간

변혁기의 사회는 '독서'를 원한다
책은 역사를 통해 배우고 문화를 계승하는 데 불가결의 요소다

류쑤리 劉蘇里 베이징 완성수위안 北京萬聖書園 사장
가토 게이지 加藤敬事 전 미스즈쇼보 みすず書房 사장

'독립전업서점'은 서서히 발전했다 —— 류쑤리

가토 씨, 처음 인사드립니다. 이렇게 의견을 나눌 수 있게 되어 매우 기쁩니다. 일본과 중국은 지형상 '일의대수一衣帶水'라 할 만큼 가까운 이웃 나라로 오랫동안 문화교류를 했습니다. 따라서 양국의 출판인이 이야기를 나누는 것은 매우 뜻 깊은 일이라고 생각합니다.

제가 대표로 있는 '베이징 완성수위안All Sages Bookstore'은 1993년에 설립되었습니다. 주로 학술서적을 판매하는 신간 서점으로 서적 판매와 출판, 문화교류 활동 등을 하고 있습니다. 또 커피숍 '완성싱커카페이팅萬聖醒客珈琲廳'(Thinker's Bar)도 경영하고 있습니다. 완성수위안은 중국에서는 보기 드문 '독립전업서점'으로 주로 사상·학술, 문학·예술, 과학·문화 서적을 판매하고 있습니다. 지난 10년간 한결같은 자세로 임한 것이 좋은 평가를 받아, 국내에서 가장 영향력 있는 서점으로 손꼽히게 되었습니다. 매장 면적 700여 평으로 취급 도서는 3만 3천 종이 넘습니다. 도매와 출판 업무는 아직 부차적인 수준입니다만.

류쑤리
1960년에 태어났다. 베이징 완성수위안의 대표이며 언론 활동을 하는 지식인으로서, 월간잡지 〈수청書城〉에 출판에 관한 평론을 연재하고 있다.

중국은 발전도상국입니다. 약 반세기 동안 특수한 역사적 상황으로 외부와 단절된 채 '현대화'를 추진했습니다. 해외 발전상을 눈으로 확인한 건 덩샤오핑鄧小平의 '개혁개방'이 실시된 이후입니다. 다른 업종과 마찬가지로 서점도 처음부터 시작해야 했는데, 특히 도서업계에는 이데올로기로 인한 제약이 있어 발전이 더딜 수밖에 없었습니다. 이런 상

황에서 완성수위안이 설립된 것입니다.

설립 이념은 두 가지였습니다. 첫 번째는 사상과 학술 연구를 촉진하는 것. 두 번째는 교양 있는 독서인 사회를 구축하는 것(역사적으로 중국은 독서의 전통을 가진 나라지만 근대 이후로는 뒤처지고 말았습니다). 완성수위안에서 일한 지난 10년을 돌이켜보면, 기본적으로 제가 처음 정한 궤도에서 크게 벗어나지 않았던 것 같습니다.

지난 20년간 중국 도서업계는 전체적으로 서서히 발전했는데, 그 변화상은 굉장히 놀라운 것이었습니다. 여기서 말하는 변화란, 업계가 출판에서 소매까지 서서히 민영화된 것입니다. 정부는 표면적으로는 민간의 출판 활동을 합법적인 행위로 인정하지 않았지만 실제로는 눈감아 주었고, 서서히 힘을 축적한 민간 도서업계는 정부로서도 무시할 수 없는 존재가 되었습니다. 그러나 유통과 출판 영역은 여전히 민간에 완전히 개방되지 않은 상태입니다. 이로 인해 크나큰 불균형(중국의 특색이라고도 할 수 있다)이 생겼습니다.

불균형은 건전한 발전을 저해하지요. 그래서 다음과 같은 문제가 일어났습니다. 첫째 도서업계를 장기적인 안목으로 보지 못하고 눈앞의 이익만 생각하는 점, 둘째 경영 방침과 테크놀로지의 부족, 셋째 근본적인 자본 부족, 넷째 심각한 인재 부족입니다.

이런 문제의식을 가지고 중국 도서업계 종사자들은 선진국이 걸어온 과정에 지대한 관심을 갖고 있습니다. 그래서 가토 씨에게 묻고 싶습니다. 첫째, 일본의 전후 고도 경제성장은 도서업계에 어떤 영향을 주었습니까? 그리고 도서업계의 발전은 국민의 소양과 어떤 관계가 있습니까? 둘째, 일본 출판사와 유통업자의 관계는 어떻게 변천했고 어떤 경험을 했습니까?

최근 완성수위안은 일본의 출판사, 서점과 교류하고 있으며 상업적인 거래도 하고 있습니다. 그러나 일본의 서적 생산이나 판매 등 각 부문의 현황에 대해서는 아는 게 별로 없습니다. 이번이야말로 일본의 동업자에게 여러 모로 배울 수 있는 절호의 기회라고 생각합니다.

일본 출판업계의 '재생'을 위하여 —— 가토 게이지

류쑤리 씨, 편지 잘 읽었습니다. 고맙습니다. 일본과 중국은 유구한 역사 속에서 문화교류를 해왔습니다. 그래서 일본 사람들은 중국에 대해 각별한 감정이 있습니다. 저도 그 중 한 사람입니다. 그러나 현재 중국 출판계 사정에 대해서는 저도 전혀 아는 바가 없습니다. 발전도상에 있는 중국의 상황을 전하는 귀하의 편지가 오랜 출판 불황으로 적잖이 우울한 일본 출판업계에 신선한 바람을 불어넣을 것 같습니다.

저는 편지를 받자마자 완성수위안의 웹 사이트 www.allsagesbooks.com에 접속해 보았습니다. 최근 주간 베스트셀러 목록에는 중국 문명의 유구한 전통을 엿볼 수 있는 책은 물론이고 번역서도 상당히 많더군요. 새뮤얼 헌팅턴의 『문명의 충돌』, 베네딕트 앤더슨의 『상상의 공동체』, 특히 토머스 쿤의 『과학혁명의 구조』는 제가 35년간 몸담았던 미스즈쇼보의 스테디셀러(일본어판은 1971년 간행)인 만큼 베이징의 '독립전업서점'과 도쿄의 출판사를 잇는 한 가닥 끈을 발견한 느낌이었습니다. 우리의 이 서신 교환이 더욱 두터운 유대를 맺어주길 바랍니다.

참고로 일본어에는 '독립전업서점'이라는 말이 없습니다. 하지만 어떤 의미인지 알 수 있었습니다. 같은 한자 문화권에 살고 있는 이점이겠죠. 저는 귀하의 편지를 통해 중국과 일본은 책과 관련된 제반 환경이 많이 다르다는 것을 확인할 수 있었습니다.

무엇보다 가장 큰 차이는 '민영'이라는 말이 신선하게 들릴 정도로 일본에서는 서점이나 출판사가 '민영,' 즉 사기업으로 존재한다는 것입니다. 저희로선 법적으로 인정받지 못한 민영출판이 어떤 것인지 도저히 짐작할 수가 없습니다. 따라서 중국 사기업이 예외적이고 특수한 상황에서 겪은 어려움에 대해 알고 싶습니다. 왜냐하면 그것은 우리가 시장경제·대중사회 속에서 '독립'된 기업으로 존재하며 맞닥뜨린 문제들을 푸는 실마리가 될 수 있기 때문입니다.

귀하의 첫 번째 질문은 일본 경제발전과 출판업계('도서업계'라고 표현하셨습니다만)의 관련성이었죠. 사기업이니 밀접한 관련이 있습니다. 전후 일본 경제가 기적적으로 발전하는 과정에서 출판업계도 순조롭게 성장했습니다. 그 시절엔 안정된 독자층이 있어 출판업계가 어려움을 몰랐습니다. 예를 들면 저희 미스즈쇼보에서 출판한 인문·사회과학서의 경우, 3천 부를 기준으로 기획했습니다. 그러던 것이 경제발전 속도가 둔화된 1990년대를 기점으로 그 숫자가 반감했습니다.

말씀하셨다시피 풍요한 사회는 교육 인구를 증가시켰습니다. 그것이 우리에게 안정된 기반이 된 것

가토 게이지
1940년 도쿄에서 태어났다. 도쿄대학 문학부 동양사학과를 졸업한 후 1965년 미스즈쇼보에 입사했다. 중국 관련서 『고대 은제국』 『중국수학사』 등을 편집했다.

은 사실입니다. 그러나 대학과 대학생의 증가는 대학의 대중화를 초래했습니다. 학생을 대상으로 하는 책은 점차 그 양과 질을 유지하기 어려운 상황이 되었습니다. 미디어의 다양화 등 여러 가지 원인이 있지만, 그 동안 지켜온 도서출판의 양적·질적 균형은 1990년대 이후 크게 무너졌습니다.

"도서업계의 발전은 일본 국민의 소양과 어떤 관계가 있습니까?"라는 질문은 일본 출판인의 마음을 무겁게 합니다. 출판계가 전후 일본의 민주화에 큰 역할을 한 것은 사실입니다. 소수 엘리트가 지식과 정보를 독점하고, 대다수 민중은 정보를 얻지 못하고 무지한 대로 살아가던 기존의 사회 구조를 전환하는 데 전후의 책이 기여한 바 큽니다. 독자의 기대도 커서 미디어 가운데 책이 차지하는 비중이 지금보다 훨씬 컸습니다. 출판업계 또한 국민의 소양 함양에 이바지한다는 일종의 사명감을 갖고 있었습니다.

그런데 반세기가 지난 오늘날 우리는 경제적 풍요를 만끽하며 그저 들떠 지냈던 것은 아닌지 반성하지

않을 수 없습니다.

 서적유통 문제도 골치 아픈 문제 중 하나입니다. 아시다시피 일본에서는 책이 문화상품으로서 특수성을 띠고 있어, 경쟁원리가 지배하는 시장경제에서 극진한 보호를 받았습니다. 서점은 출판사가 정한 가격대로 팔아야 하고(재판가격유지제도), 신간 서적은 일정 기간 서점에서 판매하다 남으면 출판사로 반품할 수 있습니다(위탁반품제도). 도매상은 출판사와 서점 사이에서 물류를 담당하는 동시에 지불 결제에 관한 금융기관의 역할까지 하는 매우 중요한 존재입니다. 그 동안 출판업계는 이런 시스템으로 안정을 유지할 수 있었습니다.

 그런데 급격한 사회변화를 겪으며 책의 수급 균형이 깨지자 이 시스템은 제 기능을 발휘할 수 없게 되었습니다. 하루에 200여 종이 간행되는 신간의 홍수 속에서 회전이 빠른 베스트셀러는 어느 서점에나 있지만, 시간을 들여 팔아야 하는 호흡이 긴 책은 극히 한정된 서점 매장에만 있습니다. 수요에 대한 공급 과잉이나 부족분이 있어도 경제적 효율성을 감안해 불평 한마디 할 수 없는 힘든 상황입니다. 한편 서점에 책을 주문한 뒤 2-3주 후에나 받게 되는 현실은 오늘날 발달된 상품유통 상식에서 벗어나 시대 착오적인 느낌마저 듭니다. 시대의 변화와 독자의 요구를 반영한 시스템이 반드시 필요합니다.

 어쨌든 우리의 서신 교환이 시작되었습니다. 중국과 일본의 출판업계는 본질적으로 역사적·사회적 배경이 다르고 직면한 문제도 다른 만큼 질문에 답하는 것이 쉽지만은 않습니다. 그러나 각각 독립된 서점·출판사로서 책세계를 유지하려 한다는 점에서 우리는 관심사가 같습니다. 귀하가 '발전'이라고 말할 때 저는 '재생'이라는 말을 떠올립니다. 귀하는 완성수위안 설립 취지로 '사상·학술 연구를 촉진하는 것'과 '교양 있는 독서인 사회 구축'을 꼽으셨습니다. 지금 일본은 '사상·학술 연구의 부진' '독서사회 해체'라는 사태에 직면했습니다. 저는 10년 전의 귀하와 똑같은 출발선에 다시 선 것 같은 기분마저 듭니다.

 '완성萬聖'이라는 이름은 굉장히 인상적이고 매력적입니다. 설립한 지 10년이 된 완성수위안은 독자에게 어떻게 어필했고 받아들여졌습니까. 그 과정을 자세히 들려주시면 고맙겠습니다. 저희로선 분명 시사적이고 인상적인 이야기가 될 것입니다.

독자 덕분에 완성수위안이 살아남았다 —— 류쑤리

가토 씨, 편지를 읽고 감개무량했습니다. 두 나라가 어쩌면 이토록 비슷하면서도 다른지요. 무엇보다 놀란 것은 일본 도서업계가 다른 업종과 달리 완전 시장경쟁 체제가 아니라는 점, 엄밀히 말해 시장경쟁의 세례나 도태와 무관하다는 사실입니다. 반드시 구미의 도서업계는 다를 것입니다. 그 이유는 무엇일까요? 자본주의 사회인 일본이 우리와 비슷한 상황일 것이라고 전혀 짐작하지 못했습니다. 이는 유교 문화가 뿌리 깊게 침투한 동양이기에 볼 수 있는 현상일까요.

 중국에서는 도서업계의 시장화에 대한 논의가 한창인데, 저는 조건부 시장화에 찬성합니다. 조건부

란 '책은 다른 상품과 달리 규모로 그 의의나 가치를 논할 수 없다'는 것이 전제입니다. 책은 인간의 정신적인 욕구와 밀접한 관계가 있으며, 정신적 생활은 인간과 동물을 구분하는 근본적인 특성입니다. 이런 역할을 하는 데 책보다 나은 것은 없다고 생각합니다. 따라서 저는 도서업계의 완전 시장화에 찬성할 수 없습니다. 제가 일본이 똑같은 문제를 안고 있다는 사실에 놀란 이유를 이해하시겠지요.

완성수위안과 가까운 카페 '완성싱커카페이팅'

양국의 비슷한 상황은 요즘 젊은 세대가 생각하는 '양서'(기준이 무엇인지 정의하기는 어렵습니다만)의 위치입니다. 중국에서는 미디어의 다양화, 특히 인터넷의 보급으로 '양서'를 찾는 젊은이들이 점차 줄어들고 있습니다. 대학생도 마찬가지여서, 학술서나 사상서는 잘 읽지 않습니다. 니체의 『비극의 탄생』의 경우 10여 년 전에는 10만 부를 발행할 수 있었지만, 요즘은 만 부도 찍기 힘든 상황입니다. 그래서 세속화된 대중민주사회에 대해 의구심을 품는 사람도 적지 않습니다. 풍족한 의식주와 편리한 세상이 인류의 궁극적인 목표는 아닐 터인데, 의외로 양국이 비슷한 문제로 고민한다는 점이 부끄러울 따름입니다.

두 나라의 가장 큰 차이점은 일본에는 민영 도서업만 존재하는 반면, 중국은 지금도 도서업의 주요 부문(출판, 유통, 서점 체인)을 정부가 독점하고 있다는 점입니다. 완전 개방된 것은 일반서점뿐입니다(체인점과 유통에는 갖가지 제약이 있습니다). 왜냐하면 서적은 이데올로기와 밀접한 관련이 있어 정부에서 이를 단순한 상품으로 취급하지 않기 때문입니다.

중국의 민영 도서업계는 이런 상황에서 살아남아 성장했습니다. 따라서 제가 양국간의 유사성에 대해 이야기하긴 했지만, 애초에 근본 조건이 다르기 때문에 양국의 문제점은 전혀 성질이 다른 것인지도 모르겠습니다.

이 기회에 제 소개를 하면, 저는 베이징대학과 중궈정파中國政法대학에서 국제정치학, 정치학, 공공행정학을 공부했습니다. 제가 도서업계에 진출한 건 우연이 아닙니다. 완성수위안을 설립한 1993년에 중국은 개혁개방과 상품경제화의 조류와 직면했습니다. 대다수 지식인은 학문을 버리고 장사치가 되었습니다. 한편 인문적 정신을 추구하는 지식인들은 그들이 기꺼이 반길 수 없는 시대를 자력으로 타개하려 했습니다. 완성수위안은 바로 이렇게 혼란스런 흐름 속에서 탄생했습니다. 저는 10년 동안 모순과 부끄러운 마음속에서 갈등하던 우리의 상황을 '두 마리 토끼를 좇는다'는 말에 비유하곤 합니다. 돈벌이를 하면서 국면을 타개하는 대열에도 동참하는 것이죠. 두 마리 토끼를 좇아 모두 잡는 것이 결코 쉬운 일은 아니지만, 저희에겐 선택의 여지가 없었습니다.

국가가 발전하려면 경제뿐만 아니라 문화적인 측

면도 중요합니다. 서적의 운명은 문화와 밀접한 관계가 있습니다. 고도로 발달한 튼튼한 문화적 기초가 있어야 진정으로 건강하고 성숙한 정치 토양이 마련되는 법입니다. 그런데 우리 나라는 두 가지 모두, 특히 후자가 턱없이 부족했습니다. 저는 이런 생각으로 도서업계에 발을 들여놓았습니다. 모든 노력은 중국 혁명을 위한 것이었습니다. 그 결과 완성수위안은 이단으로, 저는 이상한 사람으로 취급받았습니다. 그러나 10년 동안 해온 우리의 두 마리 토끼 '작전'은 대승을 거두었습니다. 뿐만 아니라 여전히 살아남아 눈부신 발전을 이뤄냈습니다. 이것은 역동적으로 변화하는 사회에도 성장할 공간이 있음을 증명한 것인데, 이는 지난 10년간 중국에서 일어난 독특한 현상이었다고 할 수 있습니다.

완성수위안은 서평을 중심으로 하는 〈완성웨두쿵졘萬聖閱讀空間〉이라는 무가지를 발행하고 있습니다. 또 웹 사이트에서는 신간 정보를 매일 게재하고 통신 판매를 실시하고 있습니다. 점포에는 이용자 서비스 센터를 설치하여 독자의 특수한 요구에 대응하고 있습니다. 완성수위안은 중국의 문화적 성숙도를 가늠할 수 있는 하나의 기준이 되었습니다. 베이징을 찾는 국내외 학자 중에서 완성수위안은 꼭 들르는 분도 적지 않습니다.

제가 경험한 두 가지 사소한 에피소드가 가토 씨의 질문에 적절한 대답이 될지 모르겠습니다. 1994년 말에는 점포를 이전했습니다. 어느 날 십대로 보이는 젊은 손님이 황당한 표정을 짓고 서 있기에 이유를 물었더니, 그는 속상한 듯 "이전하기 전, 서점에서 읽던 책이 안 보여요. 원래 자리에 진열해주세요."라는 겁니다. 또 1995년에는 제가 완성수위안을 접고 미국으로 이주한다는 소문이 돌아 한때 야단난 적이 있습니다. 화가 난 손님들이 "완성수위안은 개점하고 싶을 때 개점하고 폐점하고 싶을 때 폐점하면 다냐?"며 항의했습니다.

저는 그 때 깨달았습니다. 개점한 날부터 이미 완성수위안은 한 개인의 것이 아니었음을. 그 후 젊은 고객들의 '불만'과 독자들의 '화'는 우리를 지탱하는 힘이 됐습니다. 또한 최신 학술서와 사상서를 계통별로 충실하게 제공해온 덕분에 수많은 분들이 격려해주셨습니다.

어느 시대나 독자는 '양서'를 원한다 ── 가토 게이지

류쑤리 씨 편지를 읽고 저도 많은 생각을 했습니다. 저는 가끔 도쿄에 있는 중국도서 전문점에 들르곤 합니다. 1960년대, 70년대 문혁 시절, 매장은 이데올로기 선전 도서들로 빼곡했습니다. 그리고 중국이 '현대화' 노선을 걷기 시작했을 무렵엔 저녁만 되면 비즈니스맨들로 북적였습니다. 제가 본 그 매장 풍경은 구미의 서적을 파는 서점과 확연히 달랐습니다. 서적을 특수한 상품으로 보호하는 건 '동양에서나 볼 수 있는 현상'인가 라는 질문에, 저는 양자의 차이, 그러니까 시대를 반영하는 중국 도서 서점과 항상 변함없는 서양 서점의 다른 모습이 떠올랐습니다. 상품으로서의 서적에 특수한 위치를 부여하는 건 '독서인'을 존중하는 유교 문화의 영향이라기보다 동양이 서양에 대해 문화적 후진성을 의식할 수밖에 없었던 근대의 산물이 아닐까요.

일본이 '개혁개방'에 주력했던 패전 후, '문화국가' 건설이라는 말이 자주 입에 오르내렸습니다. 귀하가 말씀하셨듯이, 구미를 좇아 건강하고 성숙한 정치적 토양을 다지려면 문화적 기반이 있어야 한다는 것을 절감했기 때문입니다. 그래서 서적은 문화적인 상품으로서 완전 시장원리로부터 보호해야 한다고 판단한 겁니다. 그런데 지금 그 시스템이 제 기능을 하지 못하고 모순을 드러내고 있습니다. 그럼 어떻게 해야 하겠습니까. 재판제(정가제)를 철폐하고 자유가격경쟁을 할 경우 패배하는 건 대체 누구인지 쉽게 대답할 수 없습니다. 그리고 실제로는 출판사-도매상-서점이라는 유통 흐름을 중심으로 인터넷을 이용한 몇 가지 다른 길이 강구됐습니다.

귀하의 편지에서 의외라고 생각한 건, 두 나라 젊은이들의 생활 속에서 '양서'가 차지하는 위치가 비슷하다는 지적입니다. 제가 처음으로 중국에 간 것은 1979년입니다. 상하이上海에서 열린 대규모 일본도서전시회에 출판대표단의 일원으로 갔을 때입니다. 구하기 힘든 입장권을 손에 쥐고 입장을 기다리며 장사진을 이룬 사람들을 보고 놀라움을 금할 수 없었습니다. 지적 탐구심에 불타던 젊은이들의 얼굴, 얼굴, 그 얼굴들을 잊을 수 없습니다. 그로부터 20년이 지난 2000년, 다시 방문한 상하이는 과거의 모습을 찾아볼 수 없을 만큼 변했더군요. 일본 대형 서점을 능가하는 엄청난 규모의 '상하이수청上海書城'에 들어선 순간 '문운융성文運融盛'이란 말이 떠올랐습니다. 그런데 그것은 여행자의 표면적인 인상일 뿐, 학생들이 책과 멀어지고 있다는 사실은 미처 몰랐습니다.

하지만 완성수위안의 베스트셀러 목록을 보고 있노라면 일본만큼 심각하진 않다는 생각이 듭니다. 과거에 일본의 딱딱한 책은 대부분 대학 생활협동조합(이하 생협) 서적부에서 구입했습니다. 학생들에게 지적 탐구심과 구매력이 있었기에 가능했던 일이죠. 그러다가 대학 생협의 베스트셀러와 일반 서점의 베스트셀러가 비슷해진 것은 경제 고도성장이 둔화된 이후부터였습니다.

귀하의 편지에는 완성수위안에 뭔가를 기대하고 지지하는 독자들의 모습이 그려져 있습니다. 그 분들은 중국 사회에서 어떤 위치를 차지하고 있습니까? 독자들이 책을 찾는 한 출판사와 서점은 존속할 수 있습니다. 그런데 현대 사회의 지각 변동에서 일본 출판업계는 부끄럽게도 독자층이 어디에 잠재되어 있는지 찾지 못하고 있습니다.

귀하가 직면한 어려움에서 저희와는 전혀 다른 중국 역사의 옛 그림자를 엿볼 수 있었습니다. 그 그림자는 25년 전 중국도서 전문점에서 겪은 일들을 상기시켰습니다. 매장은 고고학 발굴 보고서를 제외하면 대부분 이데올로기에 관한 책들이었습니다. 그런데 그 한쪽 구석에 중국 사상사 분야의 유물론자로 평가되는 한 사상가의 고전 문헌이 학습용 교재로 여러 권 꽂혀 있었습니다. 아주 얇은 책이었지만 고전 지식을 바탕으로 단 충실한 주석들을 보며 감탄하지 않을 수 없었습니다. 책과 책을 읽는 사람을 적대시하던 시대에 이런 책을 만들고 사는 지식인이 존재한다는 사실에 적잖은 감동을 받았습니다.

현재는 그 때와 비교할 수 없을 만큼 자유로운 환경입니다. 그럼에도 역설적이게도 책에 관해서는 결코 기뻐할 수 없는 시대인 것 같습니다. 이런 상황에서 시대 흐름에 휩쓸리지 않고 자력으로 이 국면을 타개하려는 —인문적 정신을 추구하는— 사람들이 있다는 것, 그리고 변혁기 사회에 의외로 성장할 수 있는 공간이 있다는 것을 귀하의 편지를 통해 깨달았습니다. 귀하의 편지가 일본의 우울한 출판업계에 신선한 바람을 불어넣을 것이라고 했던 저의 예상은 역시 옳았습니다.

문화를 미래로 계승하려면 —— 류쑤리

가토 씨, 안녕하십니까. 오늘은 6월 4일, 천안문사건이 일어난 지 꼭 14년 되는 날입니다. 이 사건으로 이야기를 시작해볼까 합니다.

1989년의 천안문사건은 —청일전쟁(1894)과 중일전쟁을 거쳐 1960년대 '문화대혁명' 그리고 덩샤오핑의 개혁·개방정책에 이르는— 중국 민주화 운동의 최신 비극이라 할 수 있습니다. 이 역사적 사건에는 두 가지 특징이 있습니다. 첫째는 피비린내 나는 참혹한 살육과 완만한 개혁이 반복되었다는 점, 둘째는 일본과 두 번의 전쟁을 치렀다는 점입니다.

같은 동양 문화권에 속하는 이웃 나라 일본이 중국에 전대미문의 도전을 해온 것은 중국 엘리트들이 도저히 납득할 수 없는 일이었습니다. 6000년 이상의 유구한 역사를 자랑하는 문명국가가 어쩌다 이리 되고 말았나? 따라서 그들은 혁명과 외국 유학을 하는 한편, 근본적인 해결책을 찾기 위해 독서에 매진했습니다.

중국에는 '독만권서 행만리로 讀萬卷書 行萬里路 (만 권의 책을 읽고 만 리 길을 걷는다— 독서를 하면서 현실도 주시해야 한다는 뜻)'라는 속담이 있습니다. 100년 동안 중국 엘리트층의 독서는 확실한 목표를 갖고 이루어진 매우 공리적인 행위였습니다. 독서를 통해 지혜를 얻고 지식을 쌓으며 마음을 단련하는 것은 최근 10년 동안 나타난 현상입니다.

최근 중국인들은 서구와 일본의 선진 문명을 겸허한 자세로 열심히 배우고 있습니다. 그러나 한 가지 안타까운 점은 아직도 우리 사회의 시스템이 근본적으로 바뀌지 않았다는 겁니다. 중국 엘리트들은 시스템이 바뀌어야 진정한 의미에서 선진 문명의 대열에 낄 수 있음을 알고 피나는 노력을 하고 있습니다. 아마도 이것이 최근 20년 동안 중국 출판계가 양서, 즉 구미의 그것을 출판하고 소개하려 한 진정한 이유일 겁니다. 그러니까 열의에 찬 독자가 존재했기 때문이라고는 할 수 없을 것 같습니다.

이른바 '양서'를 소비하는 계층이 어떤 사람들인지 궁금하다고 하셨죠. 그것은 직업, 계층, 연령을 초월한 지적인 집단 즉 우수한 대학생이나 정치가, 상공업에 종사하는 엘리트층입니다. 자영업자도 무시할 수 없습니다. 그들은 고등교육을 받아 상대적으로 수입이 높고 발언권도 있습니다. 학술·사상서는 이들이 있기에 출판할 수 있는 것입니다.

최근 20년 동안 출간된 중국 '양서'의 종수나 매출은 완만한 상승곡선을 그렸다고 볼 수 있습니다. 문화대혁명으로 인해 지식과 문화 탄압에서 벗어나자 양서를 찾는 수요가 폭발적으로 늘었고, 책의 종수나 인쇄량도 격증했습니다.

그러나 '양서'를 읽는 젊은이들이 감소하는 것은 걱정스러운 일입니다. 이 현상은 우리 세대가 '부국강국'을 목표로 경제발전에 몰두한 나머지 전통문화를 존중하지 못한 것과 관련이 있습니다. 그것은 오늘날 학교 교육에서도 나타나는 문제입니다.

그럼 여기서 중국의 사회 시스템이 완전히 변혁된 날을 상상해 볼까요. 시스템이 완전히 바뀌고 나면 중국에서 '양서'가 팔릴 이유마저 사라지는 걸까요? 그리고 현재 일본이 그렇듯 아이러니한 상황에 빠지게 될까요? 저는 그렇지 않을 것이라고 생각합니다. 그 시대의 중국 엘리트들이 문화대국으로서 학술적·도덕적 전통을 계승하고 역사적 교훈을 되살리면서 구미나 일본 등 '타자'로부터 배우는 자세를 꾸준히 지키기만 한다면 '양서'는 계속 팔릴 것이라고 믿습니다.

앞으로도 책은 다른 문화 소비재가 대체할 수 없을 겁니다. 왜냐하면 타문화를 배우거나 전승할 때 책은 필요 불가결한 요소이기 때문입니다. 강대한 서양문화가 존재하는 가운데 이제 더 이상 동양문화도 잠자코 있을 수만은 없습니다. 그것은 우리가 실패를 통해 얻은 교훈을 새롭게 되살리는 일이 될 겁니다. 뿐만 아니라 인류 문화를 진보시키는 과정에서 미래를 위해 어떻게 공헌할 수 있는지 생각하는 일이기도 합니다.

저는 미래의 중국, 동양의 출판, 서적의 운명이라는 흥미로운 주제들을 앞으로도 꾸준히 생각할 것입니다.

국경을 초월한 새로운 가치를 찾아 —— 가토 게이지

류쑤리 씨, 천안문사건이 일어난 지 14년이 되는 날 쓰신 편지는 중국이 100년 동안 겪은 역사적 현실과 독서, 그리고 현대 사회의 역사적 과제에 대한 매우 흥미로운 내용이었습니다.

중국은 자타가 공인하는 책의 나라입니다. '만 권의 책을 읽고 만 리 길을 걷는다'는 속담은 독서와 구체적인 경험의 관계를 멋지게 표현한 것이네요. 사실 '게이지敬事'라는 특이한 제 이름은 중국 사자성어 '사언경사思言敬事'에서 따온 것입니다. 생각을 말로 표현하며 현실을 중시하라는 말입니다. 때때로 할아버지가 지어주신 이름이 저를 편집자의 운명으로 인도한 것은 아닌지 생각합니다.

그럼 최근 100년 동안 일본이 직면해야 했던 역사적 사실은 무엇일까요? 근대국가인 일본은 두 번이나 중국에 맞서 전쟁을 일으켰고 전세계를 상대로 싸운 결과, 1945년 패전이라는 파국을 맞이했습니다.

천안문사건 이후 완성수위안이 생겼다면, 우리 미스즈쇼보는 패전을 기점으로 태어났습니다. '근대국가인 일본이 어째서 이런 파국을 맞이할 수밖에 없었는가.' 1960년대 초 미스즈쇼보는 이 의문에 답하기 위해, 1차 대전부터 1945년 패전에 이르기까지 일본 현대사를 전집으로 간행했습니다. 『현대사자료』(전58권)는 20세기 말이 되어서야 겨우 완결되었습니다. 이런 방대한 기획을 한 민간 출판사가 자력으로 해냈다는 것은 정말 감개무량한 일입니다. 그리고 그것을 가능하게 한 동인은 동시대의

1982-96년에 간행된 『속 현대사자료』·전12권

경험을 보다 깊이 정확하게 알고 싶어하는 광범위한 독자층이 존재했기 때문입니다.

전후, 일본의 민간 출판사들은 우수한 출판물을 많이 간행했습니다. 이것은 널리 퍼져 있는 근면한 일본의 대중들과 그 속에서 태어난 지적 독자층이 있었기에 가능했던 일입니다. 저자나 편집자는 이런 독자를 위해 책을 만들었고 출판사는 그런 독자들이 있어 유지되는 구조였습니다. 그 행복한 구조가 무너진 결과, 현재와 같은 상황이 되었고 그 과정은 지금까지 말씀드린 대로입니다.

역사란 아이러니컬한 것입니다. 문화대혁명과 같은 시기인 1960년대 말, 일본의 젊은이들은 지적 엘리트들의 사회적 책임을 물어 고등교육 시스템에 이의를 제기하며 '반란'을 일으켰습니다. 그러나 그 이후의 역사를 보면 알 수 있듯 그들은 스스로 거부하던 사회가 도래하는 데 확실한 버팀목이 되었고 가속화하기까지 했습니다. '반란' 후의 일본 사회는 고도의 경제성장을 거듭해 일찍이 볼 수 없던 번영을 누리게 되었습니다. 1980년대 초, 유행했던 '재팬 이즈 넘버 원'이라는 말이 상징하듯 '이미 구미에서 배울 것은 없다'는 생각을 하는 사람이 많을 정도였습니다. 확실히 그 때 서양 서점에는 일본식 경영에 관한 책이 많았습니다. 그러나 이것은 매우 일시적인 현상이었습니다. 일본이 고대 중국의 문화를 받아들인 이후 —에도시대(1603-1867)와 2차 대전 때 일시적으로 중단한 것을 제외하면— 부지런히 외래문화를 배우려 했던 의욕이 이제는 사라진 겁니다. 스스로도 자각하지 못할 만큼.

얼마 전 완성수위안 베스트셀러 목록에 올랐던 앤더슨의 『상상의 공동체』에는 '인쇄본이 근대 국민국가를 만들었다'고 씌어 있습니다. 그와 비교해 정보기술 혁명은 국경을 쉽게 넘나들 수 있게 하여 이렇게 메일로 대화할 수 있게 되었습니다. 그렇다면 디지털화로 인해 변화된 사회는 국경을 뛰어넘는 새로운 가치를 지향하게 될까요. 그것은 아직 미지의 세계이지만 적어도 우리가 하는 것처럼 대화로 타자를 이해하는 새로운 자기 인식으로 이어질 겁니다.

과거 동아시아는 국경을 뛰어넘어 한자를 매개로 문명을 공유해왔습니다. 앞으로 우리가 이뤄내야 할 것은 우리가 공유한 과거의 경험을 되살리는 것이 아닐는지요? 벽을 부수는 새로운 것은 옛것을 다듬어 새로운 것(예를 들면 새로운 정보기술)과 조합하는 과정에서 발명되기 때문입니다.

저는 귀하의 편지가 일본 출판계에 새로운 바람을 일으켜주길 바랐습니다. 그런데 그보다 더 넓은 세계에서 바람을 일으키게 될 것 같네요. 제가 그런 꿈을 꾸게 해주신 점, 깊이 감사드립니다. 앞으로 더욱 긴밀하게 교류할 수 있기를 바랍니다.

386 세대로부터
◀ 현재의 한국출판을 리드하는 세대

2030 세대로
◀ 인터넷 세대

❖ 386세대의 의미와 그들의 독서경향
❖ 2030세대의 의식변화와 출판시장
❖ 인터넷 소설

386세대의 의미와 그들의 독서경향

표정훈 출판평론가

한 세대가 공유하는 역사적 체험이 지속적으로 중요한 의미를 지니는 경우로, 일본의 전공투全共鬪세대, 중국의 문혁文革세대, 서구의 68세대 등이 있다. 한국에서는 4.19 세대, 386 세대 등이 자주 거론된다. 그러한 세대 경험은 정치, 경제, 문화 등 각 부문에서 변화의 동인이 되기도 하고, 시대 구분의 유의미한 기준이 되기도 한다.

한국의 386세대는 30대 연령, 1980년대에 대학 재학, 1960년대 출생을 뜻한다. 지금은 그 일부가 486, 그러니까 40대 초반 연령층이 된 이 세대는 민족 분단과 권위주의 군사정권의 압제에 맞서 통일과 민주화를 지향했던 경험을 공유한다. 그들은 독자로서 또 출판인으로서 한국 출판의 지형도에 큰 흐름을 새겼다.

386세대는 70년대 한국 지성계의 두 축을 형성했던 문예지 〈창작과비평〉(1966년 창간)과 〈문학과지성〉(1970년 창간)의 부분적인 영향하에 있었다. 그것이 '부분적인' 까닭은 두 잡지 모두 군사정권에 의해 1980년에 강제 폐간됐다가 1980년대 말에 다시 출발했기 때문이다. 〈창작과비평〉이 비판적이고 현실 참여적인 방향을 취했다면, 〈문학과지성〉은 문학의 순수성을 옹호하면서 지성주의적이고 자유주의적인 태도를 취했다.

이 세대에 직간접적으로 영향을 미친 출판인과 잡지로 방외지사方外之士형의 출판인 한창기(韓彰璂, 1936-97)와 그가 주관한 〈뿌리깊은나무〉가 있다. 출판물의 형식과 내용에서 진정한

❖ 칼 마르크스와 한국의 20세기

우리는 20세기를 뒤흔든 인물, 칼 마르크스로부터 자유로울 수 없었다. 마르크시즘은 분단의 비극을 가져온 민족전쟁을 낳았으며, 이 땅의 젊은이들은 철저한 군사교육과 반공교육을 받아야 했다. 당연히 관련 출판물들을 지니고 있는 것만으로도 공산당으로 낙인 찍혔다.

전두환 정권은 자유화 조치의 일환으로 1981년에야 비로소 이념서적의 출간과 사회과학출판을 부분적으로 허용하기 시작했다. 그리고 1982년 2월 1일 문공부로부터 납본필증을 받아 『칼 마르크스, 그의 생애 그의 시대』라는 이름으로 이사야 벌린의 마르크스 평전이 정식 출간됐다. 그 동안 지하에서 유통되던 칼 마르크스의 책이 해방 후 30여 년 만에 빛을 본 것은 기적과도 같은 일이었다. 발간 40일 만에 5만2천 부가 팔릴 정도로 당시의 젊은이들은 마르크스에 목말랐다. 그러나 그로부터 20여 년 후 한국에서는 더 이상 마르크스는 금기가 아니다. 2001년 출간된 『마르크스 평전』 속에 그려진 마르크스는 '역사 유물론의 창시자'이기는 하되 평범하고 허약한 사람일 뿐이다. 1980년대와 2000년대는 마르크스를 바라보는 시선만큼이나 모든 것이 변화했다.

❶ 금서였던 이념서적의 출간을 알리는 〈한국일보〉의 1982년 2월22일자 기사
❷ 이데올로기 연구서들의 출간소식을 알리는 〈한국일보〉의 1982년 2월26일자 기사
❸ 평민사에서 출간된 『칼 마르크스, 그의 생애 그의 시대』

❖ **담론의 산실이자 수난과 핍박의 대상, 잡지**

1976년 창간된 〈뿌리깊은나무〉는 한글세대와 한국미를 지향한 잡지다. 한자와 영문자를 없애고 순 우리말로 글을 적었다. 또한 잡지는 질적인 면에서도 혁신을 꾀했다. 국내 최초로 아트디렉션 제도를 도입하여 사진과 일러스트레이션, 타이포그라피 등 시각요소를 비중 있게 다루었다. 그러나 1986년 7월 신군부에 의해 강제 폐간된 후 다시는 복간되지 못했다.

1966년 창간된 계간 〈창작과비평〉은 1970-80년대 내내 실천적 지성의 거대한 수원지 노릇을 해왔다. 「민족문학론」을 한국 문학을 보는 새로운 관점으로 대두시켰고, 한국 사회계급론의 쟁점, 동아시아 연대의 모색 같은 진보적 이론을 끊임없이 모색하는 담론의 장이기도 하다.

〈문학과지성〉은 변호사 황인철, 문학비평가 김현, 김치수, 김주연, 동아일보 기자 김병익이 동인으로 참여해 1970년 창간되었다. 현실참여적 문학을 지향한 〈창비〉와 더불어 〈문지〉는 엄격한 문화적 엄숙주의와 엘리티시즘을 표방하며 1970년대 우리문학의 양대 산맥 노릇을 했다. 1985년 6월 민주언론운동협의회가 기관지로 월간 〈말〉을 창간한다. 〈말〉은 민중, 민족, 민주언론의 디딤돌을 표방하며, 제도언론에서는 접할 수 없었던 중요사건을 보도했다. 1986년 전두환 정권의 억압성을 폭로한 보도지침 사건이 대표적으로, 이 사건을 통해 〈말〉은 저항언론운동으로서의 전문성과 대중성을 획득하기에 이른다.

❶ 〈뿌리깊은 나무〉 창간호
❷ 〈문학과지성〉 창간호
❸ 〈말〉 제5호
❹ 〈창작과비평〉 창간호

❖ **창작과비평사의 등록 취소에 관한 범지식인 2853명의 건의문**

〈창작과비평〉은 신군부에 의해 1980년에 강제 폐간을 당했다. 이후 부정기간행물로 발행된 잡지에 57호라는 호수를 명기했다는 이유로 출판사의 등록이 취소되었다. 이에 이우성, 이효재, 박완서, 이호철, 박연희, 황순원 씨 등 지식인 2853명이 1985년 12월 26일 등록 취소 철회를 요청하는 건의문과 서명록을 문공부에 전달했다. 〈창작과비평〉은 오랜 탄압과 수난 끝에 1988년에 다시 복간되었으며 문학계간지 중 최고의 발행부수를 기록하고 있다.

❺ 창작과비평사의 출판등록 취소를 철회할 것을 요구하는 시위 모습
❻ 창작사로 강제 명의변경되었던 창작과비평사가 1988년 명의회복 후 현판식을 하고 있는 모습

근대성과 주체성을 구현한 출판인으로 평가받는 한창기는, 출판 활동을 통해 한국의 전통 문화와 자연 그리고 사람을 재조명했다. 그러나 80년대를 특징 짓는 잡지는 역시 〈말〉이었다. 1985년 민주언론운동협의회 기관지로 출발한 〈말〉은 사회 변혁과 민중주의를 지향하는 진보적 성격을 분명히 했다. 1986년에는 군사정권의 언론 통제 정책인 보도지침을 폭로함으로써 이듬해 6월 민주화 항쟁의 한 동인을 제공했다.

단행본은 문학 작품으로 황석영(黃晳暎, 1943-)의 장편 역사소설 『장길산』(張吉山, 창작과비평사)과 조정래(趙廷來, 1943-)의 『태백산맥』(太白山脈, 해냄)이 대표적인 공통의 독서 체험이었다. 『장길산』은 조선 시대 기층 민중의 역사를 복원했고 『태백산맥』은 좌우익 대립기, 6.25 전쟁 시기를 배경으로 좌익 빨치산 문제를 다뤘다. 그 밖에 공장 노동자와 도시 빈민의 피폐한 삶을 다룬 조세희(趙世熙, 1942-)의 중단편집 『난장이가 쏘아올린 작은 공』(1978년 문학과지성사, 2000년 이성과 힘)도 일종의 필독서로 간주됐다.

386세대는 이른바 사회과학서적의 세례를 그 어느 세대보다도 많이 받았다. 80년대 한국 사회에서 사회과학서적이란 비판적인 관점의 정치, 사회, 역사, 철학 분야 도서를 통칭하는 말이다. 대표적인 사회과학서적으로 강만길(姜萬吉, 1933-), 송건호(宋建鎬, 1927-2001) 등 50명이 집필한 『해방 전후사의 인식』(전6권, 한길사), 리영희(李泳禧, 1929-)의 『전환시대의 논리』(창작과비평사), 『우상과 이성』(한길사) 등을 들 수 있다. 1980년 광주에서 신군부 세력에 대항해 일어났던 민주화 운동을 기록한 『죽음을 넘어 시대의 어둠을 넘어』(황석영 기록, 전남사회운동협의회 편, 풀빛, 1985)도 중요한 의미를 지닌 출판물이었다.

❖ **첨예한 이념대립의 기록, 조정래의 『태백산맥』**
조정래의 『태백산맥』은 6.25전쟁 직후까지 이어져온 한국현대사의 첨예한 이념과 사상적 갈등의 시간을 그려냈다. 분단문제에 정면으로 도전한 치열한 역사의식, 탁월한 인물정형화, 감칠맛 나는 전라도 사투리로 대중의 사랑을 한 몸에 받은 밀리언셀러다.

❖ **26년간 쓰여진 박경리의 『토지』**
분단체험과 독재정권이라는 현실은 우리 문학사에 대하역사소설의 시대를 열었다. 한국의 굴곡 많은 근·현대사와 진보적 사회운동은 자연스럽게 역사소설의 수원을 풍부하게 했기 때문이다. 박경리의 『토지』는 1969년 9월 〈현대문학〉에 연재를 시작하여 작가가 26년 간 전 생애를 걸고 쓴 대하소설이다. 경남 하동 평사리 최참판댁 가문의 5대에 걸친 흥망성쇠를 중심으로 동학혁명의 좌절 이후 해방에 이르기까지 우리 민족의 한 많고 파란만장한 근·현대사가 펼쳐진다.

❖ **민중의 생명력을 그려낸 작가, 황석영**
막힘 없고 유창한 말솜씨를 지닌 황석영은 「객지」 「한씨연대기」 「삼포 가는 길」 등 리얼리즘에 바탕을 둔 민중의식을 보여준 작가다. 그의 작품 속에는 당대 현실의 부조리와 모순 등이 첨예하게 녹아 있었고, 대중은 그것을 거울 삼아 현실을 이해할 수 있었다. 장편소설 『장길산』에서는 민중의 건강한 생명력을 웅장한 스케일에 담아냈다. 또 1988년에는 월남전을 우리의 시각과 입장에서 다룬 『무기의 그늘』로 작가로서의 역량을 마음껏 펼치기도 했다. 이후 1989년 일본을 거쳐 북한을 방문하고, 독일과 미국으로 망명을 하며 통일운동가로서도 활동했다. 1993년 4월 귀국하여 국가보안법 위반으로 투옥되었다. 7년형을 선고받고 1998년 사면되었다.

❖ 1970-80년대의 시인들

김지하는 1970년 오적을 〈사상계〉에 발표하고, 그해 말 첫 시집 『황토』를 펴내며 그의 참여적 서정시의 세계를 열었다. 동시에 수배와 투옥으로 점철된 1970년대를 보낸다. 김지하의 시 세계는 시대에 저항하면서 서정적인 상징성을 잃지 않았다. 김지하의 현실참여적 서정시는 이후 80년의 김남주와 박노해로 이어진다. 반면 1990년대 젊은 시절을 보낸 이들에게 시인 기형도와 젊음은 떼어놓을 수 없다. 기형도의 시집은 사후에 출간되었다. 1989년 출간된 그의 처음이자 마지막 시집 『입 속의 검은 잎』은 아름다우면서도 절망적인 언어로 젊은이들을 매혹시키기에 충분했다.

❶ 『오적』 김지하
❷ 『입 속의 검은 잎』 기형도
❸ 『기형도 전집』 기형도
❹ 『타는 목마름으로』 김지하

❖ 386세대는 이념의 세대

신군부 정권 아래 대학에 들어온 386세대는 대학시절 내내 좌절과 상실감을 겪었고, 이념 투쟁을 위해 시위의 전면에 나섰던 세대다. 대부분 독재 권력과 싸워 민주주의를 쟁취하기 위해 자신의 육신과 영혼을 바쳤던 세대다. 시위에 직접 나서지 않았더라도 이념투쟁으로부터 자유로울 수 없었다. 386세대는 누구나 시위의 광경을 기억하고 있다. 시위가 시작되면 백골단(무장 사복 경찰)이 맹수처럼 달려들고, 학우들이 끌려가고, 최루탄이 터지는 그 긴박한 대치 상황을 말이다. 시위가 끝나도 모든 것이 해결된 것은 아니었다. 아직 사라지지 않은 최루탄 냄새가 눈과 귀를 마비시켰고, 돌과 화염병 조각이 캠퍼스에 지천으로 깔려 있었다. 그리고 일제 검거, 도피, 구속, 고문, 투신, 분신들이 이어졌다. 독재에 항거하던 386세대는 낭만보다 학습이, 광장보다는 대학가 서점이나 주점이 어울리는 시대를 살았다. 『해방전후사의 인식』『민중과 지식인』『전환시대의 논리』 등 이른바 이념서적을 닥치는 대로 읽었다. 아예 마르크스 원전까지 탐독하는 경우도 있었다. 시각교정을 위해 이념서적을 읽었지만 386세대에게 책을 읽는다는 것은 일상적인 일이다. 사회과학서적을 읽으며 세상을 바라보는 인식과 세계관을 송두리째 바꾼 경험을 지니고 있기 때문이다. 물론 1990년대로 접어들며 그들이 즐겨 읽었던 사회과학서적과 이론은 효용성을 잃었지만, 386세대는 그들이 경험했던 책의 힘만은 잊지 않고 있다. 이들은 최근 경제력을 갖게 되자 한국 출판시장의 새로운 독자로 재등장했다.

❖ 교양독자로 학문의 대중화를 이끄는 386세대

1980년대 민주화운동을 열성적으로 이끌었던 386세대는 전공과 상관없이 이념서점을 읽는 것이 보편적이었다. 체제와 사고의 전복을 꿈꾸던 이상적 세대답게 인간이 인간답게 살 수 있는 사회 전반에 대해, 인간의 근본적인 문제에 대해 관심이 많다. 책을 좋아하고, 문화적 욕구가 강하고 이상적 인간상을 꿈꾸는 3-40대는 대부분 스페셜리스트가 아니라 제너럴리스트들이다. 또 이들은 1981년 시행된 졸업정원제로 고급교육을 대중적으로 받은 첫 세대로 손꼽힌다. 졸업정원제는 성공하지 못했지만 결과적으로 한국사회에 전 세대에 비해 고학력자를 대거 탄생시켰다. 이들의 연구는 외국이론을 수입하는 것에서 벗어나 외국의 이론을 한국화하는 작업으로 이어지고 있다. 386세대는 한편으로는 대중과 가까이 할 수 있는 학문의 대중화 또는 한국화를 이끌고 있으며, 다른 한편으로는 교양도서의 주 독자로서도 자리매김하고 있는 것이다.

❶ 1988년 남북학생회담을 위해 마련한 대형 걸개 그림
❷ 사회과학 전문서점 논장 앞에선 이재필 대표
❸ 1980년대 학생들의 대중집회 모습

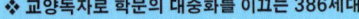

또한 마르크스 사상의 관점에 입각한 철학 입문서 『철학에세이』(동녘), 진보적인 관점의 예술사학을 대표하는 『문학과 예술의 사회사』(아르놀트 하우저 저, 백낙청 외 옮김, 창작과비평사), 칼 마르크스를 비롯한 사회주의 사상가 관련 도서들도 각광받았다. 마르크스주의 정치경제학 관련 도서들과 마르크스, 엥겔스, 레닌 등의 저작 번역서들도 군사정권이 금서로 지정했음에도 대학가에서 널리 유포되어 있었다.

386세대는 독자로서뿐만 아니라 출판인으로서도 다른 세대와 분명한 차이점을 보여주었다. 앞서 언급한 풀빛, 동녘 등은 물론이거니와 사계절, 인간사, 미래사, 이론과실천, 백산서당, 청년사, 학민사 등 수많은 출판사들이 사회 변혁 운동으로서의 출판에 주력했다. 집필자나 번역자로, 또는 편집자로 적지 않은 386세대가 출판 부문에 뛰어들었고, 이들 가운데 일부는 90년대 이후 변화된 현실에 성공적으로 적응하면서 한국 출판의 주류로 성장했다.■

❖ 사상의 은사 리영희

1974년 7월에 출간된 『전환시대의 논리』는 한국사회를 지배한 반공주의와 반북한주의, 군사력 숭배주의를 정면으로 비판한 책이다. 리영희의 이 책을 통해 한국의 민주화 운동은 독재타도에서 반제국주의 투쟁과 반전반핵의 평화운동으로 지평이 넓어졌다. 그러나 리영희의 개인사는 파란만장할 수밖에 없었다. 9번 연행되어 5번을 구치소에 갔으며, 3번을 법정에 섰고 모두 1천12일의 옥살이를 했다. 리영희는 평생을 냉전과 군부독재에 맞서 싸워온 것이고, 1970-80년대 대학을 다닌 젊은이들 또한 책을 통해 리영희를 만나고 그들의 인생을 바꿨다.

❖ 시각교정을 위한 필독서, 『해방전후사의 인식』

1970-80년대 역사를 제대로 안다는 것은 곧 현실의 부조리와 군사독재의 실체를 아는 것이었다. 『해방전후사인식』 1권은 유신정권의 억압이 한계상황에 도달했던 1979년에 출간됐다. 불안한 긴장 속에서 열흘 만에 초판 5000부 중 4500부가 팔렸다. 그러나 곧 계엄령이 선포되었고, 계엄사는 책을 판매금지시켰다. 현실을 왜곡하고 부정한다는 것이 이유였다. 1980년대 내내 민주화투쟁에서 올바른 역사인식의 길잡이 노릇을 했던 『해방전후사의 인식』은 '해전사'라는 줄임말로 불리며 시각교정을 위한 필독서로 자리매김했다. 그러나 더 이상 이념서를 읽지 않는 시대가 도래하며 100만 부 이상 팔려나갔던 이 책은 절판이라는 운명을 맞았다.

❖ 사회과학서적들 붐

1980년대 출판운동은 유신세대의 지적경험에서 비롯되었다. 유신세대들은 1980년대 사회과학출판사를 시작하며 『성장의 정치경제학』『변증법적 상상력』『역사와 계급의식』 등 자신들이 학생시절 일본어와 영어로 읽었던 책들을 번역 출판하였다. 이후 사회과학 출판사들이 앞다퉈 생겨났고, 이념서적의 출간도 활발했다. 또한 대학가를 중심으로는 사회과학서점들이 형성되었는데, 서울대에는 광장, 그날이 오면, 성균관대에는 논장, 고려대에는 집현서점과 장백, 연세대에는 오늘의 책 등이 있었다. 1990년대 초만 해도 서울에 40여 개에 달하던 이들 서점은 암울한 현실을 대신해 진실을 깨우치는 곳이었다. 그러나 문민정부의 등장과 소련 및 동구권의 몰락으로 이념의 시대가 쇠퇴하며 사회과학서점도 같은 운명을 맞았다. 1990년대 중반 이후 사회과학서점은 거의 사라졌다. 1984년 문을 연 연세대 앞 유일의 사회과학전문 서점 '오늘의 책' 역시 아쉬움 속에서 2000년 문을 닫고 말았다. 1979년 서울 광화문에서 우리나라 최초의 사회과학전문서점으로 시작해, 1980년대 사회운동의 물꼬를 열었던 논장서점 정도가 후원자들의 도움으로 명맥을 잇고 있다.

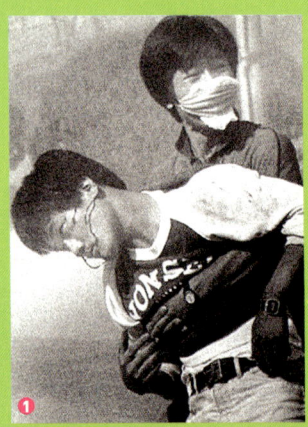

❖ **이한열 사건**

전두환 정권의 철권통치에 맞서 민주화투쟁이 절정으로 치닫던 1987년의 일이었다. 6월 9일 서울 연세대학교 교문에서 이한열이 머리에 최루탄을 직격으로 맞고 피를 흘리며 쓰러져 숨졌다. 이한열 추모제에는 150만 인파가 모였고, 쓰러진 이한열을 동료 학생이 한 서린 눈초리로 진압경찰 쪽을 응시하며 부축하고 있는 장면은 시대적 상징이 되었다. 이 사진은 당시 전세계의 신문에 보도됐고, 이 사진을 기초로 만든 대형 걸개그림은 국립현대미술관에 소장돼있다. 이렇게 이한열의 죽음은 범국민적 저항운동을 지피는 도화선이 되었다. 전두환 정권은 무릎을 꿇고 대통령 간선제를 포기하는 등의 6.29조치를 단행할 수밖에 없었다.

① 동료 학우가 이한열을 부축하던 사진. 〈중앙일보〉 1987년 6월 11일
② 최루탄에 맞아 숨진 이한열군의 영정이 시위대를 이끌었던 1987년 7월 9일 시청앞 광장

지난 현대사에서 광장은 대중의 것이 아니었다. 광장은 지배자의 것이었다. 지배자는 광장을 통해 반공교육을 강화했고, 충성스런 시민을 배양했다. 그러기에 민주화 투쟁 시절 광장은 군사독재의 퇴진과 민주주의를 절규하는 시민들의 함성으로 뒤덮인 용광로였다. 1997년 6월 항쟁의 도화선이 된 이한열의 만장이 지나간 곳 또한 광장이었다.

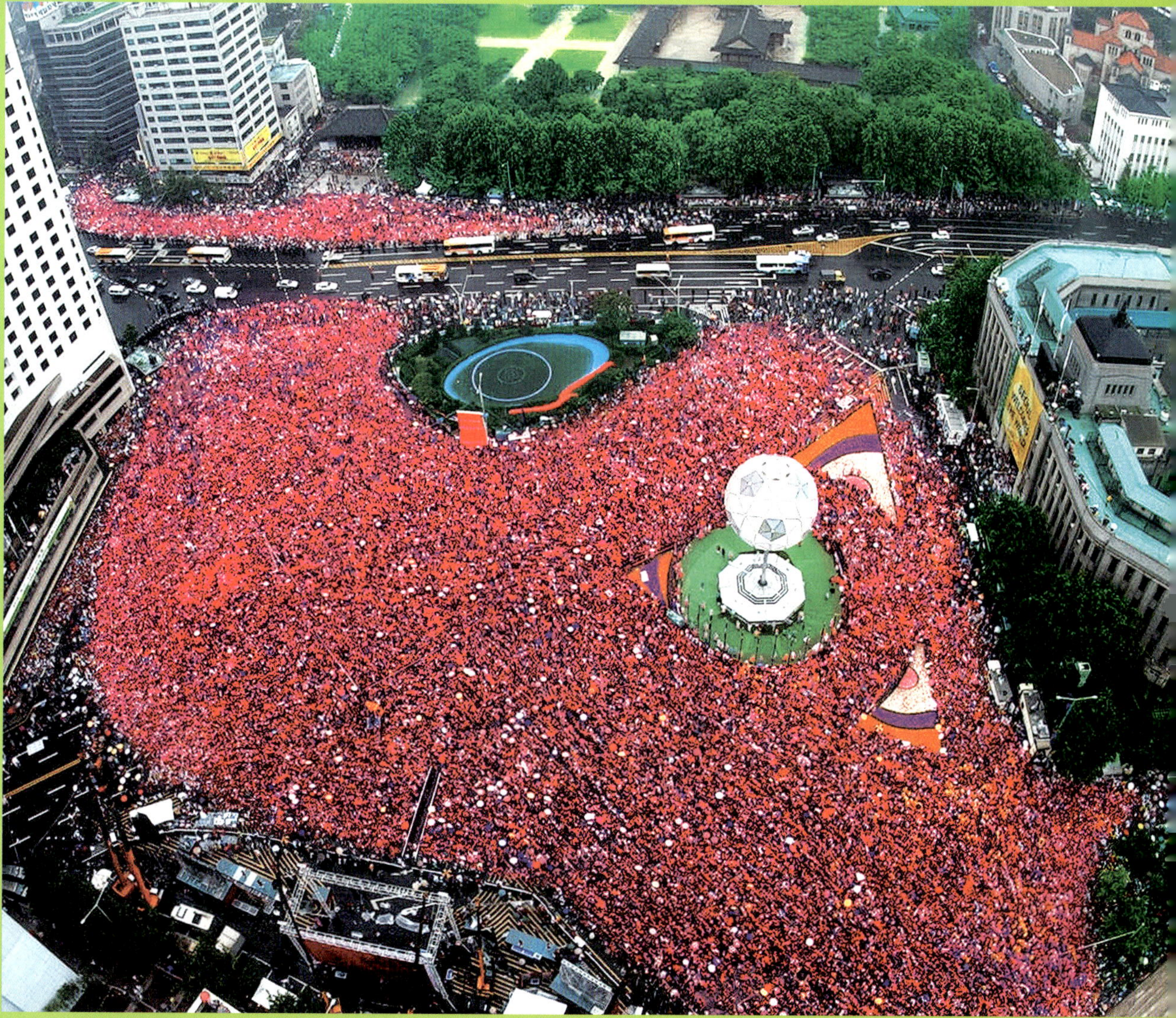

15년 후 2002년 월드컵은 광장을 대중에게 돌려주었다. 대중은 피로 얼룩진 죽음의 의례가 벌어졌던 광장이 아니라 축제의 현장으로 변한 광장을 체험했다. 국가가 동원령을 내린 것도, 독재타도를 요구하는 긴장감으로 뭉쳐진 광장이 더 이상 아니었다. 이웃과 더불어 희망을 이야기하고 축제를 경험하는 오랜 동안 잊고 있었던 광장의 기억을 되살려냈다.

❖ **인터넷으로 무장한 풍요로운 자유주의자, 2030세대**

기성세대의 경험 속에는 빈곤이 존재한다. 그러나 2030은 경제적 풍요를 누린 첫 세대다. 2030이 자라난 1990년대는 개방과 민주화의 시대다. 이념투쟁에 대한 죄의식도 사라지고, 억압과 규제도 철거되었다. 2030에게는 거대담론이나 권위주의는 존재하지 않는다. 풍요의 시대에 살면서 자유의 세례를 받은 이들은 자유롭게 일하고 놀 뿐이다. 전 세대가 보기에 사치스럽고 헤프다고 느낄 만큼 자기를 위해선 아낌없이 쓸 줄 안다. 1980년대 이후 아파트 붐 시대에 유년기를 보낸 2030은 프라이버시와 개인주의에 익숙하다. 나만의 공간에서 인터넷으로 대화를 하고, 네트워크 게임에 빠지는 것이 2030이다. 학교든 직장이든 컴퓨터가 없는 곳은 거의 없다. 인터넷 환경으로 무장한 그들은 사이버 토론에 적극적으로 나서며 기존의 정치, 경제, 사회적 질서까지 변화시키고 있다.

1989년 해외여행 자유화 조치가 발표되며 386세대가 처음으로 배낭을 메고 세계로 나갔다면 2030은 해외여행의 대중화를 경험했다. 어학연수, 배낭 여행뿐만 아니라 해외에서의 노동은 물론이고 자원봉사도 한다. 영어와 인터넷으로 무장된 2030에게 외국은 더 이상 두려운 곳이 아니다. 민족주의란 개념이 점차 희미해질 만큼 2030은 세계인이다.

❶ 밤을 새며 게임을 즐기는 '게이머 랜LAN 파티 동거동락 무박 2일' 행사 전경
❷ 대학축제에서 물풍선을 맞으며 즐거워하는 젊은이들
❸ 스피드와 짜릿한 쾌감이 있는 스케이트 보드, 인라인 스케이트 등 익스트림extreme 스포츠를 즐기는 2030
❹ 핸드폰은 2030세대의 필수품, 2030은 무서운 속도로 핸드폰의 번호판을 눌러내는 엄지족들이다

2030세대의 의식변화와 출판시장

이동연 문학평론가

한국에서 2030세대는 2002년 대선을 통해 우리 사회의 변화와 개혁을 주도하는 중심 세력으로 등장했다는 평가를 받아왔다. 노무현 대통령의 지지 기반층인 이들은 월드컵 거리응원과 촛불시위 그리고 대선을 거치면서 참여와 열정, 감성과 도전의 에너지를 가지고 냉전과 개발독재로 대표되는 기성세대를 대체하려는 움직임을 보이고 있다.

그러나 20대와 30대는 성장 배경이 다르며, 서로 상이한 문화적 정체성을 가지고 있다. 20대이면서 90년대 대학을 다닌 70년대 생들은 이른바 서태지 세대로 소비문화가 본격적으로 도래한 90년대 초반에 청소년 시절을 보냈다. 자연 개성이 강하고 상상력이 높은 문화적 감각을 지닌다. 297세대는 한국의 디지털문화와 IT산업의 성장에 가장 일선에서 일한 세대로 테크놀러지와 사이버공간이 자신들의 일터이자 놀이터가 된다. 반면 30대이면서 80년대 대학을 다닌 60년대 생들은 한국의 민주화를 주도한 세대이다. 대학시절 민주화를 위해 상당부분 이념서적을 탐독하고 가두시위에 참여한 이른바 변혁세대들이다. 이들에게 문화적 욕구는 밖으로 표출되기보다는 안으로 잠재되어 있는 경우가 많았으며, 정치적 현실관계에 의해 문화적 상상력이 자유롭지 못했다.

서로 다른 정체성을 가진 2030 세대가 그럼에도 동질적인 공동체성을 가질 수 있었던 것은 정치적 민주화와 문화적 자유의 연대가 개발독재와 반공이데올로기의 감옥에 갇힌 한국의 기득권 세력을 해체시킬 사회적 에너지로 부상했기 때문이다. 21세기 한국 출판시장도 이러한 정치적 민주화와 문화적 감성의 연대를 통해 새로운 발전을 모색하고 있다. 실제로 2030세대들이 한국 출판시장의 새로운 감각을 불어넣을 대안 그룹으로 활약하고 있다. 정치적 진보와 문화적 자유를 함께 기획할 수 있는 출판물이 많이 생산된다면 한국의 출판시장은 새로운 지식강국의 보고가 될 것이다. ■

❖ **오마이뉴스**
2002년 봄 대통령후보 경선 레이스가 시작될 때만 해도 민주당의 주변부를 맴돌던 노무현이 대통령에 당선되리라 확신하는 사람은 없었다. 그러나 붉은 악마와 노사모와 인터넷 세대는 대통령을 만들었다. 그들은 〈오마이 뉴스〉를 통해 경선 레이스를 지켜봤고, 인터넷 게시판을 통해 지지를 표방했다. 노무현의 당선은 인터넷 세대의 힘을 상징적으로 보여줬다.

❖ **출판의 다양화**
2000년을 분기점으로 한국출판은 각 영역별로 관심과 이슈가 급격히 변화했다. 디지털 환경과 세계화의 결과로 그만큼 개인의 삶과 가치가 송두리째 변했기 때문이다. 순문학은 퇴조하고 있지만 판타지소설이나 추리소설 등 장르문학에 대한 관심은 증가했으며, 거대담론을 다룬 역사서 대신 미시사나 생활사가 각광받고 있다. 또 아이엠에프 이후 맞닥뜨린 세계화의 물결로 대중의 관심은 직장에서 개인으로 바뀌었다. 이에 따라 조직관리 유의 책에서 자기계발서로 경제경영서의 관심 영역도 이동했다. 또 고령화사회를 대비한 실버출판물이나, 건강이나 여행서 등 실용서들의 약진도 두드러지는 현상이다.

인터넷 소설

장은수 황금가지 편집부장

1993년 PC 통신 하이텔에서 연재되던 이우혁의 『퇴마록』(들녘)이 책으로 나와 밀리언셀러가 되었다. 1998년 IMF로 휘청대던 한국 출판계는 PC 통신 하이텔에서 연재되던 이영도의 『드래곤 라자』(황금가지)가 밀리언셀러가 된 이후 잇따라 출간된 판타지 소설 붐으로 위기를 넘긴다. 2003년 초 인터넷 포털사이트 다음에서 연재되던 로맨스 소설 『그놈은 멋있었다』(황매)가 단숨에 베스트셀러에 오르면서 다시 한 번 네트워크로 연결된 독자들의 힘을 체험한다.

그러고 보면 지난 십여 년 동안 한국 출판은 한편으로는 네트워크와 함께 탄생한 새로운 작품과 경쟁하면서(독자들을 공유하고 있다는 점에서) 동시에 그들을 중심으로 모여든 독자를 책으로 끌어들여(네트워크 속의 작품을 책으로 펴내면서) 발전해 온 셈이다. 또한 한국은 전세계적으로 가장 빨리 인터넷 서점이 성장하고 있는 국가 중 하나이다. 이제 한국에서 네트워크로 연결된 세계, 네트워크로 연결된 이야기들, 네트워크로 연결된 독자들, 네트워크로 연결된 서점들을 전제하지 않는 출판은 상상하기 힘들다.

한국의 많은 편집자들은 네트워크에 접속함으로써 하루 일과를 시작한다. 강력한 커뮤니티를 중심으로 한국의 인터넷 공간은 날마다 새로운 이야기의 영웅들, 그러니까 미래의 필자들을 탄생시키고 있으며, 새로운 이야기를 목말라 하는 군중들, 그러니까 미래의 독자들을 몰려들게 하고 있다. 따라

❖ PC통신에서 인터넷소설까지

1989년 하이텔에 백일장contest란이 생겼다. 당시 PC통신의 인구는 10만 명 정도였지만 누구나 쉽게 글을 올릴 수 있는 PC통신의 특성 때문에 아마추어 작가들이 생겨났다. 1993년 여름, 엔지니어 출신인 이우혁이 하이텔에 글을 쓰기 시작했다. 통신문학의 초창기를 장식한 이 작품의 이름은 『퇴마록』이다. 모두 500만 부 이상이 팔렸으며 1998년에는 영화화되며 퇴마록 신드롬을 불러일으켰다.

1997년 10월 하이텔 시리얼란에 이영도가 소설을 연재하기 시작했다. 당시 작품당 조회수가 평균 50회 정도였던 것에 비해 이영도의 『드래곤 라자』는 평균 조회수 3천 회를 넘는 인기를 누렸다. 1998년 『드래곤 라자』는 책으로 출간되어 밀리언셀러를 기록했다. PC통신 사용자들을 생산자이자 소비자로 삼아, 일부 마니아들 사이에서 소비되던 판타지 소설은 『드래곤 라자』를 통해 일반인들에게 알려졌고, 붐을 가져왔다.

2003년 막 고등학교를 졸업한 18세 소녀 귀여니가 온라인에서 연재하던 소설 『그놈은 멋있었다』를 출간해 10대들에게 폭발적 반응을 얻었다. 평범한 여고생 예원과 양아치 스타일의 꽃미남 은성의 사랑이야기를 담은 소설은 만화적인 구성과 하이틴 로맨스 소설의 특징을 답습하고 있다.

『드래곤 라자』로부터 『엽기적인 그녀』 『동갑내기 과외하기』 『옥탑방 고양이』 이르기까지, PC 통신 소설에서 인터넷 기반 소설에 이르는 온라인소설은 문화현상이다. 온라인을 기반으로 한 소설들은 오프라인과는 다르게 생산되고 수용되고 유통되기 때문이다. 온라인 소설은 대개 문단에 정식으로 등단하지 않은 아마추어 작가들이, 온라인에 연재하여 큰 인기를 누린 후 오프라인에서 책으로 출간하고 다시 영화나 게임

서 미래의 책이 어디에서, 어떻게 탄생하는가가 궁금하다면 먼저 네트워크에 접속하는 것이 당연하다. 또한 최근 2, 3년 동안 한국의 출판 마케팅은 급격하게 네트워크 쪽으로 무게중심을 옮기고 있다. 수백만 명의 회원을 거느린 거대 인터넷 서점의 출현은 독자의 불가시성에 불안해하던 출판인들을 크게 고무시켰으며 과거의 출판이 거의 상상할 수 없었던 수많은 서비스들이 매일 창조되어 독자들에게 쏟아지고 있다. 인터넷을 이용한 이러한 마케팅 활동에는 데이터베이스 자체가 독자는 아니라는 점, 마케팅 비용이 지나치게 증가한다는 점 등 몇 가지 문제가 있지만 그 왁자지껄함 속에서 새롭고 활기 넘치는 무언가가 생겨나고 있는 것만은 분명하다.

네트워크의 출현은 잠깐 사이에 종래 한국 출판이 딛고 있던 대지를 파헤치고 뒤집어 카오스 상태에 밀어 넣었다. 규칙들은 무너졌지만 새로운 규칙은 아직 마련되지 않았다. 하지만 이 혼돈을 비판하거나 슬퍼하는 대신에 즐길 수만 있다면 출판은 계속해서 새로운 것을 만들어 낼 것이다. 빛은 혼돈에서 나오는 법이니까.■

등으로 제작된다. 소비자가 생산자로 등장하며 구체적이고 현실적인 소재로 관객의 욕구를 충족시킨다는 점에서, 또 문화산업의 네트워크화를 예고한다는 점에서 온라인 소설은 기존의 순문학 과는 다른 궤도를 걷고 있 다. 게다가 귀여니의 소설『그놈은 멋있었다』는 기성세대는 이해할 수 없는 자신만의 언어를 사용해 소설을 써내고 있다. 귀여니는 자신과 같은 10대들이 만들어낸 컴퓨터 채팅과 감정을 표현하는 기호인 이모티콘을 동원해 소설을 써냈고, 10대들은 소설에 열광했다.

『퇴마록』『드래곤라자』그리고『그놈은 멋있었다』같은 온라인 소설은 문학의 개념, 작가의 위상, 소통방식 등 문학의 지형 변화를 예고하는 문화현상이자 징후인 것이다.

❶ PC통신 연재 후 책으로 출간된『퇴마록』
❷ TV 드라마로 방영된〈옥탑방 고양이〉와 책으로 출간된『옥탑방 고양이』
❸ 책으로 출간된 인터넷 소설『늑대의 유혹』
❹ PC통신 연재 후 책으로 출간된『드래곤라자』
❺〈엽기적인 그녀〉의 영화 포스터와 책

❖ **놀라운 성장을 기록한 인터넷 서점**

한국의 인터넷 서점은 놀라운 성장세를 거듭했다. 1999년 7월 14일 다섯 평 사무실에서 세 사람이 서비스를 시작한 인터넷 서점 알라딘은 2003년 1월 현재 일일 평균 12만 명이 방문하여 15,000권을 판매하고, 1억 2천만 원의 매출을 올리는 온라인 서점으로 발전했다. 1999년에 매출 12억 원을 기록했던 인터넷 서점 예스24는 2000년에 150억 원, 2001년에 482억 원, 2002년에는 1150억 원의 매출액을 기록하는 등 성장세가 가파르다.

그 동안 한국의 인터넷 서점은 할인판매에 성장을 기대어 왔다. 그러나 2002년부터 부분적 도서정가제가 실시되며 새로운 국면을 맞고 있다. 인터넷 서점의 지속적 성장을 위해서는 과도한 물류비와 인건비 문제를 해결해야 함은 물론이고 데이터베이스의 양과 질을 차별화해야 하는 숙제를 안고 있다.

❶ 문을 굳게 닫은 종로서적 앞에서 망연자실해하는 독자의 모습

2002년 우리 나라 최초의 대형서점인 종로서적이 창립 100주년을 얼마 남기지 않고 도산했다. 종로서적은 1980년대까지 종로의 명소였으나, 후발 대형서점과 온라인 서점이 등장하며 권좌를 내줬고, 급기야 도산에 이르렀다. 군소 오프라인 서점 또한 많은 수가 사라지고 있다. 그리고 그 간극을 인터넷 서점과 대형서점이 채우고 있다.

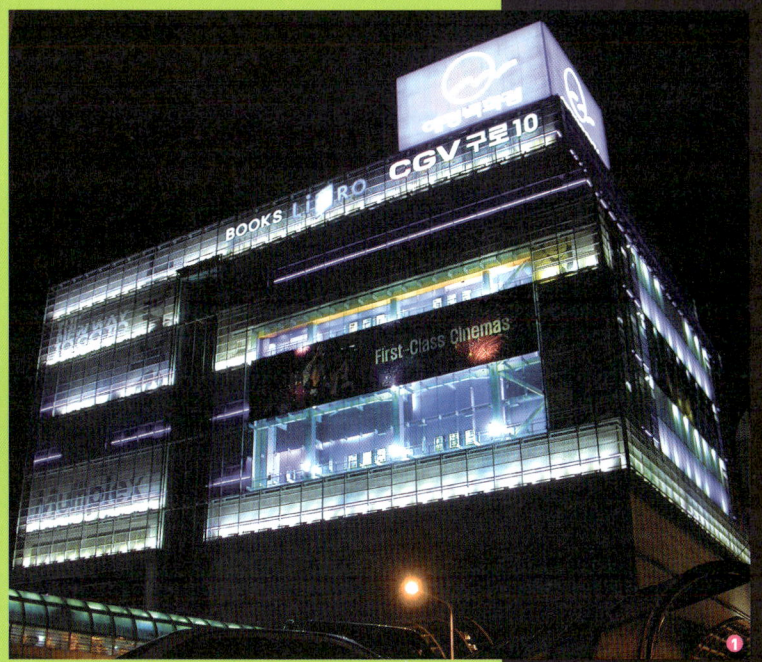

❖ **체인화되는 대형서점들**

2003년 5월 한국의 대표적인 대형서점 교보문고 강남점이 문을 열었다. 단일 매장으로 국내 최대 규모를 자랑한다. 문구, 음반, 디자인 매장이 넓게 자리한 것은 물론이고, 문화이벤트홀과 어린이들의 놀이공간까지 갖추고 있다. 서점을 찾은 독자가 한 자리에서 모든 것을 해결할 수 있는 원스톱 공간이다.

서점도 이제는 단지 책을 사는 곳이 아니다. 서점은 사람을 기다리고, 머무르고, 먹고 마시고, 영화와 오락까지 즐기는 종합적이고 복합적인 공간으로 바뀌고 있다. 삼성동 코엑스몰의 반디 앤 루니스, 강남고속터미널의 영풍문고 그리고 강남 교보문고 등이 만들어낸 공간은 대형서점이 아니라 복합문화공간이다.

❶ 서울 구로 애경백화점에 위치한 리브로 체인 서점
❷ 서점, 영화관 등을 한 곳에 모은 복합문화공간의 모습
❸ 2003년에 문을 연 국내 최대규모의 교보문고 강남점

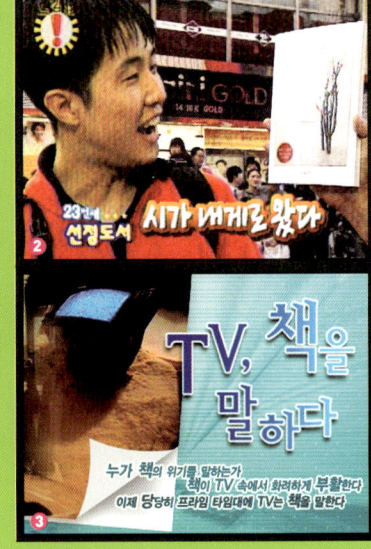

❖ 미디어의 책 소개 프로그램

2002년 한국출판의 가장 큰 화제는 미디어의 책 소개 프로그램들이 미치는 영향과 성과였다. MBC-TV의 오락프로그램〈느낌표〉와〈행복한 책읽기〉, KBS-TV의〈TV, 책을 말하다〉등 공중파 미디어에서 본격적인 책 소개 프로그램을 확대했다. 특히, 한 권의 책을 선정해 한 달 동안 집중 홍보하는 MBC-TV〈느낌표〉의 한 코너인 '책책책, 책을 읽읍시다'의 영향력은 엄청났다. 선정된 책이 모두 베스트셀러에 진입하는 기염을 토했다.〈느낌표〉에 선정되어 베스트셀러가 된 책은 느낌표 브랜드라고 불렀을 정도로 프로그램의 성과에 대한 찬반양론이 분분했다.〈느낌표〉가 청소년들을 독서로 유인할 뿐만 아니라 출판 및 유통의 활성화에 크게 기여하고 있다는 것이 긍정론이다. 반면〈느낌표〉에서 선정한 책들의 성격이 대중성을 지향하여 독서의 다양성을 해치고, 독서시장을 왜곡한다는 비판도 받았다. 급기야 한국출판인회의에서는 2002년 말에 베스트셀러 목록에서 느낌표 선정도서를 제외하자는 결의를 하며 느낌표의 공과에 대한 사회적 문제제기가 일어나기도 했다.

1. MBC-TV〈느낌표〉기적의 도서관 개관 행사에 참여하여 아이들에게 동화책을 읽어주는 대통령 부인 권양숙 여사
2. MBC-TV〈느낌표〉의 책 소개 프로그램인 '책책책, 책을 읽읍시다'
3. KBS-TV의 책 소개 프로그램인〈TV, 책을 말하다〉

❖ 출판의 양적 성장을 이끈 신문의 북섹션

1990년대 중반 이후 한국의 신문들은 독자들의 다양한 정보 욕구를 채우고, 신문의 콘텐츠 강화를 위해 문화지면을 대폭 강화했다. 이런 신문의 섹션화에 발맞춰 1996년〈문화일보〉가 본격적인 북리뷰 지면을 처음 선보였다. 이어〈동아일보〉와〈조선일보〉가 1999년에,〈중앙일보〉가 2000년에 각각 북섹션을 선보이며, 오늘의 북섹션 붐을 이끌어 왔다. 신문의 북섹션 지면은 지적수준이 높은 독자들을 포용하는 동시에 신문의 차별화를 가져왔고, 일간지 북섹션이 안정되면서 출판시장이 양적으로 성장하는 긍정적 결과를 낳았다. 그러나 출판 전문기자가 존재하는 것도 아닌 상황에서 소수의 기자들이 매주 수십 권의 책을 소개하다보니 신문의 북섹션들이 전문성과 개성을 획득하지 못하고 있는 것은 아직도 과제로 남아 있다.

4. 〈경향신문〉북섹션
5. 〈조선일보〉북섹션
6. 〈중앙일보〉북섹션

기획편집 : 한국출판마케팅연구소 · 사진 : 심환근, 김원용 · 디자인 : 정병규디자인

평론

한국학 이끄는 한국 출판의 삼두마차

서양적 가치관에서 벗어나 전통문화와 생활을 재평가한다

이권우 도서평론가

한국학의 부흥과 신조류 新潮流

한국 지식사회에서 한국학이 차지한 위상의 변화는 한국사의 역동적인 변화와 그 궤를 같이하고 있다. 일제강점기에 한국학은 민족정신의 고갱이를 지켜내었고, 해방된 나라의 정신적 표상이 될 학문으로 평가되었다. 그러나 해방 이후 서양 문화가 물밀 듯 밀어닥치면서 상황은 바뀌었다. 정신보다는 물질이, 동양보다는 서양이 적자로 등재되면서 한국학은 '서자' 취급을 받았다. 이런 왜곡된 상황은 박정희 정권에 이르러 '교정'되어 나아갔다. 정권 차원의 지원에 힘입어 한국학이 학계와 일반대중의 관심을 받기 시작한 것이다.

왜 하필이면 이 시기에 박정희 정권이 한국학 부흥에 소매를 걷어 붙이고 나섰는가에 대한 해석은 여럿 있지만, 이상주 李相周의 평가대로 '지속적 경제성장을 위하여 국민적 에너지를 동원하고, 독재정치체제를 정당화하여 사회의 안정성을 유지하기 위하여 정부가 민족주의적 호소력을 강화하고 이용해야 할 필요성이 높아졌' 기 때문이라고 말할 수 있을 성싶다. 더불어 남북한의 갈등 국면에서 체제적 우월성을 확보하기 위한 방안으로 한국학을 지원했다는 혐의도 지적하지 않을 수 없다.

그러나 1990년대 이후 한국학은 위기에 맞닥뜨렸다. 이른바 신자유주의의 확산은 지식사회의 지형도를 크게 바꾸어 놓았다. 당장의 쓰임새에 유용한 학문이 중심으로 들어서고, 기초학문은 변방으로 밀려나게 되었다. 대학 사회에 몰아닥친 변화의 바람은 이런 현상을 상징적으로 보여주었다. 정부의 대학 지원을 대표하는 BK21에서 인문사회과학은 천덕꾸러기로 전락했고, 학부제 실시 이후 학생들은 취업이 보장되는 분야에 몰렸다. 한국학을 포함한 인문사회과학의 기반이 붕괴 위기에 놓여 있다는 아우성이 터져나왔다. 그렇다고 더 이상 희망을 품을 수 없느냐 하면, 그것은 결코 아니었다.

밤하늘에 어둠의 장막이 쳐져야 비로소 별은 빛나는 법이던가. 제도권에서 나타나고 있는 부정적인 현상과 달리, 출판 분야에서 보이는 한국학의 성과는 실로 눈부시기까지 하다. 이미 출판에서도 인문학이 차지하는 비율이 점차 줄어들고 있음에도, 이 상황 자체를 뒤집는 데 한국학 관련 도서들이 크게 이바지하고 있는 것으로 보인다. 특별히 이 현상이 돋보이는 것은 과거와 달리 정부의 제도적 지원에 힘입은 것이 아니라, 대중과의 소통을 통해 한국학의 위기를 돌파하려는 일련의 저자들이 등장했고, 그 성과물이 독서 시장에서 뜨거운 반응을 얻고 있다는 점에 있다. 이는 단순한 심정적 판단이 아니고 현실적인 상황인바, 한 신문은 한국학 관련 도서의 약진을 다음과 같이 보도했다.

11일 현재 서울 교보문고 인문 부문 베스트셀러 10위권의 판세. 1위 일연의 『삼국유사』(을유문화사), 3위 오주석 간송미술관 연구위원의 『오주석의 한국의 미 특강』(솔), 6위 정옥자 서울대 규장각 관장의 『우리가 정말 알아야 할 우리 선비』(현암사), 9위 정창권 고려대 강사의 『홀로 벼슬하며 그대를 생각하노라』(사계절). 『삼국유사』를 제외하고는 각기 미술, 역사, 문학으로 연구 분야를 달리 하는 당대 한국학 연구자들의 노작이라는 것이 공통점이다. —〈동아일보〉 2003년 2월 14일

조선왕조에 대한 재평가

한국학 관련 도서가 독자의 사랑을 받는 이유 가운데 하나는 민족적 자긍심의 회복에서 찾을 수 있다. 한국은 식민지 지배와 전쟁, 그리고 독재라는 역사적 '부채'를 성공적으로 청산하면서, 무서운 속도로 경제를 성장시켜왔다. 그 결과, 근대화에 뒤처져 겪어야 했던 민족적 상처가 치유되어 나아갔고, 세계사의 주역으로 떠오를 수 있다는 자신감을 가지게 되었다. 짚고 넘어가야 할 것은, 최근에 한국인들이 품게 된 자긍심은 배타적인 국수주의와는 사뭇 다르다는 사실이다. 서구의 것만을 지상의 최선으로 여겼던 편향성을 극복하고, 한국적인 것이 세계적인 것으로 승화될 수 있다는 자신감을 얻게 된 것이기 때문이다.

오주석이 쓴 『오주석의 한국의 미 특강』(솔)은 옛 그림을 통해 전통적 미학의 핵심을 설명하고 있다. 해박한 지식을 바탕으로 청중들을 쥐락펴락하는 입담을 글로 옮긴 이 책의 무게중심은 선조들의 미학적 성취가 그 어느 민족보다 뒤지지 않는다는 점을 강조하는 데 두어졌다. 각별히 조선에 대한 지은이의 재평가는 문화에 대한 이해를 통해 역사적 통념을 뒤집으려는 도전적인 시도라 할 만하다. 기

『오주석의 한국의 미 특강』

실 조선은 한국인들에게는 집단 콤플렉스의 대상이었다. 끊임없이 외국의 침공을 받았으며, 마침내 일본의 식민지로 전락했기 때문이다. 그래서 한국인들은 고구려나 통일신라 또는 고려의 역사에 대해서는 자부심이 높으나, 조선에 대해서는 역사가 준 기회를 놓친 무능한 국가로 여기는 경향이 있다. 그러나 지은이는 이 책에서 통념의 대척점에 서서 자신의 논리를 펼쳐나간다. 알고 보면 외국과 벌인 전쟁도 같은 시기 중국보다 적었으며, 정치체제가 519년이나 지속된 데서 알 수 있듯, 결코 정체된 국가가 아니었다는 것이다. 지은이가 이 정도의 근거로만 자신의 주장을 뒷받침하고 있는 것은 아니다. 그 시대의 미학적 성취를 꼼꼼하게 설명함으로써 조선이 얼마나 역량 있는 국가였는가를 힘주어 말한다.

초상화에 대한 지은이의 해설은 한국인의 심적 외상trauma을 치유하는 가장 대표적인 대목으로 꼽을 만하다. 조선시대는 초상화를 사진이라고 불렀다. 참된 것만을 그린다는 뜻에서 그러했다. 이 시대의 초상화에 모델의 검버섯이나 부종 같은 병색을 있는 그대로 그린 이유가 여기에 있다. 또한 여성이나 청년을 대상으로 초상을 그리지 않은 것은, 이들이 학문이나 수양, 경륜 등 속을 이루어내지 못했다고 여겼기 때문이라는 게 지은이의 주장이다. 조선을 이끌었던 지배 엘리트들의 엄정한 정신을 지적함으로써 그릇된 역사의식에 일격을 가하고 있는 것이다.

생활상을 있는 그대로 재현한다

한국학 부흥의 '삼두마차' 가운데 하나는 생활사 관련 도서이다. 일상사 또는 미시사와 섞여 쓰이는 이 말은, 아직은 학문적 성취가 걸음마 단계이지만, 한국학 분야에서 확실히 뿌리를 내리고 있다. 오랫동안 한국사는 정치사 중심의 서술 체계를 고집해왔다. 그러나 아날학파의 영향과 역사학의 대중화에 대한 고민은 자연스럽게 생활사에 대한 관심으로 이어졌다. 거대담론으로 역사를 해석하는 것이 무의미한 것은 결코 아니다. 그러나 거대담론은 역사의 발전법칙에 지나치게 집착함으로써 한 시대를 살았던 사람들의 생활상을 온전하게 복원하는 데 실패했다. 그런 면에서 생활사에 대한 관심의 증대는 거대담론이 주를 이루었던 모던의 시대에서 미시담론이 영향력을 확보한 포스트모던의 시대로 돌입한 오늘의 한국 사회와 조응한다.

정창권의 『홀로 벼슬하며 그대를 생각하노라』(사계절)는 유희춘의 개인 일기인 '미암일기'를 저본으로 삼아, 16세기 조선 사대부의 삶을 복원했다. 이 책은 그 동안 역사학에서 흔히 정의해온 조선시대의 특징을 부정하는 내용을 담아, 독서계에 파장을 일으켰다. 생활사적 접근을 통해 17세기 이전에는 제한적인 신분 상승이 가능했는 데다 유불도가 공존했으며, 여권주의 전통이 여전히 힘을 발휘하고 있었다는 점을 밝혀낸 것이다. 이와 함께 지은이는 '미암일기'에 대한 정치한 분석을 통해 16세기까지는 "가족관계에서 아들과 딸을 따지지 않았고 친족관계에서 본손과 외손을 구별하지 않았다. 혼인 풍속과 결혼 생활도 남자가 여자 집으로 가서 혼례를 올리고 그대로 눌러 사는 장가와 처가살이 혹은 남귀여가南歸女家와 친정살이가 널리 유행했다"고 결론 짓는다. 이를 통해 독자들은 오늘의 삶을 속박하고 있는 주자학적 전통이 17세기 이후 확고하게 자리 잡았다는 사실을 알게 되었다. 본디의 집필 의도와 상관없이 이 책은 전통도 특정한 시기에 사회적 필요에 따라 발명된 것이며, 새로운 사회적 요구가 있다면 폐기될 수 있다는 입장을 지지하고 있다.

『한국생활사박물관』(한국생활사박물관 편찬위원회, 사계절)은 제목에서 이미 편집 방향을 암시하고 있다. 박물관이라는 형식을 빌려 생활사를 되살리고 있다. 이 책은 역사에 대한 생활사적 접근에서만이 아니라, 글과 이미지의 상생을 꾀했다는 점에서도 전문가들의 높은 평가를 받고 있다. 그런데 이 책의 고려편에서는 한국학이 지향하는 바가 무엇인지를 뚜렷하게 드러내는 집필 원칙이 발견된다. 말하자면 '미래로서의 과거'가 그것이니, 옛것이거나 우리 것이라면 무조건 좋다는 게 아니라, 과거에 이미 싹을 내밀었던 미래지향적 가치를 오늘에 되살리고자 하는 의지가 강하게 작용하고 있는 것이다. 지은이들은 이 책에서 한국 사회가 '수혈' 받을 만한 가치가 있는 고려의 미덕으로 통일성·포용성·다원성·평등성·세계성·자주성을 들었다.

학제적 연구 성과

동양의 인문학은 본디 문사철의 합일에 기초하고 있었다. 한데, 서구 학문이 주류를 이루면서 학문의 분업화가 가속화했다. 한국학 분야에도 분과학문의 정신에 기초해 연구가 진행되어 왔다. 예상할 수 있듯, 이런 학문적 경향은 곧 한계에 부닥쳤다. 동양적 인문학 자체가 분과학문적 접근을 용인하지 않는 데다, 사회환경이 단일한 방법론과 유일한 해석을 더 이상 수용하지 않아서이다. 위기의식이 높아지면서 전위적인 필자들이 타개책으로 내세운 것이 이른바 가로지르기식 글쓰기였다.

『한시 속의 새, 그림 속의 새』

정민의 『한시 속의 새, 그림 속의 새』(효형출판사)는 인문학적 가로지르기의 한 성과로 평가받고 있다. 이 책은 새라는 주제어를 중심으로 문학, 회화, 조류학을 아우르고 있다. 지은이는 새를 소재로 삼은 옛 시와 그림의 의미나 상징이 무엇인지 살펴보고, 이것이 새의 생태와 어떤 관련이 있는지를 풀어나

가고 있다. 지은이의 역량을 한눈에 볼 수 있는 대목은 「까치가 전하는 기쁜 소식」이다. 이 글에서 지은이는 민화 가운데 하나인 호작도虎鵲圖, 즉 까치호랑이 그림을 분석하고 있는데, 이 그림에 나온 호랑이가 표범이라는 사실을 밝혀낸다. 그림에 나온 호랑이의 털이 점박이 무늬를 하고 있는데, 이 무늬를 하고 있는 맹수는 표범이라는 것, 그리고 이 그림이 세화歲畵라는 점을 감안할 때 까치와 함께 그린 동물은 표범이어야 맞다고 말한다. 까치는 희작이라 하여 통상 기쁜 소식을 알려주는 정령으로 여겨졌다. 표범은 한자로는 표豹이고 중국어로는 '빠오'로 읽는데, 이는 알린다는 뜻의 보報와 발음이 같다. 까치와 표범을 합치면 기쁜 소식을 알린다, 즉 보희報喜의 뜻이 되니, 민화에 나와 있는 맹수는 표범이 맞다는 것이다. 「제비의 하소연」은 시적 묘사와 생태적 사실의 불일치를 살펴보고 있어 흥미롭다.

고전에 대한 접근

그 동안 한국학은 한국 사회의 정치 상황과 이데올로기적 지향과 밀접한 관련을 맺어왔다. 박정희 정권 시기에는 개발독재자들이 국민적 역량을 동원하기 위해 한국학을 이용했으며, 80년대에는 민족민주운동 진영이 전통의 가치를 급진적 차원에서 차용했다. 당연히 그럴 수밖에 없었던 시대적 이유가 있었다는 점에서 그 성과를 긍정적으로 수용해야 마땅하겠지만, 폐해도 반드시 짚고 넘어가야 한다. 두 시대 모두 한국학의 참된 모습을 세우는 데는 일정한 한계를 드러냈기 때문이다. 그런 의미에서 최근에 보이고 있는 한국학 관련 도서들의 약진은 상당히 고무적인 현상이다. 옛것에서 오늘에 살릴 가치를 찾아내고 있다는 점에서 그렇고, 정치적 목적에서 자유로운 상황에서 연구가 진행되고 있다는 점에서 그러하며, 그 내용의 질적 성숙도를 평가받아 독자 대중들의 사랑을 받고 있다는 점에서 역시 그렇다.

앞에서 지목한 책들 말고도 한국학의 새로운 지평을 여는 연구 성과물들이 서점가에 속속 등장하고 있다. 그 무엇보다 앞서 상찬할 만한 일은, 고전을 새로운 세대가 읽어낼 수 있도록 우리말로 옮겨내는 작업이 상당한 성과를 거두고 있다는 점이다.『퇴계와 고봉, 편지를 쓰다』(김영두 옮김, 소나무)는 사단칠정논쟁의 진경을 확인할 수 있는 중요한 책인데, 이제 빼어난 한국어 번역본을 가지게 되었다. 더불어 우리 고전에 대한 파격적인 해석작업도 이루어지고 있어 주목을 받고 있다. 고미숙의『열하일기, 웃음과 역설의 유쾌한 공간』(그린비)은 들뢰즈의 입장에서 박지원의『열하일기』의 가치를 재조명하고 있다. 이 같은 파격적인 접근법은 서구적 틀에 맞춰 고전을 왜곡하는 사례라기보다는, 고전의 현재성을 확인하는 계기를 만들고, 고전 해석의 다양한 지평을 여는 데도 이바지하는 것으로 평가받고 있다.

오늘 다시 꽃피고 있는 한국학은 분명 한국 사회의 역동성에 빚지고 있다. 경제적 발전과 정치적 민주화를 일구어낸 사회적 역량이 한국학에 '이식'된 결과이다. 더욱이 국가적 지원 없이 자발성을 바탕힘으로 삼아 새로운 필자와 독자 집단을 만들고 있다는 점은 시사하는 바 많다. 더불어 한국학의 부흥은 한국 사회가 그만큼 정신적으로 성장했다는 사실을 입증하고 있다. 일찍이 토마스 만이 말하지 않았던가. 1세대가 경제적 부를 추구하면 2세대는 권력을 꿈꾸고, 3세대에 이르면 문화에 관심을 기울이게 된다고 말이다. 이제는 한국학의 역동성이 한국 사회를 어떻게 이끌어갈 것인지를 지켜볼 때이다.

이권우
1963년 충청남도 서산에서 태어났다. 경희대학교 국어국문학과를 졸업한 후 〈출판저널〉〈독서광장〉〈책과 인생〉의 편집장을 지냈다. 현재 도서평론가로 활동하고 있다. 저서로 『어느 게으름뱅이의 책읽기』 『각주와 이크의 책읽기』 등이 있다.

이 사람과 일

이기웅 '출판 도시'를 편집하다
현실적 몽상가는 거대한 프로젝트를 어떻게 실현했는가

한미화 한국출판마케팅연구소 실장

제대로 된 미술책을 만들다

21세기 한국 출판문화의 거점이 될 파주출판문화정보사업단지는 출판, 유통, 인쇄, 제본, 지류 회사는 물론이고 디자인, 저작권 중개업 등 출판과 관련된 모든 활동이 한 곳에서 이루어질 자족도시이다. 파주출판도시(별칭)의 오늘에는 사업협동조합 이사장을 맡고 있는 열화당 이기웅 사장(63)의 열정을 빼놓을 수 없다. 미술전문 출판인으로 일가를 이룬, 은퇴를 꿈꿔야 할 49세의 나이에 모두가 안 될 것이라고 손사래를 쳤던 무모한 일을 시작했다. 그리고 이제 그가 마음속에 꿈꿔왔던 무모함이 현실이 되어 다가오고 있다. 출판도시의 심장 역할을 할 아시아정보문화센터 회의실에서 그 몽상의 주인공을 만났다.

1940년 강릉에서 태어난 이기웅 사장의 출판 인생은 자신이 어린 시절을 보낸 선교장부터 시작되었다고 봐야 한다. 조선시대 효령대군의 11대 손인 이내번은 강릉에 낙향하여 120여 칸이나 되는 엄청난 규모의 장원을 세웠다. 그 선교장의 사랑채가 바로 열화당悅話堂이다. 열화당이 학자와 서예가, 예술가들의 사랑방 노릇을 얼마나 톡톡히 했는지, 이들이 손님으로 머물다 남긴 각종 책자들과 화첩들이 10톤 트럭 하나 가량 남았을 정도였다. 20세기 초 이기웅 사장의 조부인 이근우는 열화당에 활자인쇄 시설을 갖추고 문집과 족보 그리고 연하장 등을 직접 인쇄하기도 했다.

이기웅 사장은 바로 이런 문화적 전통이 고스란히 남아 있는 선교장에서 자랐다. 그리고 열화당의 이름을 빌어 1971년 이래 지금껏 미술출판이라는 전문영역을 걷고 있다. 그는 지금도 소년시절 열화당에서 문집이나 족보를 만들 때 심부름을 하며 배웠던, 책을 귀히 여기는 정신을 잊지 않고 있다. 책을 만드는 종이는 벽지나 창호지와 달라 귀하기 이를 데 없었다. 책 만드는 종이를 한 장이라도 허투루 다뤘다가는 집안 어른들께 불호령을 들어야 했다. 하물며 책을 대하는 태도는 말할 필요가 없었다.

선교장에서 자란 그에게 출판이란 운명이었을 것이다. 책을 좋아하는 사람들이 지니게 마련인 문학적이고 예술적인 감성이 그 안에 충만했다. 게다가 그림을 직접 그리기보다는 분류하고 간수하는 걸 즐겨하는 평론가적 자질을 타고나 미술출판이 의심할 나위도 없이 적격이었다.

첫 직장이었던 일지사를 10여 년간 다니다 열화당을 시작했다. 1975년 출간되기 시작한 열화당 미술문고가 그 결실이다. 열화당 미술문고는 미켈란젤로, 고흐, 고갱, 클레, 정선, 박수근 등의 화가들과 팝아트나 초현실주의 같은 미술이론을 아우른 한국 최초의 대중 미술서다. 당시 이 책을 현대화랑에 갖다 놨더니 일주일 만에 백 권이 넘게 나갔다. 당시의 시장 여건을 생각할 때 모두들 미술출판은 무모하다고 혀를 찼지만 예상외로 독자들은 반겨줬다. 그러고는 지금껏 예술출판의 불모지나 다름없었던 국내에 미술과 예술 그리고 전통문화까지를 아우르는 전문출판사를 고집하고 있다.

30여 년간 전문출판의 길을 올곧게 걷고 있는 그에게 출판이란, 건축적으로 말하자면 레미콘으로 콘크리트를 쏟아 부어 짓는 집이 아니라 한 장 한 장 벽돌을 쌓아 아름답게 만드는 집이다. 더할 나위 없이 아날로그적이다. 왜냐하면 책이란 이미 그 자체가 미술이기 때문이다. 책은 오브제이며, 편집한다는 것은 더없이 예술적인 행위다. 그래서 본인이 출간하는 책들이 미술 관련서이기도 하지만 '미술다운 책'으로도 손색이 없다. 1980년대 사진작가 강운구, 북디자이너 정병규, 고 강원룡 교수, 강우방 박사 등 네 명이 팀워크를 이뤄 만들어낸 『경주 남산』을 비롯하여, 『한국의 굿』 시리즈, 『한국의 호랑이』 『초가』 등은 지극히 미술다운 책을 지향하는 열화당만이 탄생시킬 수 있었던 '작품'이다.

한 권의 책 속에 우주가 담겨 있다

성심껏 책을 만들어도 여전히 문제는 남아 있었다. 복잡한 출판유통구조 때문에 좋은 책이 독자들과 제대로 만나기 어렵다는 사실, 낙후한 출판환경은 늘 그의 발목을 잡았다. 1989년 지인들과 함께 이러지 말고 땅을 사서 출판 환경을 획기적으로 바꿔보자는 어린애 같은 발상을 했다. 실천할 수 있는 것만이 아이디어라는 생각 때문에 그는 선뜻 "내가 그 심부름을 해 보마"고 나섰다. 단 토를 달았다. "말로만 백날 해봤자 소용없으니 일단 돈을 모아라. 난 돈 없으면 일 안 한다. 내 통장에 천만 원씩 넣어라." 그러고는 자신의 통장에 들어 온 36억 원의 거액을 보고 겁이 나 잠을 이루지 못한 것이 15년 전 출판도시의 시작이다.

그는 출판도시를 시작하며 두 가지 원칙을 세웠다. 첫째는 자본의 투명성을 잃지 않는 것이다. 출판도시를 만들어 가고자 하는 모든 사람들을 믿고 따라오게 한 힘이다. 둘째는 전문가의 의견을 귀 기울여 듣는 것이었다. 말도 되지 않는 이야기라고 실패한 사례만 들려주던 전문가들에게 그럼 우리가 선례를 만들자고 독려했다. 1998년 이기웅 사장으로부터 제의를 받고 출판단지 건축 총괄 코디네이터를 맡고 있는 건축가 승효상이 "목숨 바쳐 할 일이다. 바로 이걸 위해 건축을 하는 거다"라는 사명감을 갖게 한 것도 그의 몫이었다.

그렇지만 출판인으로 이렇게 거대한 프로젝트를 하루 이틀도 아니고 15년간이나 진행하는데 어려움은 없었을까? 이상이란 때로는 얼마나 덧없는가? 그리고 실천이란 얼마나 어려운가?

대체로 우문에 대한 답은 간단하다. 이기웅 사장은 단지 "책을 만들 듯이 출판도시를 진행했을 뿐"이라고 답한다. "출판단지의 공간개념을 세우거나, 길을 내고, 나무를 심는 것은 지극히 편집적인 일이었다. 책을 만들 때 컨셉트를 잡고 필요한 요소를 넣고 콘텐츠를 다듬는 것처럼 도시의 컨셉트를 생각하고 내용을 담아내었을 뿐이다. 위대한 편집자야말로 사회를 편집할 수 있는 사람이다." 그의 말에 따르면 한 권의 책 속에는 소우주가 담겨 있다. 그리고 그는 지금 출판도시라는 좀더 커다란 책을 만들고 있을 뿐이다.

물론 어려움이 없지 않았다. 출판단지에 입주할 회원들을 모집하고, 부지의 소유자였던 토지개발공사와 협상하고, 군사지역이라는 특성 때문에 군부대를 찾아다니며 끝없는 설득을 해야 했다. 설득력이 특별했던 것이 아니다. 단지 한 번 실패했다고 혹은 세 번 실패했다고 포기하지 않았을 뿐이다. 그의 표현대로 "설득의 힘이 아니라 성실함의 힘"으로 어려움을 이겨나갔다.

그에게 책을 읽는다는 것은 정신을 벼리는 일이다. 인간을 부패하지 않고 게으르지 않게 하는 일이다. 사람이 책을 만들지만 다시 그 책이 사람을 만들지 않는가. 그렇기 때문에 출판도시를 통해 정신의 근거를 만들어야만 한다는 절박함이 그를 멈추지 않게 했다.

파주출판단지 모형

책이 사람을 만든다

정식 명칭이 파주출판문화정보사업단지이지만 도시는 출판도시, 북시티, 에코시티 등 여러 가지 별칭이다. 그만큼 출판도시는 특별하고 남다르다.

출판도시는 계획도시라기보다는 인간의 의지와 시간에 따라 만들어 가는 도시다. 도시 내 건축물은 회사별로 추진하되 도시 전체의 조형미를 위해 공동 노력해야 하고, 건물의 높이도 4층 이하로 제한했다. 건물들 사이엔 담장도 없고, 어지러운 간판도 없다. 도시를 가로지르는 3km의 샛강을 보존해 철 따라 재두루미 등 철새들이 모여든다. 가로등 기둥은 내후성 강판으로, 녹슨 채 시간이 흐르면 딱딱한 피막을 형성해 페인트칠을 할 필요가 없다.

현재 창비, 한길사, 효형출판사, 동녘출판사, 열화당, 믿음사, 사계절출판사 등의 회사가 이미 입주했다. 3000만 권의 책을 보관하는 자동화 창고와, 하루 출하 물량 44만 부를 처리할 수 있는 도서분류기를 갖춘 출판유통회사 북센이나 이채 쇼핑몰 그리고 단지 거주자를 위한 아파트가 완공되는 2004년이면 출판도시의 외형은 거의 이뤄지는 셈이다. 주변 공사까지 마무리되는 2005년이면 그야말로 도시다운 면모를 갖출 것이다.

2003년 10월에는 출판도시를 널리 알리는 첫 행사, 파주어린이책 한마당이 열리기도 했다. 아직 도시의 면모가 만족스럽지는 않지만, 이 행사를 통해 오히려 출판도시의 과거, 현재 그리고 미래를 보여주자는 생각에서 진행됐다. 출판도시가 어린이에게서 배우고, 출판도시에서 다시 어린이가 배워 가야 한다는 출판도시의 정신을 어린이책 한마당을 통해 보여줬다.

천생 편집자로 보이는 마르고 단정한 몸매, 일견 문약한 선비같은 그가 가장 싫어하는 것은 '안 된다' '못 한다'지만 출판도시를 진행하며 강조하는 말은 '공동성communality'이었다. 공동 우물을 하나 파서 여럿이 사용할 수 있는데, 여기저기 우물만 파놓고 관리도 못하는 일은 더 이상 하지 말자는 뜻이다. 공동성을 실현하면 전체가 성공할 수 있고, 그 기반 아래 개인도 성공할 수 있다. 공동성과 개별성이 공존하는 도시, 우리 사회가 지향해야 할 화두를 출판도시가 보여주려 한다.

그는 지난 15년 간 터무니없는 일을 하는 몽상가라는 말을 많이 들어왔다. 그러나 출판도시 앞에 선 그의 모습은 너무나 현실적이다. 땅에 굳건히 두 발을 디디고 있는 현실적인 몽상가라고나 할까? 그가 준비해 온 현실이 이제야 사람들에게 꿈을 가져다주고 있다.

한미화
1968년 인천에서 태어나 홍익대학교 독어독문과를 졸업했다. 웅진출판사를 거쳐 1999년부터 한국출판마케팅연구소 실장으로 재직 중이며, 〈계간 북페뎀〉의 편집책임자. 저서로 『우리 시대 스테디셀러의 계보』 『베스트셀러 이렇게 만들어졌다 1, 2』 등이 있다.

한국의 10년

아동·청소년 출판과 인문서의 성장
386세대는 출판계를 어떻게 다양하게 활성화시켰나

강맑실 사계절출판사 대표

386세대의 주도적인 역할

내가 몸담고 있는 사계절은 1982년 설립되었다. 출판사를 설립한 목적은 사회의 진보적 이념을 대중적으로 보급하는 데 있었다. 당연히 사회과학 분야가 출판의 주류를 이루었다. 주요 독자는 그 당시의 대학생들이었다. 다양성과 탈인습을 향한 자기 성찰이 활발한 대학생들은 출판과 사상의 자유가 억압받던 살벌한 독재정권 시절, 사회과학 서적을 읽으면서 사회와 역사의 진실을 깨우쳐갔다. 1980년대 50개가 넘던 사회과학 출판사의 대표들은 대학생과 노동자층을 비롯해 독재 정권에 항거했던 일반인들과 마찬가지로, 연행과 수배가 반복되는 삶을 살면서도 출판 행위로써 민주화를 부르짖는 일을 멈추지 않았다.

그 후 1980년대 말, 구소련이 붕괴되자 한국에서도 마르크스주의에 바탕을 둔 이념 서적들의 역할이 희미해졌다. 진보적 사회 이념의 출판은 다양한 형태로 그 진보성을 발현해야 하는 과제를 떠안게 되었다.

이에 사계절은 무분별한 번역서 위주의 아동 출판 시장의 척박함을 직시하고 아동 출판을 기획했다. 또한 입시위주 교육제도의 심각성을 느껴 청소년 출판의 기획도 고민하기 시작했고, 더불어 진보적 사회 이념에 바탕을 둔 인문서 출판에 주력했다. 1980년대 말부터 사계절출판사의 집중 분야가 된 이 세 분야는 10년이 넘은 지금도 마찬가지이다. 이후 10년간의 한국 출판의 주된 변화를 사계절을 경영하면서 겪었던 경험을 바탕으로 이야기하고자 한다.

그에 앞서 한 가지 이야기하고 싶은 것은 그 모든 변화의 중심에는 이른바 386세대가 있다는 점이다. 386세대라는 말이 처음에는 정치적 용어로 사용되었으나 지금은 현 한국 사회의 주류를 규정짓는 중요한 용어로 자리잡았다.

그들은 앞에서 언급한 것처럼 사계절이 사회과학 서적을 출간하던 1980년대의 핵심 독자들이기도 하다. 하지만 386세대의 특징을 민주화 투쟁에만 국한하고 싶지는 않다. 그들은 그 당시 독재적 정치 상황 속에서 어떤 세대보다 자신의 정체성과 가치관에 대해 고민했다. 그 결과 우리 사회의 보수성을 넘어설 수 있는 의식의 잠재력

신간 발행 종수와 부수

	신간종수					신간부수				
	초판			재판	합계	일반서			만화	합계
	일반서	만화	합계			초판	재판	합계		
1987	22,425		22,425	15,876	38,301	104,334,822	51,466,261	155,801,083		155,801,083
1988	22,336		22,336	16,118	38,454	109,747,087	57,511,114	167,258,201		167,258,201
1989	20,745		20,745	18,092	38,837	120,875,683	76,349,269	197,224,979		197,224,979
1990	20,903		20,903	20,809	41,712	129,611,007	112,228,330	241,839,337		241,839,337
1991	22,153	4,149	26,302	617	26,919	124,956,025	9,660,470	134,616,495	5,820,160	140,436,655
1992	23,926	4,694	28,620	857	29,477	131,505,892	5,246,306	136,752,198	5,413,195	142,165,393
1993	25,431	4,644	30,075	873	30,948	134,376,224	4,845,500	139,221,724	7,206,497	146,428,221
1994	28,082	4,930	33,012	1,482	34,494	132,373,507	19,952,596	152,326,103	10,827,510	163,153,613
1995	26,207	4,699	30,906	1,200	32,106	129,031,054	15,152,553	144,183,607	13,359,340	157,542,947
1996	25,407	5,592	30,999	1,257	32,256	154,805,285	3,331,438	158,136,723	18,021,725	176,158,448
1997	26,195	6,297	32,492	1,118	33,610	186,019,069	2,688,810	188,707,879	23,605,460	212,313,339
1998	27,652	8,122	35,774	1,186	36,960	154,246,619	3,263,745	157,510,364	33,025,623	190,535,987
1999	24,529	9,134	33,663	1,381	35,044	72,112,813	3,728,138	75,840,951	36,625,233	112,466,184
2000	24,466	9,329	33,795	1,166	34,961	66,020,611	2,387,380	68,407,991	44,537,041	112,945,032
2001	23,705	9,117	32,822	1,457	34,279	67,963,191	7,057,565	75,020,756	42,151,591	117,172,347
2002	25,489	9,060	34,549	1,637	36,186	76,553,233	5,001,794	81,555,027	35,944,520	117,499,547

1997년 말 IMF 이후 독자의 구매력은 낮아졌다. 그 때문에 1998년 이후의 신간 부수 총계는 감소하고 있다. 표에 있는 '재판'은 1990년까지는 초판 증쇄를 포함, 1991년 이후는 '개정판'으로 간행된 서적만 지칭한다.
자료: 『한국출판연감』 2003

이 상대적으로 강하고, 사회 부조리나 권력의 비민주성 등에 아직도 강한 도전 의지를 공유하고 있다. 이처럼 지금은 초등학생과 중·고등학생의 학부모가 되었고 사회의 각 분야에서 주도적 역할을 하고 있는 386세대의 특징을 알아야만 최근 10년 동안 한국 출판을 관통하고 있는 변화의 핵심을 제대로 이해할 수 있으리라 생각한다.

아동서 출판과 청소년 출판의 활성화

최근 10년 동안 한국 출판의 가장 큰 변화 중 하나는 아동서 출판의 활성화이다.

사계절은 1980년대 말 아동서 출판을 시작했으나, 초기에는 난항을 겪었다. 당시만 해도 예림당, 지경사, 웅진, 금성, 계몽사 등 기업화된 아동 전문 출판사들이 출판 유통을 장악하고 있었다. 아동물 유통은 총판과 방문 판매가 주류를 이루었다. 일반 단행본처럼 서점 판매에 의지해야 했던 사계절 같은 경우 시장 진입에 어려움이 많았다. 또한 아동물의 저자군이 형성되어 있지 않아 국내 아동물 기획이 쉽지 않았다.

그러던 중 1990년대 중반을 넘어서면서 좋은 어린이책을 선정, 꾸준히 소개하고 뜻있는 학부모들을 중심으로 활동을 넓혀나가던 '어린이도서연구회' 같은 독서지도단체들이 늘어났다. 그들이 선정한 책을 언론이 적극적으로 소개하면서, 좋은 어린이책들이 일반 서점에서 팔리기 시작했다. 그러한 판매 변화에 힘입어 좋은 어린이책만 엄선해서 판매하는 어린이 전문 서점이 늘어났고, 여기에만 책을 공급하는 도매상들도 늘어났다. 가장 큰 힘은 두말 할 필요 없이 아이들에게 좋은 책만을 골라 사주려고 하는 학부모들이 갈수록 늘고 있었다는 점이다.

둘째, 청소년 출판의 활성화이다. '청소년 출판'이라는 말이 한국의 출판계에서 일반화된 것은 오래지 않다. 따라서 1980년대 말 이미 청소년물을 기획하고 출판했던 사계절출판사는 청소년 출판의 선두 주자라 해도 과언이 아니다. 처음에는 청소년들의 교과목과 관련된 부교재

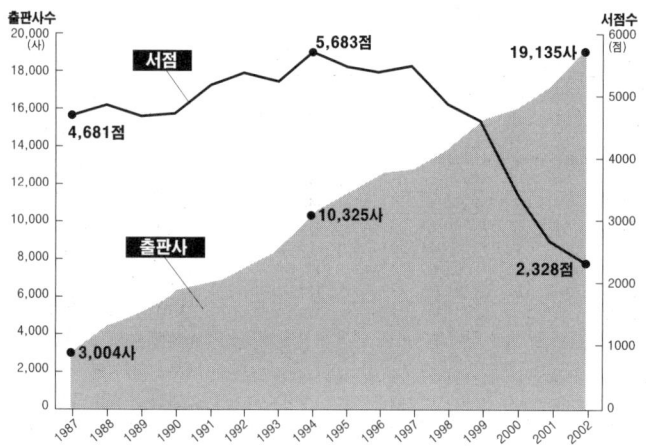

출판사와 서점 수의 변화

출판사 수가 15년 동안 약 여섯 배가 된 데 비해 서점 수는 계속 감소하고 있다. 특히 최근 5년 동안은 중소 서점이 줄어들었고, 한편에서는 대형 서점의 체인화가 계속되고 있다.
자료: 『한국출판연감』 2003

의 성격을 띤 단행본을 출간하였다. 저자들은 진보적 386세대 교사들이 대부분이었다. 그러다가 1990년대 중반 이후부터 한국의 청소년 문학 역시 무분별한 성인 대상의 번역본, 어려운 고전, 아니면 명랑 소설류 일변도인 점을 안타까이 여겨 13세에서 18세의 10대가 읽는 책이라는 뜻에서 '1318문고'라는 청소년 문학서도 출간하기 시작했다. 청소년 문학이라는 장르 역시 현재까지 정착되지 못할 정도로 국내 작가가 드물다. 따라서 우선 초기에는 해외 청소년 현대 문학서 중에서 좋은 작품을 골라 번역서를 냈다.

그 당시만 해도 청소년 문학을 출간한다는 것은 하나의 모험이었다. 판로가 불안정했기 때문이다. 서점에 진열되기도 어려웠다. 말하자면 책을 출간해도 독자인 청소년이나 학부모, 교사들에게 정보가 전달되는 통로가 빈약했다. 그러나 청소년물 역시 각종 독서 단체나 교사들 모임뿐만 아니라 문화관광부에서 좋은 책들을 권장도서로 선정하여 학생과 학부모, 학교 등에 정보를 활발히 제공한 결과, 점차 주목을 받기 시작했다. 대형 서점에서도 청소년 코너를 따로 마련하여 집중적으로 진열하기 시작했다. 이제는 사계절뿐만 아니라 여러 출판사에서 청소년물 출판에 관심을 가지고 장르를 다양하게 개발해 나가고 있으니 바람직한 일이 아닐 수 없다.

다양해지는 인문서와 새로운 저자 발굴

셋째, 인문서의 장르가 다양해졌으며 핵심 독자층이 형성되었다. 1980년대 독재정권 때는 이념성 강한 사회과학 서적이 진실을 알리는 중요한 역할을 했다. 하지만 1980년대 말 구소련 붕괴 후 한국의 정권도 겉으로는 유화정책을 취하자, 1990년에는 이념성의 공백 현상이 뚜렷해졌다.

따라서 사회과학 출판이 시들해질 수밖에 없었으며 인간 생활의 기본 주제를 다루는 인문학 역시 다양한 주제에 대한 모색을 할 수밖에 없었다. 1990년대 중반을 넘어서면서부터는 인문학의 주제가 사회의 이념성에 대한 거시적 주제에

도서관수

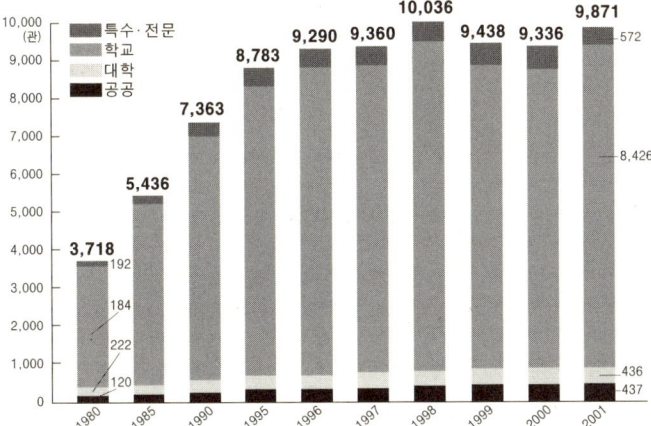

학교 도서관은 20년 동안 두 배가 넘게 늘어났다. 2002년은 공공도서관 수만 조사한 데이터이다. (462개관)
자료: 『한국출판연감』 2003

서 점차 일상생활과 관련한 개인적 관심의 소재로 옮겨가기 시작했다. 그러한 현상은 1990년대 말부터 급격히 두드러졌다. 인문학의 주제가 개인의 교양과 관련된 여행기, 문화 현상, 생활사 혹은 담론 형태 등으로 다양하게 활성화되어 갔다. 그리고 그러한 인문서의 주요 독자층은 과거 대학 시절 주로 이념적 사회과학 서적을 탐독하느라 인간 생활 전반에 대한 교양에 목말라 있던 386세대들이다. 이제 한국의 인문서는 어느 한 권이 베스트셀러 자리를 독차지하는 현상이 사라지고 다양한 주제들의 인문서가 골고루 판매되는 현상을 나타내고 있다.

넷째, 필자군이 두터워졌다. 아동 창작물의 경우, 1990년대 중반까지만 해도 대부분 번역서에 의존하거나 문학성이 뛰어난 작품이 드물었다. 하지만 1990년 중반을 넘어서면서 국내 아동 창작물이 활성화되기 시작했다. 사계절만 하더라도 아동 창작물의 국내물이 번역서의 네 배를 넘을 정도이다. 그만큼 뛰어난 작가들이 많이 탄생한 것이다. 청소년물의 경우에는 교양서의 저자들이 많이 형성되었으나 창작물의 경우는 아직도 미비한 상태이다. 하지만 청소년 창작물도 예전보다는 저자군이 훨씬 두터워지고 있는 게 사실이다. 사계절은 청소년 문학이라는 장르를 정착시키기 위해 '사계절 문학상'을 제정해 새로운 저자군을 계속 발굴하고 있다.

인문서의 경우 검증받은 특정 저자에게 여러 출판사의 청탁이 몰리는 경향이 두드러졌으나 갈수록 새로운 저자 발굴이 활발해지고 있다. 이것은 독자들이 이제는 저자의 명성에 구애받지 않고 내용만 검증되면 책을 구입하는 경향이 두드러질 정도로 성숙했다는 것을 의미한다. 또한 출판사의 기획력, 편집자의 역량이 강화되고 있는 점은 새로운 저자군 발굴에 아주 중요한 요인이다. 한국 출판계에서 기획·편집자의 정체성에 대한 반성이 한동안 일어난 결과, 갈수록 역량이 뛰어난 기획·편집자들이 늘고 있어 한국 출판의 전망을 밝게 하는 큰 힘이 되고 있다.

학교 도서관 개혁

다섯째, 학교 도서관이 변하고 있다. 좋은 어린이책이 활발히 출간되어 소개되는 것과 맞물려 학부모들과 현장 교사들의 의식의 변화는 학교 도서관의 개혁을 가져왔다. 학교 도서관 속에 담긴 책들의 물갈이가 시작된 것이다. 오랫동안 먼지가 쌓여 아이들의 손을 타지도 못하고 있던 도서관의 낡은 책들 대신 좋은 어린이책들이 그 자리를 서서히 차지하고 있다. 학교 곳곳에서 활발히 독서 운동을 펼치고 있는 이름 없는 수많은 교사들의 오랜 노력의 결과라고 생각한다.

또한 도서관에 담당 사서 교사가 없는 학교가 대부분이었으나, 이제는 도서관 담당 사서 교사가 늘어나면서 도서관이 실제로 제 구실을 해나가고 있다. 그뿐만 아니라 개별 출판사나 개별 서점들이 자체적으로 제작하여 배포하는 도서목록, 혹은 여러 독서 단체에서 발행하는 권장도서 목록도 도서관 책들을 물갈이하게 하는 커다란 자극제가 되었다. 사계절의 경우 4, 5년 전부터 도서관 납품 도서의 판매량이 서서히 늘더니 2003년 상반기에는 전년에 비해 두 배 이상 늘었다.

이 밖에도 최근 10여 년간 한국 출판의 변화된 모습은 훨씬 다양하다. 하지만 이 짧은 글에서 다 다루기는 어렵다. 한국 출판은 사실 출판과 언론의 자유가 억압받았던 1980년대 이후 1990년대 중반까지 여러 가지로 다양성이 상실된 상태였다. 한국 출판은 이제 비로소 그 다양성을 꽃 피워가는 시점이라 할 수 있다.

이 글에서는 한국 출판의 긍정적 변화 몇 가지만 다루어보았다. 긍정적 변화가 일어난 데는 앞서 말한 386세대들의 역할이 컸다. 또한 한국 출판의 변혁을 가져온 386세대의 역동성을 1980년대 한국 사회과학 출판의 역할과 결부시키지 않을 수 없다고 생각한다.

20대의 젊은 날을 독재정권 아래에서 보낸 그들은 어느 세대보다도 자기 정체성을 고민했을 것이고, 사회와 역사의 진실에 눈뜨기 위해 노력했으리라. 그 결과 이제는 사회의 각 분야에서 개혁의 주체가 되었으며 출판 현장에서는 기획자, 편집자, 마케터, 디자이너, 저자 또는 독자, 가정에서는 의식 있는 학부모로, 학교 현장에서는 교사로 제 역할을 감당해나가며 출판계에 긍정적 변화를 일으키는 큰 힘이 되고 있다.

강맑실
1956년 전라남도 광주에서 태어났다. 한국신학대학을 졸업하고 이화여자대학교 대학원과 중앙대학교 신문방송대학원을 졸업했다. 1987년부터 사계절출판사 편집부장, 95년부터는 사계절출판사 대표이사로 재직 중이다. 한국출판인회의 총무위원장, 파주어린이책한마당 운영위원장을 지냈다. 저서로 『논리랑 놀자』(전3권, 공저)가 있다.

留住手藝

전통공예를 기록한다
대만〈한성漢聲〉의 작업

공예의 기록은 문화의 기록
문화의 기록은 생활의 기록

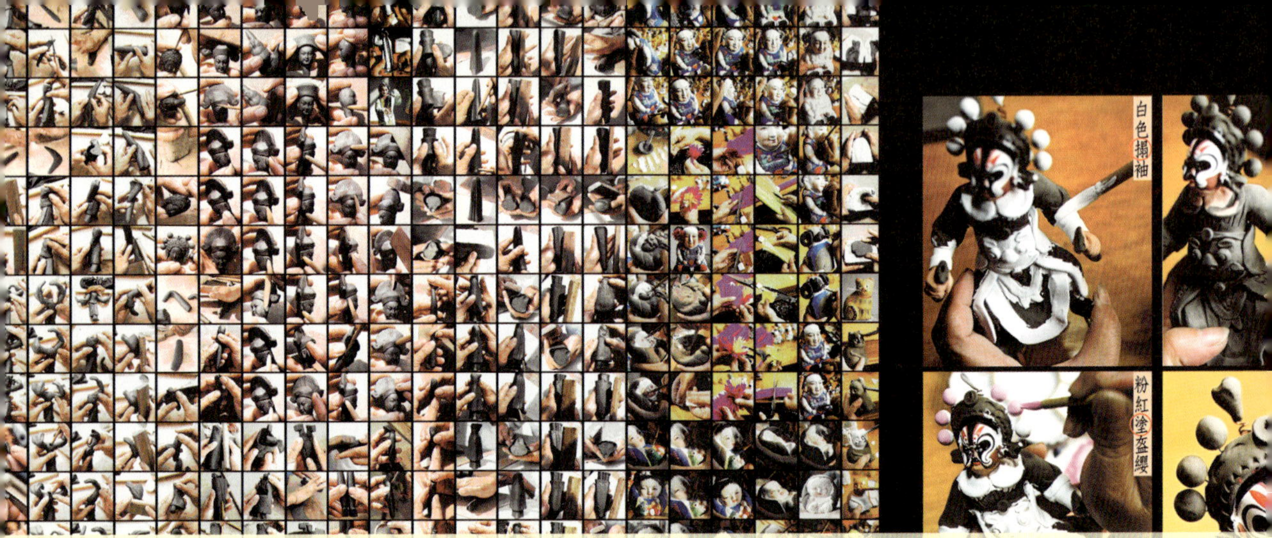

인류의 생활이 근대화됨에 따라 물질문명은 무모할 만큼 급속도로 발전했습니다. 그리고 그와 반비례하듯 정신문화는 쇠약해진 것 같습니다. 헤아릴 수 없을 정도로 추악한 현상과 그로 인한 고통, 질적 악화를 우리는 어쩔 수 없이 운명으로 받아들이고 있습니다. 이런 상황에서 주의해야 할 것으로 다음의 네 가지 경향을 들 수 있습니다.

1. 자연과학과 인문과학의 분열
2. 역사의 망각
3. 기술에 의한 예술 약탈
4. 문화·예술의 표층화

　공예를 업으로 삼은 장인들은 '순천응인(順天應人, 하늘의 뜻과 사람의 마음에 따른다)'과 '이물공생(利物共生, 만물을 이용하고 만물과 함께 살아간다)'이라는 서민적인 인생관을 체현하고 있습니다.

　그들은 작업을 통해 세시나 절기의 변화, 지역이나 풍토에서 얻은 감성을 표현하

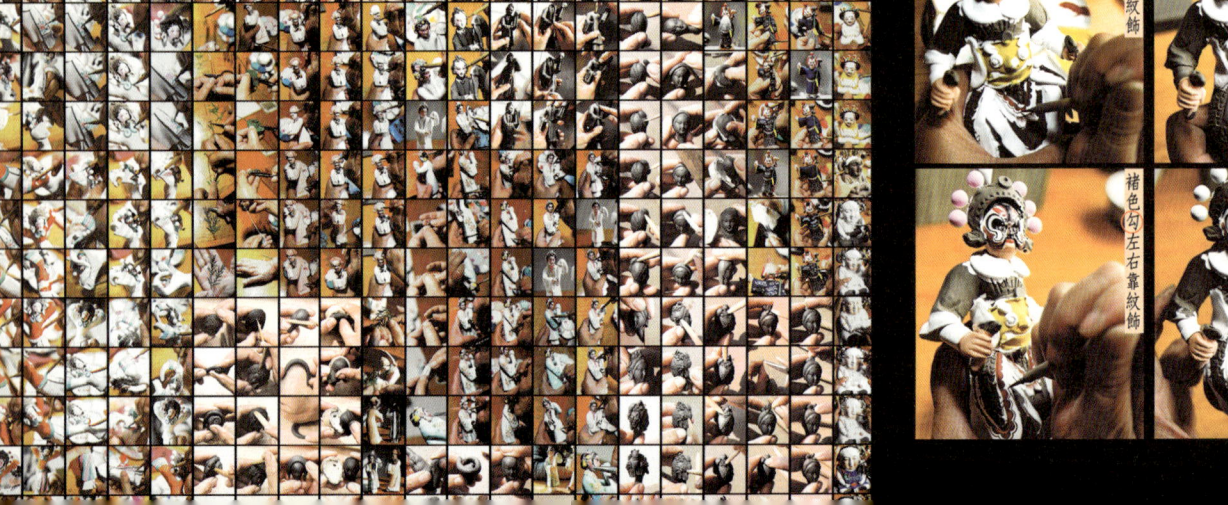

기도 합니다. 그들과 만나면 오랜 수련으로 연마된 기술의 정수와 기상을 느낄 수 있습니다.

또 그들의 이야기를 들으면 우리가 잃은 것의 크기를 통감하게 됩니다. 예로부터 전해진 문화와 생활이 조금씩 사라지고 있는 것입니다.

언제부턴가 장인들이 손으로 정성껏 만든 공예품이 줄어들었습니다. 손때가 타 쉽게 버리지 못하는 물건을 기꺼이 수선해주던 장인의 모습도 찾아볼 수 없게 되었 습니다. 이를 대신한 것이 공장에서 대량으로 만들어낸 제품입니다. 재료가 무엇인 지, 제조 방법은 물론이고 만든 이의 얼굴도 모릅니다. 지구의 자원 낭비를 초래한 대량생산과 대량소비의 결과이며, 그것은 오늘날 시장경제를 탄생시킨 새로운 문 화인 것입니다.

우리 한성잡지사漢聲雜誌社는 잡지와 단행본 출판을 통해, 글과 그림으로 전통공 예를 소개해왔습니다. 그러나 전통공예를 기록으로 남기는 게 얼마나 어려운 작업 인지 늘 절감합니다. 장인들이 해온 작업의 멋과 맛은 바로 그들의 공예품, 인품, 언

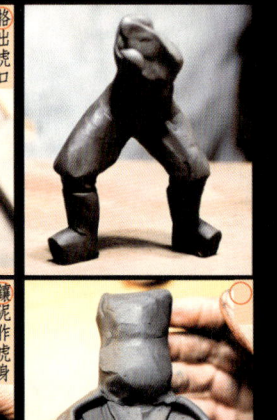

어, 몸가짐 속에 있습니다.

   1998년 10월, 저는 비주얼 담당 편집자 두 명과 텍스트 담당 편집자 한 명을 데리고 장쑤江蘇성 우시無錫시에 있는 후이산젠惠山鎭에 가서 '후이산 진흙인형 만들기'의 명인인 위샹롄喻湘漣과 왕난셴王南仙을 만났습니다. 이렇게 해서 몇 대 동안 이어내려 온 그들의 작업을 기록할 수 있게 되었습니다.

   11일 동안 아침부터 밤까지 이들을 밀착 취재하였는데, 24개의 진흙인형 제작과정을 카메라와 비디오에 담았습니다. 사진 3600여 장, 녹취하며 촬영한 비디오는 70여 시간에 이릅니다.

   제작과정을 담은 수많은 사진과 명장들의 이야기에서 얻은 비결이나 비법을 조합하고 검토하여 정리한 것이 『열여덟 가지 반죽법』과 『일곱 가지 채색법』입니다. 이 비법들은 후이산 진흙인형 제작과정을 기록하고 처음으로 알게 된 것입니다. 이것은 그 동안 장인들이 축적해온 경험으로 스승이 제자에게 입에서 입으로 전하던 것입니다. 아직 글로 전달된 적은 없습니다.

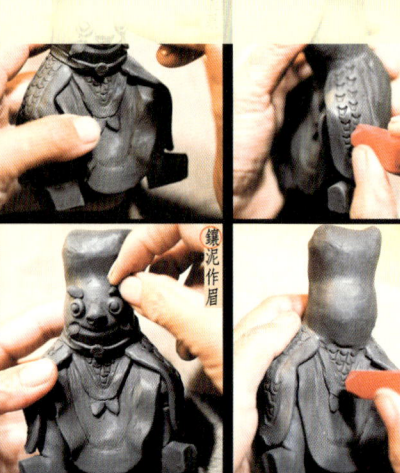

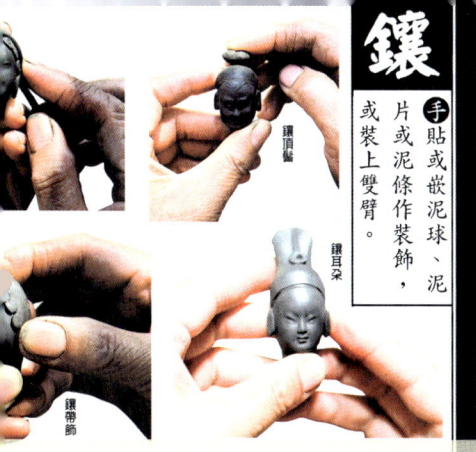
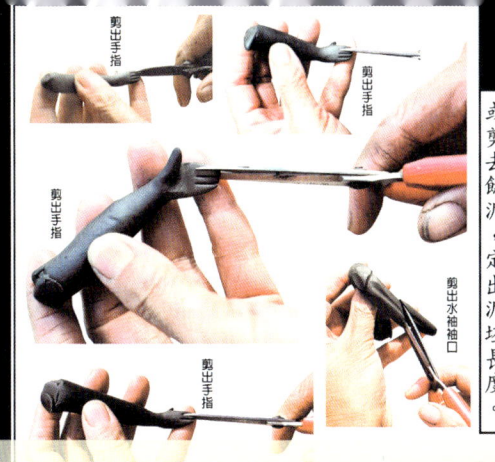

　　후이산 진흙인형 제작과정을 빠짐없이 기록하고, 두 명의 명장과 토론·분석하여 그 곳에 숨겨진 방법과 법칙을 끌어내는 것, 그것이 공예를 기록으로 남기는 편집자의 책임입니다. 후이산 진흙인형 제작 과정에서 볼 수 있던 장인과 인형의 서사적 관계, 장인의 손과 진흙의 관계가 아름답게 영향을 주고받고 있음에 놀라지 않을 수 없었습니다. 이런 기록을 완성할 수 있게 되어 명장들께 감사하며, 아울러 이렇게 시공을 공유할 수 있음에도 감사합니다.

　　이런 분석 결과를 바탕으로 시도한 것이 '공예 수기'입니다. 후이산 진흙인형의 확실한 제작방법과 법칙을 알아냈으니 그 특징을 유명한 극의 역할에 대입해 표현해본 것입니다.

　　진흙인형을 만들 때 쓰는 샴독판三篤板이란 도구로 다듬은 의상은 『모란정환혼기牡丹亭還魂記』의 두여랑(杜麗娘, 여랑이 모란정에서 선잠을 자다 깨는데, 결국 꿈속에서 본 유몽매와 인연을 맺게 되었다는 내용). 덧소매(水袖, 중국 전통극 또는 무용에서 연기자가 입는 옷의 소매 끝에 붙어 있는 흰 명주로 만든 긴 덧소매)는 양귀비楊貴妃, 기품 있고 아름다

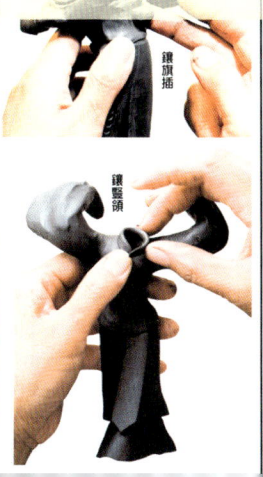
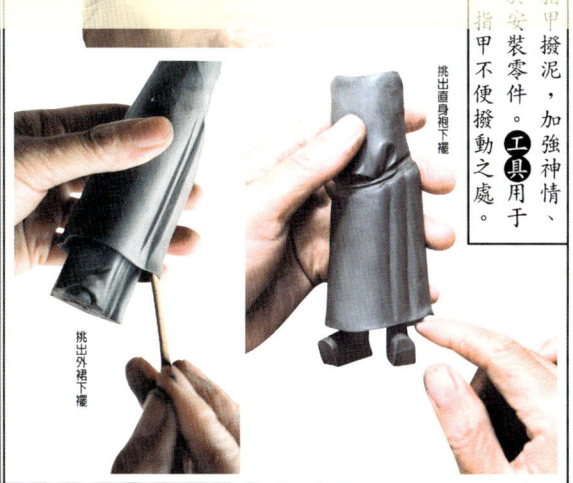

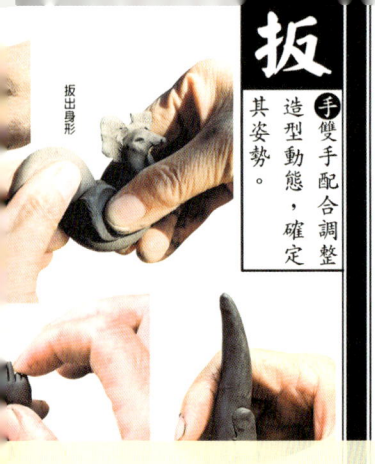
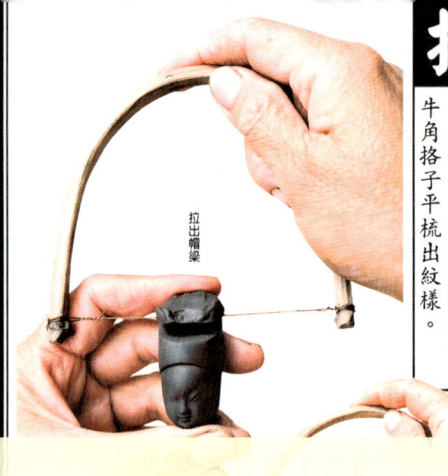
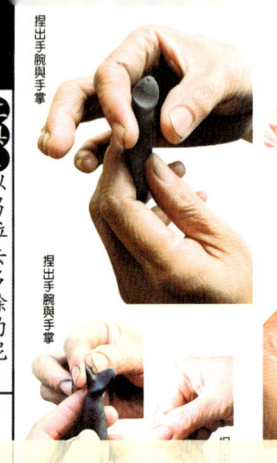

운 장식은 『수호전水滸傳』의 염파석(閻婆惜, 송강의 첩). 중지와 엄지를 붙인 요염한 몸짓蘭花指은 『백사전白蛇傳』의 백소정(白素貞, 인간으로 모습을 바꾼 백사로 남자인 허선과 사랑한다). 노파의 동작을 한 것은 곤곡(崑曲, 16세기 말부터 성행한 중국 연극의 한 파)인 『비파기琵琶記』의 파파(婆婆, 주인공의 어머니). 격투하는 모습은 『삼국지三國志』의 무장 조운趙雲. 갑옷을 입고 난투 장면을 연출한 것은 『삼국지』의 예형(禰衡, 천하의 기재. 친구 공융의 추거로 조조를 모시게 되었다. 조조와 대면했을 때 조조가 결례를 한 탓으로 그의 부하를 통렬하게 욕했는데, 이로 인해 조조의 노여움을 사게 되었다). 문극(文劇, 노래와 동작을 중심으로 한 연극)에서 자주 볼 수 있는 늘씬한 복장은 곤곡인 『십오관十五貫』의 황종(況鐘, 청렴한 관리). 얼굴을 과장해 분장한 것은 액막이 신인 종구鐘馗를 나타냅니다.

그림과 글은 주제와 내용을 전달하는 2대 요소입니다. 이들은 상호 보완하기 때문에 어느 것 하나 소홀히 할 수 없습니다. 일반적으로 그림이 많으면 좋은 책이라고 생각하기 쉬운데 그것만으로는 부족합니다. 그림이 문자처럼 주제를 설

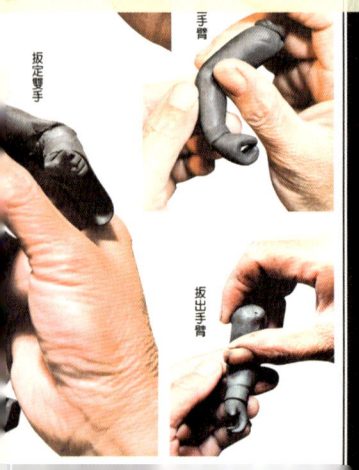
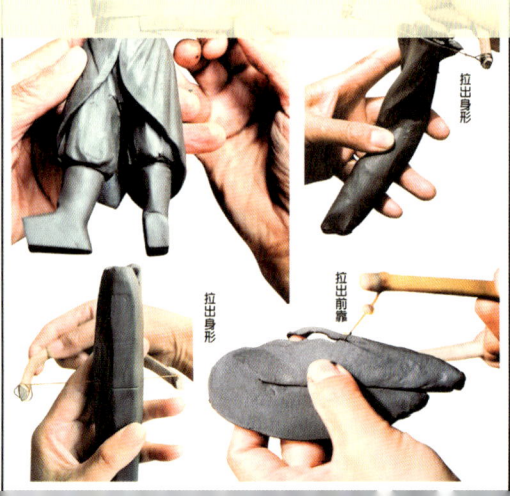

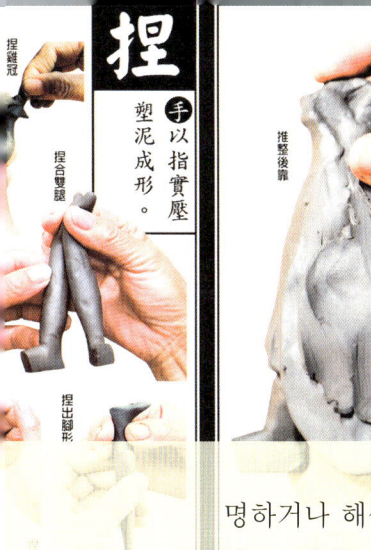

명하거나 해석할 수 있어야 글과 그림이 완벽하게 조합된 것이라 할 수 있습니다. 그래야 정확한 효과를 올렸다고 할 수 있는 것입니다. 전통공예는 그 어느 것이든 모두 중요한 것입니다. 그것은 이미 우리 주변에 있거나 사라져가는 문화이기 때문입니다. 많은 사람들이 전통공예를 이해할 수 있게 하려면 글과 그림을 사용하는 데 전력을 기울이는 수밖에 없습니다.

이렇게 해서 완성된 후이산 진흙인형의 기록은 상당히 두꺼운 세 권의 책으로 완성되었습니다(한성잡지, 133-35 〈후이산 진흙인형〉 2003). 여기에는 그 중 몇 가지만 실었습니다. 독자 여러분께서 기꺼이 봐주시길 바라며 아울러 두 명장에 대한 경의를 표하고 싶습니다.

전통공예를 기록으로 남기는 것은 한성잡지사가 주력하는 일입니다. 한성은 광대한 민간문화를 5종, 10류, 56항목으로 나누어 종합적으로 조사·채집·정리하여 출판하고 있습니다. '전통공예'는 민간예술에 속하는 항목으로 오랜 동안 관심을 기울여온 테마입니다.

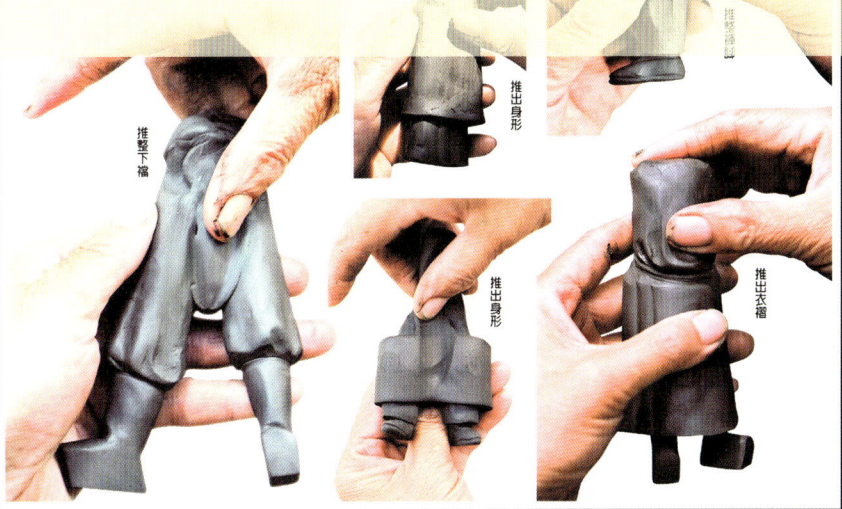

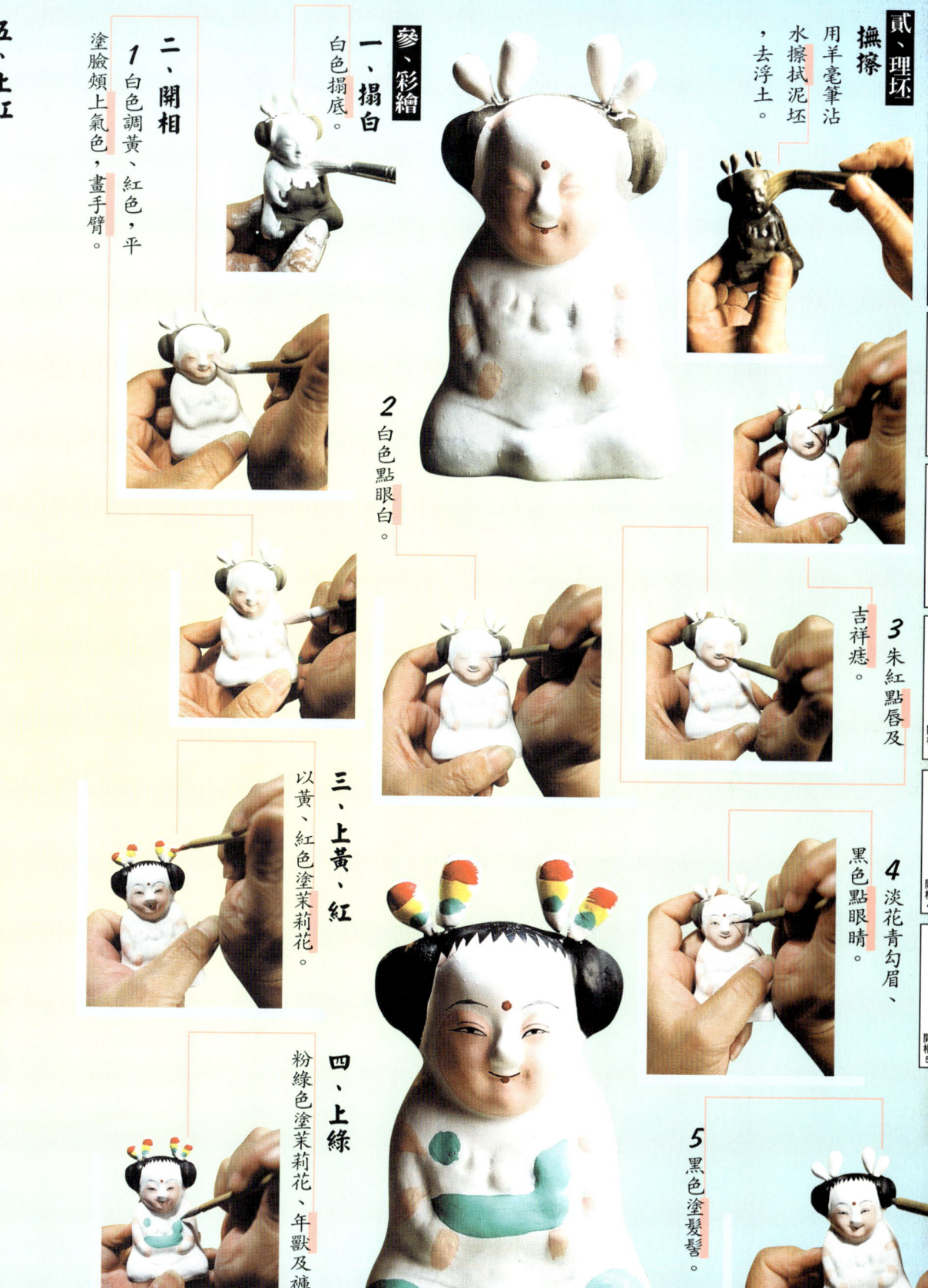

貳、理坯

撫擦
用羊毫筆沾水擦拭泥坯，去浮土

參、彩繪

一、搨白
白色搨底。

1 白色搨底。

2 白色點眼白。

3 朱紅點唇及吉祥痣。

4 淡花青勾眉、黑色點眼睛。

5 黑色塗髮髻。

二、開相
1 白色調黃、紅色，平塗臉頰上氣色，畫手臂。

三、上黃、紅
以黃、紅色塗茉莉花。

四、上綠
粉綠色塗茉莉花、年獸及褲子

五、上紅
紅色畫衣布，

七、上黑

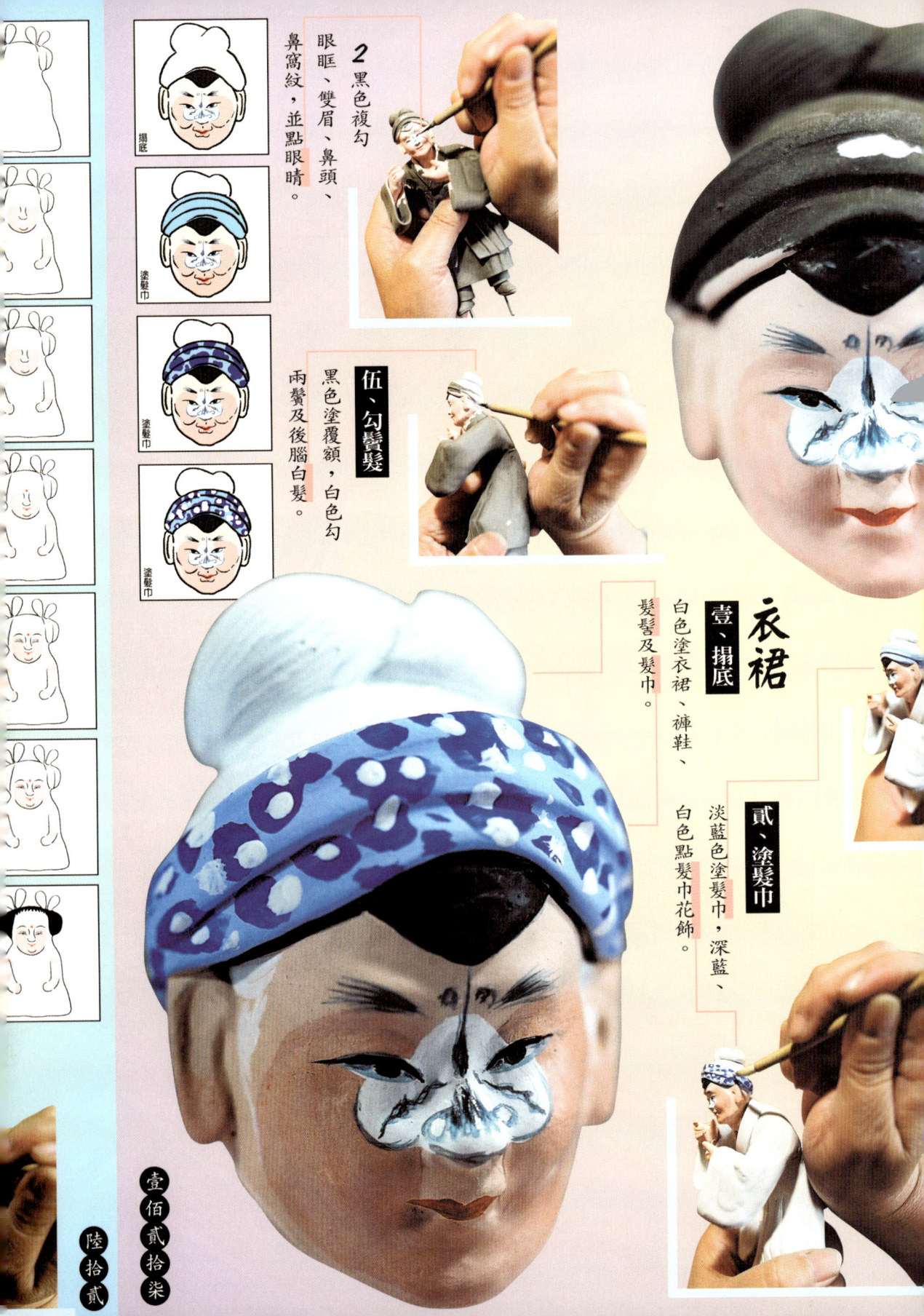

2 黑色複勾眼眶、雙眉、鼻頭、鼻窩紋，並點眼睛。

伍、勾鬢髮

黑色塗覆額，白色勾兩鬢及後腦白髮。

衣裙

壹、搨底

白色塗衣裙、褲鞋、髮髻及髮巾。

貳、塗髮巾

淡藍色塗髮巾，深藍、白色點髮巾花飾。

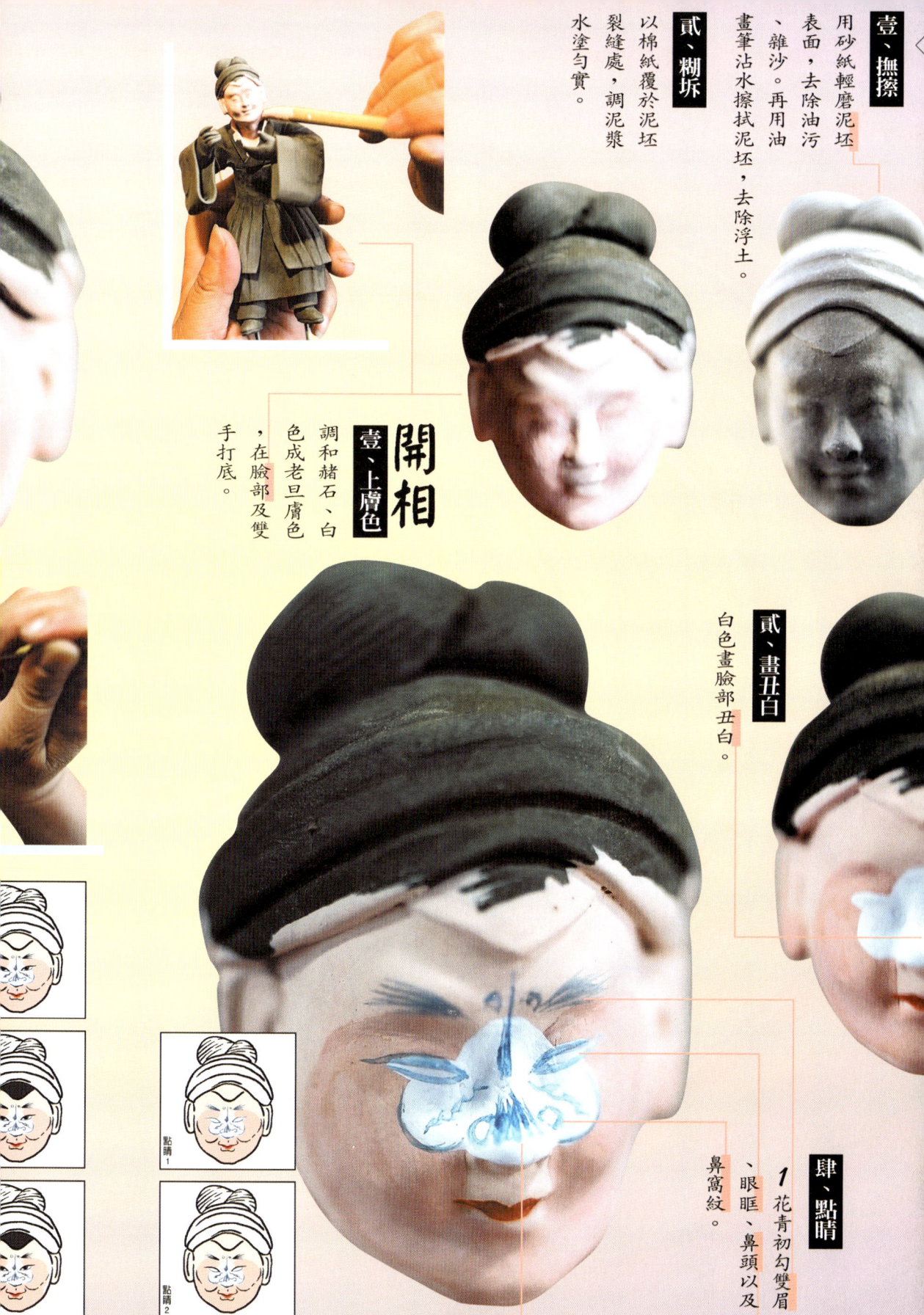

壹、撫擦

用砂紙輕磨泥坯表面，去除油污、雜沙。再用油畫筆沾水擦拭泥坯，去除浮土。

貳、糊坼

以棉紙覆於泥坯裂縫處，調泥漿水塗勻實。

開相

壹、上膚色

調和赭石、白色成老旦膚色，在臉部及雙手打底。

貳、畫丑白

白色畫臉部丑白。

肆、點睛

1 花青初勾雙眉、眼眶、鼻頭以及鼻窩紋。

點睛1

點睛2

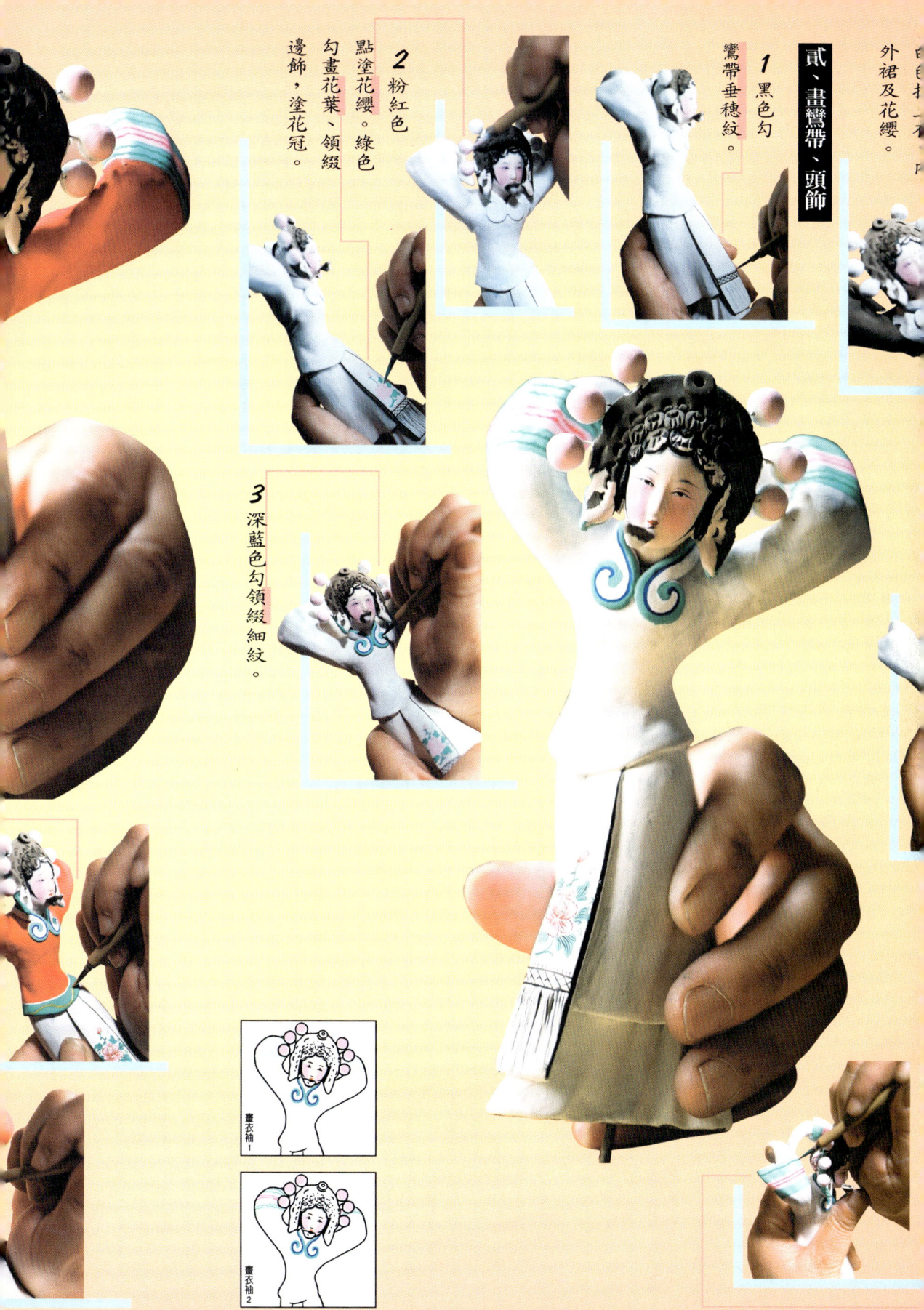

貳、畫鸞帶、頭飾

外裙及花纓。

1 黑色勾鸞帶垂穗紋。

2 粉紅色點塗花纓。綠色勾畫花葉、領綴邊飾，塗花冠。

3 深藍色勾領綴細紋。

畫衣袖 1

畫衣袖 2

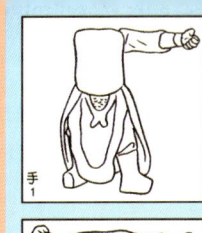
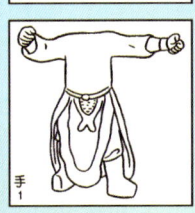
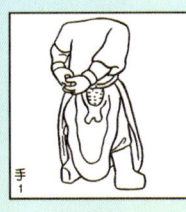

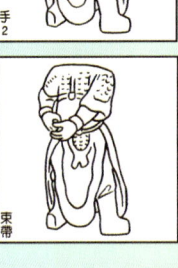

壹、身衣

揚底

畫鸞帶、頭飾 1

畫鸞帶、頭飾 2

畫鸞帶、頭飾 4

手 1

手 1

手 1

手 2

束帶

貳、束帶

取泥條鑲於護胸下方，輕壓使其服貼。

參、畫衣袖

1 粉紅、綠交錯塗畫袖口。

2 用大紅及深綠色分別在粉紅及綠底上勾細波紋。

4 紅色勾花瓣。翠綠色複勾枝葉脈絡。

壹佰參拾參

玖拾肆

漢聲雜誌

1971년 창간된 〈한성잡지漢聲雜誌〉는 처음에는 영문으로 발행했습니다. 창간 취지는 '동서 문화교류의 균형'으로 국제적·횡적 관계를 중시했습니다. 대만 중국인의 전통 민속문화를 대상으로 현지조사 field work에 착수해, 다양한 도판과 글로 그 생생한 모습을 소개해왔습니다. 문화를 추상적인 개념으로 한정하지 않고 중국인의 풍부한 감성과 생활의 지혜를 표현한 것입니다.

1978년에는 중국어판을 창간했습니다. '전통과 현대를 잇는 것'을 목표로 역사

적·종단적 관계에 중점을 두었습니다. 전통문화를 기초로 현대 생활을 풍요롭게 하여 동양 민족 특유의 윤택한 환경과 생활을 만들고 싶었기 때문입니다.

1981년에는 중국 대륙과 대만이 교류하게 되었습니다. 따라서 문화적 모국인 중국 대륙으로 갈 수 있게 되어 한성잡지의 현지조사 공간은 더욱 확장되었습니다.

이때부터 '중화전통 민간문화 유전자 라이브러리' 구축을 목표로 중국 변방에 화석처럼 숨어 있는 수많은 민속문화를 적극적으로 발굴해냈습니다. 꾸준히 '기획 편집'이라는 방침으로 '작은 것을 크게 다루고, 세부에서 전체를 추구하는' 방식을 실천하고 있습니다. 지금은 영어판이 61권, 중국어판이 135권 나왔습니다. '민속문화 라이브러리'가 더욱 다채롭게 축적되어 앞으로 세계인들에게 도움이 될 수 있길 바랍니다.

오른쪽 · 한성잡지 과월호와 황융쑹黃永松

구성·디자인 황융쑹　　**편집** 라오쉐팡廖雪芳, 장쓰웨이張思惟, 뤄징즈羅敬智

평론

순문학과 대중문학 사이에서

대만에서는 중국대륙의 순문학을,
대륙에서는 대만의 대중문학을 읽고 있다

쉬수칭徐淑卿 도서평론가

대륙작가라는 '문학폭탄'

1949년 이후, 바다를 사이에 둔 대만과 중국의 출판 교류가 중단되었다. 그러나 1986년 대만 신디新地출판사는 대륙작가인 아청阿城의 「바둑의 왕」 「숲의 왕」 「아이들의 왕」을 함께 실은 작품집 『아이들의 왕棋王 樹王 孩子王』을 출판했다. 이것은 하나의 큰 전기가 되었다.

엄밀히 말해 그 동안 양국간에 출판 교류가 전혀 없었던 것은 아니다. 포광런원서후이커쉐위안원쉐쉬佛光人文社會科學院文學所의 조교수 천신위안陳信元은 1949년 이후에도 중국 대륙 출판물이 어느 정도 대만에서 유통되었다고 한다. 그는 1988년 중리후이鐘麗慧의 보고를 인용하면서 『아이들의 왕』 이전의 대륙 출판물은 다음 다섯 가지로 형태를 바꾸어가며 대만에 나돌았다고 지적했다. 1_ 그대로 복사된 해적판. 2_ 제목이나 작가 이름을 바꾼 것. 3_ 책 제목을 바꾸고 작가 이름은 그대로 둔 것. 4_ 작가 이름을 바꾸고 책 제목은 그대로 쓴 것. 5_ 내용을 바꾸어 버린 것.

이렇게 책 제목이나 작가 이름을 바꾼 출판물 외에도 1986년 이전에는 『반수루反修樓』 등 대륙의 '상흔문학傷痕文學'이 대만에서 출판되었다.

그럼에도 『아이들의 왕』이 커다란 전기였다고 한 데는 두 가지 이유가 있다. 첫째, 이 작품을 비롯한 신디출판사의 『현대 중국대륙작가 총간當代中國大陸作家叢刊』은 대만 독자에게 '대륙작가의 독서 지도'를 제시했다. 이 시리즈에는 작가 아청, 장셴량張賢亮, 장제張潔, 모옌莫言, 펑지차이馮驥才, 가오샤오성高曉聲, 루원푸陸文夫, 덩유메이鄧友梅, 총웨이시從維熙, 왕멍王蒙, 장신신張辛欣, 왕안이王安憶, 톄닝鐵凝, 청나이산程乃珊, 류쒀라劉索拉, 장청즈張承志, 류짜이푸劉再復, 베이다오北島, 구청顧城, 수팅舒婷 등의 작품이 수록되었다. 이후 대만에서 인기를 얻은 대륙작가는 대부분 여기에 포함되어 있다.

73

또 거의 비슷한 시기에 린바이林白출판사의 '대륙작가 시리즈'도 출판되었다. 이것은 저명한 작가인 바이양柏楊이 편찬한 것이다. 이외에 다른 출판사에서 간행한 여러 대륙작가의 작품까지 포함하면 1980년대 후반 대만에서는 ―마치 30년의 공백을 메우기라도 하듯― 대륙의 주요 문학이 한꺼번에 출판되었다. 그것은 대만 최초의 '대륙 출판물 전성기'였다.

현재 대만에서 가장 인기 있는 젊은 작가인 뤄이쥔駱以軍은 자신의 에세이에서 당시 대륙 출판물의 엄청난 기세를 '문학폭탄'이라고 표현했다. 문학작품 이외에도 쑤샤오캉蘇曉康이 제작한 다큐멘터리 『하상河殤』, 진관타오金觀濤와 류칭펑劉靑峰의 공저 『흥성과 위기興盛與危機』, 옌자치嚴家其의 『수뇌론首腦論』, 류자이푸의 『성격조합론性格組合論』 등이 큰 반향을 일으켰다.

『아이들의 왕』을 커다란 전기로 보는 두 번째 이유는, 현재까지 출간된 대륙 출판물 중 가장 많이 팔렸기 때문이다. 그 후 중국 대륙의 작품은 대만에서 큰 화제가 되었지만, 판매로까지 이어지지는 않았다. 오랜 세월 출판계에 몸담아온 천위항陳雨航은 그 상황을 '출판의 대륙 붐'이 아닌 '미디어의 대륙 붐'이라고 지적했다. 즉 대륙과 오랫동안 격리되어 있었던 만큼 대만 미디어는 중국 대륙에 지대한 호기심을 가졌지만, 출판물은 생각 만큼 잘 팔리지 않았던 것이다.

천위항은 1990년 위안류遠流출판사의 '소설관小說館' 시리즈를 감수하며 당시 신인 작가였던 쉬화余華, 쑤퉁蘇童, 거페이格非 등의 작품을 소개했다. 그는 이후 마이톈출판주식회사麥田出版公司를 맡은 후에도 왕안이, 츠리池莉, 팡팡方方 등 여성 작가의 작품을 출판했다. 천위항은 진정한 의미에서 판매에 성공한 대륙 출판물은 '두 권 반' 밖에 안 된다고 했다. 한 권은 『아이들의 왕』이며 다른 한 권은 구화古華의 『부용진芙蓉鎭』, 그리고 반에 해당하는 것은 장셴량의 『남자의 반은 여자다』이다. 또 쑤퉁의 『홍등妻妾成群』이 아쉬운 대로 약 2만 부 정도 팔렸다. 평균 3-5천 부도 팔리지 않는 작가도 있고, 초판 2천 부를 다 팔지 못하는 경우도 적지 않았다.

해파문학이 각광받았다

1980년대 중반 이후 대만에서 대륙 출판물을 출판하는 것은 일상적인 일이 되었다. 1990년대 초 가장 인기를 얻었던 것은 위추위余秋雨의 문화 에세이 『문화여로 文化苦旅』와 『산거필기山居筆記』로 특히 전자가 대단히 큰 반향을 일으켰다. 이후 위추위는 대만에서 '기대를 저버리지 않는' 작가로 입지를 굳혔다.

그러나 역동적인 사회의 심층성에 입각해 볼 때 더욱 주목할 가치가 있는 것은 1996년 마이톈출판주식회사에서 왕안이의 『장한가長恨歌』가 출판된 일이다. 이 작품은 나중에 루쉰魯迅 문학상을 수상했다. 이것은 대만에 잠재적으로 존재하던 상하이 노스텔지어 붐을 일으키는 계기가 되었다. 일찍이 왕안이의 소설은 신디출판사의 '현대 중국대륙작가 총간'으로 『비는 보슬보슬雨沙

沙沙』이 출판되었고, 그 후에도 예창업강출판주식회사에서『아저씨 이야기叔叔的故事』, 마이톈출판주식회사에서『사슴의 뒤를 좇아逐鹿中街』와『홍콩의 정과 사랑香港情與愛』이 출판되었다. 그러나 그 반향은 그리 컸다고 할 수 없다.

『장한가』가 출판되었을 때 문학평론가 왕더웨이王德威는 '해파문학의 후계자 등장'이라는 평론을 발표했

대만에서 출판된 대륙작가의 작품『아이들의 왕』『장안가』

다. '해파'란 '경파문학'으로 일컬어지는 베이징의 문학과 비교해 상하이 문학을 지칭하는데, 일반적으로 '해파'는 상업적·대중적인 것이고, '경파'는 순문학적인 경향이 있다. 왕안이는 대만에 수많은 팬을 가진 장아이링張愛玲과 평론에 나란히 언급됨에 따라 단번에 유명해져 아직도 대만에서 인기 있는 대륙 여성작가로 꼽힌다.

그러나 '왕안이의 작품이 과연 해파문학의 범주에 속하는가'라는 의문도 제기되고 있다. 대륙학자인 양이楊義는 '해파'를 '일종의 조계문학租界文學, 또는 양장(洋場, 식민지 도시)문학으로, 특정 지역문화에 관한 역사문화현상'이라고 정의했다. 이에 따르면 해파문학의 토양은 일찍이 역사의 저편으로 사라지고, 조계나 양장을 무대로 엄청난 상업주의의 세례를 받은 것이다. 그러니 왕안이가 성장한 공산주의 체제 하의 상하이는 그런 배경이 이미 사라졌다.『장한가』에 과거의 상하이를 회고하는 부분이 있기는 하지만, 이 소설을 '해파문학'으로 분류하는 데는 무리가 있다.

왕안이 자신도 '상하이가 1949년 이전의 상업주의 상황으로 서서히 돌아가고 있다는 의견에는 동의할 수 없으며, 작품을 창작하는 데는 구소련 번역문학의 영향을 받았다'고 여러 번 이야기했다. 또 그녀가 그린 도시의 이미지는 사회주의적 이상을 가진 상하이라고 한다. 이런 점들이 그녀와 '해파'문학이 양립할 수 없게 만들었다. 그러나 의외로 왕안이는 대만에서 '해파' 작가로 주목받았고 유명해졌다.

그와 동시에 회고적인 작품도 서서히 출판되었다. 대만에서 비교적 유명한 작품으로는 천단옌陳丹燕의『상하이의 아름다운 풍경上海的風花雪月』이 있다. 영화로는 허우샤오셴侯孝賢의〈상하이의 꽃海上花〉이나 왕자웨이王家衛 영화에 아로새겨진 상하이의 요소 등이 있다. 올드 상하이에 대한 향수에 젖은 풍조는 일종의 유행문화가 되어 대만·중국 대륙·홍콩·마카오의 '양안삼지(兩岸三地, 중국인 전 지역)'를 석권하게 되었다.

경파문학에 대한 경의

중국 국민당 정부는 1949년 본토를 상실하고 대만으로 옮기며 '상하이의 꿈'을 대만에 이식하려 했다. 특히 중국 순문학이 대만에 미친 영향력을 살펴보면, 의심할 것도 없이 문학적 예술성이 높은 '경파'가 상업주의적 '해파'를 능가했다. 그러나 『장한가』가 출간되자 다시금 대만에서 '해파문학'이 각광받았다.

대만에서 '경파'와 '해파'의 지명도를 보면 현재 그 영향력을 알 수 있을 것이다. '경파'를 대표하는 선총원沈從文은 1946년에 발표한 글에서 '뜻을 같이하는 문학자'로 차오위曹禺, 샤오간蕭乾, 볜즈린卞之琳, 린정인林徽因, 원이둬聞一多, 주쯔칭朱自淸, 바진巴金 등과 그 이전에 활약했던 루쉰, 첸중수錢鐘書, 량스추梁實秋 등을 언급했다. 이 중에는 계엄령이 내려진 대만에서 인정하지 않는 작가도 있다. 그러나 대만 독자들은 끊임없이 경파 작가들에게 경의를 표했다. 가령 양장楊絳의 신작 『우리 셋이서我們仨』는 여전히 독자들의 호평을 받고 있다.

대만 독자들은 '경파' 작가들에게 경의를 표하는 것과 대조적으로 '해파' 작가의 작품은 가볍게 보는 경향이 있다. 양이가 분석한 '해파' 작가는 바오텐샤오包天笑, 저우서우쥐안周瘦鵑, 류나어우劉吶鷗, 쉬제徐訏, 장아이링, 우밍스無名氏 등이 있다. 그 중 유명한 작가는 쉬제, 장아이링, 우밍스 정도로, 류나어우를 비롯한 신감각파 작가들은 최근 상하이에 대한 향수 어린 흐름을 타고 출판된 『신감각파 소설선』에 의해 다시 각광받았다. 여기서 검토해야 할 것은 문학적 예술성을 추구해온 '경파'가 대만의 문학적 가치관에 어떻게 어필했는가이다. 이 문제를 해결하려면 대만 독자들이 지속적으로 순문학에 경의를 표한 정신 구조가 어디서 비롯되었는지부터 해명해야 한다.

연애소설을 쓰는 대만 작가 충야오瓊瑤는 1천만 명의 독자가 있지만, 순문학 작가로서 인정받지 못했다. 현재까지 대만에서 인정받은 대륙작가는 역시 순문학 영역에 속해 있다. 금서가 되기도 해 화제가 되었던 웨이후이衛慧의 『상하이 베이비上海寶貝』도 대만에서는 그리 주목받지 못했다. 최근 대륙에서 TV 드라마 각본을 쓰며 활약하는 신사실주의 소설가 츠리池莉의 소설은 대륙에서는 100만 부나 팔렸지만 대만에서는 2천 부도 팔리지 않았을 것이다. 반대로 대만에서 베스트셀러가 된 왕안이의 『장한가』는 대륙에서는 잘해야 10만 부가 팔렸을 것이다. 이것은 대만에 문학에 대한 뚜렷한 판단 기준이 있기 때문일까. 아니면 대륙보다 비교적 근대화되었기 때문에 사회파 리얼리즘 소설이나 상업주의적 작품이 시대착오적인 조악한 작품으로 느껴지기 때문일까.

대만의 도시문학에 대한 동경

대만 사람들이 중국 대륙의 순문학을 즐기는 반면, 대륙에서 인기 있는 대만의 책은 대중적인 유행문학이다. 작가로는 충야오, 차이즈중蔡志忠, 시쥐안席絹, 류융

劉墉, 차이즈중蔡智恒, 지미幾米, 왕원화王文華 등이 있다. 충야오의 연애소설은 '중국 대륙과 대만'에서 판권이 판매되기 전부터 여러 가지 형태로 중국에 유입되었다. 그러나 대만의 책이 중국에서 본격적인 신드롬을 일으킨 것은, 1989년 중국에서 출판되기 시작한 차이즈중의 만화부터다. 만화라는 형식으로 중국 고전을 해석한 이 책은 현재까지 중국에서 어림잡아 1150만 부쯤 팔렸다. 각종 판본만 해도 백여 종이 존재하며 차이즈중은 아직도 중국에 상륙한 대만 작가 중 수위를 차지하고 있다. 차이즈중의 영향력은 대량 판매에 그치지 않고, 수많은 젊은이들이 차이즈중의 작품을 읽고 『노자』『장자』등 중국 고전을 이해할 수 있게 만들었다.

대만의 작품은 차이즈중 이후에도 꾸준히 중국 대륙에 진출하여, 1999년에는 차이즈형의 인터넷 소설 『첫 번째 친밀한 접촉第一次的親密接觸』이 큰 반향을 일으켰다. 이 소설은 중국 대륙의 광범위한 독자층에게 사랑받았을 뿐만 아니라 젊은이들의 인터넷 창작의 원동력이 되었다. 2002년에는 지미의 그림책과 왕원화의 『단백질 소녀蛋白質女孩』가 신드롬을 일으켰다.

이들 작품이 인기를 얻은 것은 작품 자체의 매력도 있지만, 역시 몇 가지 사회적 요인도 크다. 첫 번째는 베이징대학 교수 장이우張頤武가 지적한 대로 글로벌화에 따라 도쿄·타이완·서울·상하이·베이징 등 각 도시의 라이프 스타일이 서로 닮아가고 있다는 것이다. 따라서 도시에 사는 독자는 다른 도시의 라이프 스타일에 쉽게 공감할 수 있게 되었다.

두 번째는 사회 발전과의 관련성이다. 중국 대륙에서는 개혁개방 이후 1980년대 중반부터 급격한 '근대도시화'가 추진되었다. 대만의 근대화가 시작된 시기는 그보다 훨씬 빠르기 때문에, 상대적으로 도시생활에 대한 경험을 오랫동안 축적할 수 있었다. 1970년 이후에 태어난 중국의 젊은이들은 서서히 상업화되는 도시 정경과 함께 성장했다. 따라서 사회주의 체제에서 살아온 윗세대와는 확연히 다른 균열이 생긴 것이다. 장이우는 1970년 이후 태어난 젊은이들을 '마오쩌둥의 아이가 아닌 제1세대'라고 부른다. 그들의 라이프 스타일은 이전 세대와 다르다. 따라서 자신의 생활을 대변하는 작가나 도시 이미지, 생활상을 그린 것에서는 한 발 앞선 대만 작가의 작품을 통해 문화적 욕구를 충족시키는 것이다.

대륙 출판물의 성장과 대만의 영향

이런 상황을 보면, 1980년대 중반부터 시작된 중국 대륙과 대만의 판권 매매를 통해 다음과 같은 흥미로운 결론을 끌어낼 수 있다. 즉, 중국 대륙에서 통하는 대만의 작품은 대중문화에 관한 것이며, 대만에서 사랑받는 대륙의 작품은 순문학적인 것이 많다는 점이다. 이런 경향이 나타난 요인은 앞으로 더욱 검토할 필요가 있다.

이 대만·중국의 판권 매매에 관한 것은 차치하고 몇 가지 언급할 게 있다. 정식으로 허가되지는 않았지만 대만에서 간체자 책을 취급하는 서점이 생겼다. 대형 서점인 청핀誠品서점에도 일찍이 간체자 책이 진열되었다. 2002년 상하이에서 열린 심포지엄 '중국 문화와 출판'에서 청핀서점의 부사장인 랴오메이리廖美立는, 대만에서 가장 인기 있는 간체자 책은 네 종류로 나눌 수 있다고 했다. 첫째 고전적 인문서의 번역본과 현대사상에 관한 사회과학 계열 서적, 둘째『고본산해경도설古本山海經圖說』처럼 참신하게 개편되어 장정 디자인까지 미려한 중국 역사문화에 관한 서적, 셋째 미술·건축·디자인 등 예술 관련 도판서적과 관련 이론서, 넷째 문학·역사·철학 분야와 관련된 작가의 작품전집과 영어권 이외에 기타 외국 작가의 작품이다.

또 출판교류에서 대만의 위치에 변화가 생겼다. 중국 대륙 신문출판서新聞出版署의 도서부장인 신광웨이辛廣偉는『판권무역과 중국어출판版權貿易與華文出版』에서 '1992년 중국 대륙이 저작권국제협약(베른협약)에 가입하고 나서 변화되기 시작했다'고 기술했다. 1992년 이후 홍콩·대만과의 판권 매매가 수출입 모두 1위를 차지했던 중국 대륙의 판권 비즈니스에는 두 가지 변화가 일어났다. 첫째 수입량이 수출량보다 많아졌고, 둘째 홍콩·대만보다 구미를 상대로 한 판권 매매가 증가했다는 것이다.

이것은 중국 대륙의 출판업계가 파죽지세로 성장한 증거로, 대만 출판업계는 앞으로 치열한 경쟁을 하게 될 것임을 예상할 수 있다. 그러나 대만이 우세한 현 상황은 계속 유지될 것이다. 왜냐하면 대만에는 민주적이고 자주적인 사회에서 배양된 깊이 있는 아우라가 있기 때문이다. 중국 대륙에서 금지된 많은 책들을 대만에서는 볼 수 있다. 가령 노벨 문학상을 수상한 중국인 가오싱졘高行健의 거의 모든 작품은 이미 대만에서 출판되었다. 작가 개인의 뛰어난 아이디어와 이런 도량을 중시함으로써 대만은 앞으로도 우위를 지켜나갈 수 있지 않을까.

쉬수칭
1963년 먀오리苗栗현에서 태어났다.
1995년부터 2001년까지
〈중궈스바오카이쥐안반中國時報開卷版〉
에서 기자로, 2002년부터
다콰이원화사大塊文化공사와
넷앤북스Net and Books의 북경
주재원으로 활동하고 있다.

이 사람과 일

왕룽원 언제나 시대를 앞서는 사람
직원 5명의 소출판사가 대형 출판그룹으로 성장하기까지

찬웨안 傳月庵 자유기고가

세 가지 출판 이념

왕룽원王榮文은 쉰네 살의 체구가 작은 인물이다. 그러나 그는 항상 남보다 선두에 서 있다.

왕룽원은 대만 남부의 작은 농가에서 태어났다. 전후 베이비 붐 세대로 대만의 고도 경제성장기인 1970년대 초 대학을 졸업하였다. 교육학을 전공한 그는 다른 동급생들과 마찬가지로 중학교 교단에 섰지만, '출판'을 일생의 업으로 결정한 후 교직을 떠났다. "뜻을 세웠다면 때를 놓치지 마라." 이것은 왕룽원이 항상 젊은 세대에게 들려주는 말이다.

대만에서 출판업을 하는 것은 예나 지금이나 쉬운 일이 아니다. 1987년 계엄령 해제 전, 정부는 출판업계의 자본을 통제하고 출판물 내용에 대해서도 간섭했다. 그것은 출판인의 마음속에 지울 수 없는 상처를 남겼다.

계엄령 해제 후에는 시장 자유화에 따라 치열한 경쟁이 시작되었다. 인구 2300만 명에 등록된 출판사만 6000여 곳, 매년 4만여 종이 출판되어 20억 달러의 시장을 놓고 싸우고 있다. 그러나 왕룽원이 1975년 창업한 위안류출판주식회사는 28년 동안 5명의 소출판사에서 200여 명의 직원을 거느린 출판주식회사로 변모했다. 연간 매출은 창업 당시 10만 달러에서 2000만 달러로 늘어났다. 이 성공은 '운이 좋았다'는 말만으로는 설명할 수 없다.

1960년대에 성장한 다른 지식인들과 마찬가지로 강한 자유주의의 영향을 받아, 가슴 속에 확고한 출판 이념을 품은 왕룽원의 출판 이념은,

첫째, 차이위안페이주의蔡元培主義를 내걸고 출판한다. 차이위안페이는 20세기 초 중국의 가장 위대한 교육가였다. 베이징대학 학장으로서 '겸용병축, 학술자유(兼容竝蓄, 學術自由: 학문은 특정 정치사상으로부터 독립되어야 하며, 대학은 어떤 사상을 가진 자라도 받아들일 수 있어야 한다)'라는 교육 이념을 실천해 세상에 알려졌다. "다른 독자층의 독서에 대한 욕구를 이해하지 않으면 안 된다. 다른 입장에 선 사람들의 의견이나 주장을 인정하고 받아들여야 한다. 그리고 출판사는 사회의 커뮤니케이션을 활발하게 하는 매개가 되어야 하며 주의나 주장의 제창자가 아니라

는 것을 명심해야 한다."

둘째, '담이 없는 학교'가 되어야 한다. 위안류출판의 간행서는 모든 대중의 욕구를 충족시킬 수 있도록 하겠다는 뜻이다.

셋째, 출판사는 '이상과 용기를 실천하는 장'이어야만 한다. 창작하는 사람은 강한 의지에 혼을 담아 글을 쓰고, 편집자는 사회와의 커뮤니케이션을 의식하며 '책 만들기'에 주력하고 판매 담당자는 독서의 길을 어떻게 확대할 지 다양한 상상력을 발휘해야 한다.

편집·판매의 개념을 새로 쓴다

대만의 경제발전에 따라 위안류출판도 크게 성장해, 참신하고 획기적인 일을 조금씩 이뤄냈다. 그 성과들은 대부분 대만 출판업계에 새로운 전기가 되었다.

1970년대 말에는 '술을 보관하는 장식장을 책장으로 바꾸자'(부자들은 장식장에 술이나 와인을 채워 집을 꾸미기도 했는데, 그것을 책장으로 바꾸자는 것)는 캐치프레이즈를 내걸었다. 그리고 반체제 작가이자 역사학자인 리아오李敖가 편집한 『중국 역사연의 전집中國歷史演義全集』을 발매했다. 신문 광고를 활용한 통신 판매로 이 책은 순식간에 베스트셀러가 되었다. 이 성공 사례는 대만 '전집출판 전쟁'의 시발점이 되었다.

1980년대 초에는 대형 체인 서점이 출현했다. 이런 흐름에 맞춰 서점에 도서관 개념을 도입했다. 기존 장르를 해체하고, '심리학', '전기·논픽션' '재무·기업관리' '소설' '매스컴' '영화' '예술' '영상' 등으로 이루어진 '장르별 서적' 시리즈를 출판했다. 이 '장르별 서적'은 대만 출판업계에서 편집·판매의 개념을 바꾸어 놓았다.

1990년 중반에는 디지털화라는 시대적 흐름과 기존의 책 만들기 노하우를 결합하여 버추얼 미디어 제작 환경을 정비했다. 그리고 웹 사이트를 개설해 디지털 출판에 대한 진출을 현실화했다.

왕룽원은 "출판사업은 불변의 '상常'과 변화의 '변變'이라는 개념을 기초로 경영해야 한다."고 했다. 또한 "여기서 '상'은 격변하는 사회환경 속에서 불변의 본질을 찾는 즐거움이고, '변'은 불변의 사회환경 속에서 변혁을 추구하는 즐거움이다. 따라서 사회환경의 변화에 따라 스스로 '상'과 '변'을 사고하는 힘이 필요하다."고 했다.

그래서 왕룽원은 주요 매스 미디어와 소통을 시도했다. 우선 신문에 눈을 돌렸고, 다음으로 체인 서점의 판로, 나아가 TV, 영화, 인터넷 등에 주목했다. 이렇게 위안류출판은 일관된 출판 이념을 지켜나가면서 출판 형태를 종이 미디어에서 멀티미디어의 영역으로 넓혔다.

중국어 인터넷 세계의 중심에

위안류출판사는 1996년부터 일련의 IT화를 시작했다. 내부적으로는 관리와 편집제작의 단계적인 IT화를 진행하여, 전면적으로 ERP(기업자원계획)시스템을 도입했다. 이 시스템은 현재 위안류출판사의 생산·재무·구매·판매·재고관리를 모두 책임지고 있다.

외부에서 봤을 때 가장 눈부신 성과는 '위안류 보스왕遠流博識網(www.ylib.com)이라는 사이트 운영이다. 이 사이트는 대만 최대 규모의 독서인 버

사진_하정타이(何經泰)

위안류보스왕 遠流博識網 · www.ylib.com
위안류출판사의 간행물을 비롯해, 책에 관한 에세이,
작가인터뷰, 고서점 안내기사가 실려있다.

추얼 커뮤니티를 만들었다. 이 사이트에 등록한 사람은 현재 11만 명 이상인데, 이들은 다양한 주제에 대해 서로 의견을 교환하고 있다. 매월 접속 건수만 130만 건 이상이다. 매년 매출액은 약 180만 달러를 기록하여 중국어 인터넷 업계에서 가장 성공한 사이트가 되었다.

또 인터넷 사용자에게 정보나 지식을 제공하고 자기 계발 및 교육의 장으로서 기능하고 있다. 왕룽원은 2000년 즈후이창쉐시커지사 智慧藏學習科技公司를 설립했다. 이곳의 목표는 '과학기술학습의 노하우를 연구·개발하여 지식의 가치를 창조하는 것'으로 대형 데이터베이스 및 디지털 출판에 대한 연구개발, 제작, 판매를 하고 있다. 그리고 검색 사이트 '즈후이창바이커커취안수왕 智慧藏百科全書網(www.wordpedia.com)에서 온라인 백과사전을 제공하여 인터넷 사용자의 폭넓

은 요구에 대응하고 있다. 이것은 위안류출판사가 28년 동안 축적해온 지식재산인 디지털 데이터에 『중국대백과전서 中國大百科全書』와 『대영백과전서 大英百科全書』라는 두 가지 사전을 추가로 수록하여 온라인 백과사전으로 개정한 것이다. 목표는 '지식을 신속하게 가려내고 가치를 높여 유통시킬 수 있는 학습 툴로 발전'시켜, 전세계의 중국계 인터넷 사용자들이 더욱 쉽고 빠르게 유용한 지식을 얻을 수 있게 하는 것이다. 최종적으로는 이 사이트가 중국어 인터넷 세계의 정보 센터로 자리매김하길 바라는 것이다.

그의 궁극적인 이상향은 서적, CD-ROM, 인터넷이라는 세 가지 미디어를 통합하여 '종이 미디어(전통)와 버추얼 미디어(디지털)의 향연'을 실현하는 것이라고 한다. 그리고 신세대 인재를 육성하기 위해 잡지도 발행할 생각이다. 대만 경제가 유사 이래 최악의 불경기로 앞날을 예측할 수 없는 상황에서 왕룽원은 2002년, 158년의 역사를 자랑하는 미국 과학잡지 〈사이언티픽 아메리카〉의 대만판 〈과학인 科學人〉을 발행했다. 이 잡지는 큰 성공을 거둬, 단 1년 만에 2만 명이 넘는 정기구독자를 확보했다. 잡지의 웹 사이트(sciam.com.tw)도 순조롭게 운영되고 있는데, 기사에 나온 용어를 정리한 중영 대역 데이터베이스도 정식으로 올려놓았다.

출판인에서 프로듀서로

위안류출판의 발전에 대해 묻자, "오해하지 말아 주셨으면 하는 점이 있습니다. 위안류출판주식회사는 한 번도 성장을 목표로 한 적이 없습니

다. 우리는 견실하게 성장해 나아가는 데 중점을 두었습니다. 가장 이상적인 회사의 규모는 결코 쓰러지지 않을 정도의 안정적인 위치를 유지하는 정도라고 생각합니다. 과거에 우리는 커다란 기회와 만난 적이 있습니다. 그것은 회사의 규모를 크게 확장하고 거대하게 만들 수 있는 기회였지만, 한편으로 규모를 제어할 수 없게 될 가능성도 있었습니다. 그래서 우리는 그 기회를 잡지 않았습니다."라고 한다.

왕룽원은 창업 첫날부터 '경영 혁신을 하지 않으면 죽은 것이나 다름없다'는 신념을 지켜왔다. 그리고 혁신을 거듭하면서 시장에 영합하지 않고, 자사 브랜드와 스타일을 유지했다.

왕룽원은 저자에 대한 호기심과 존경심을 잃지 않는다. "저는 뛰어난 작가와 만날 때마다 그의 머릿속에 있는 특별한 것이 알고 싶어집니다. 어떻게 지식을 작품으로 만들어내고 독자와 공유하는지 알고 싶은 거죠."

"출판업자의 일은 작가가 '새로운 지식'이라는 재산을 쌓아올릴 수 있도록 지원하는 것입니다. 독자가 작품을 원한다면 그것을 어떤 미디어를 사용해 어떤 형식으로 제공할 것인가는 별로 문제가 안 됩니다. 또 지적 재산을 얼마나 존중하느냐는 결국 작가에게 지불하는 인세로 체현되어야 합니다." 그는 출판이라는 일은 지적 재산의 개발, 소유, 매니지먼트의 경영관리 업무이기도 하다고 생각한다. 그것은 '상'과 '변'의 신념을 구체적으로 설명하는 것이다.

농가의 아들에서 대형 회사의 사장으로, 전통적인 출판인에서 멀티미디어 프로듀서로, 소형 출판사에서 대형 출판그룹으로. 28년 동안 시대가 변하고, 트렌드가 변하고, 사회도 변했다. 위안류출판의 항로는 이상을 갖고 그것을 실현하는 시도를 끊임없이 반복했다. 왕룽원은 한결같이 전진하면서 출판의 궁극적 의미가 무엇인지 늘 탐구했다. "좀더 다른 가능성은 없을까?" 그는 항상 이렇게 묻는다. '얼마나 상상력을 갖고 있는가, 즉 상상력이 사람의 역량을 결정한다'는 것이 그의 신념이다.

"위안류출판사가 이상과 용기를 실천하는 장으로 계속 나아갈 수 있기를 바랍니다." 그는 스스로 걸어온 과정을 회상하며 이렇게 말했다.

찬웨안
1963년 타이베이臺北시에서 태어났다. 본명은 린자오훙林皎宏. 위안류출판주식회사의 편집, 부편집장, 편집장을 지낸 후 웹 사이트 위안류보스왕 편집장고문으로 재직 중이다. 필명은 탄위터우(蠹魚頭, 책벌레라는 뜻). 저서로 『어느 책벌레의 일생』『책벌레의 고서점 지도』 등이 있다.

대만의 10년

출판업계의 양극화 현상
대만 출판계는 1987년 계엄령 해제를 계기로 극적인 변화를 맞이했다

쉬카이천徐開塵 〈민성바오民生報〉 기자

대만 최초의 24시간 서점

1999년 3월 11일 늦은 밤. 대만 둔베이난루敦北南路와 안허루安和路의 교차로에는 사람과 차들이 끊임없이 오갔다. 파티장을 향해 서둘러 가는 것 같다. 청핀예서점誠品夜書店의 개점 행사가 열린 것이다. 대만 최초의 24시간 서점이 생겼다는 사실에 책을 사랑하는 사람들은 굉장히 기뻐했다. 그들은 이날 행사에 빠짐없이 찾아와 역사의 한 페이지를 장식했다.

새롭게 출발한 청핀예서점은 본래 런아이위안환仁愛円環 지역에 있었는데, '인문 정신에 대한 사랑'이라는 창립 이념을 실천하여 소수의 지적 독서인들에게 사랑받는 품격 있는 서점이었다(1989년 창업). 1995년 현 위치로 옮기면서 청핀예서점은 고객을 대상으로 '이런 서점이 있었으면 좋겠다'는 주제로 설문조사를 했다. 그 결과 41퍼센트의 고객이 '24시간 운영하는 서점'을 첫 번째로 꼽았다. 그로부터 4년 후, 청핀예서점은 대만인의 꿈을 실현해낸 것이다. 고요한 밤부터 새벽까지 책을 사랑하는 사람들은 언제나 서점에 가서 읽고 싶은 책을 살 수 있게 된 것이다.

작가 장만쥐안張曼娟은 "청핀예서점은 이 도시의 새로운 얼굴이 되었다"고 했다. 또 중국어로 쓰는 일본 작가 아라이 히후미新井一二三는 "나는 진지하게 대만으로 이주할 것을 고려한 적이 있다. 청핀예서점이 있기 때문"이라고 했다.

청핀예서점은 도시인을 위한 안락한 독서 공간을 제공했을 뿐만 아니라, 인문·예술서와 생활·문화 관련서에 대한 관심을 환기시켰다. 문화·예술 분야의 다양한 전람회와 강연 등을 통해 서서히 사업 범위를 넓혀 이 업계의 문화적 특질을 변화시켰다. 청핀예서점 중 최대 규모인 둔난敦南점은 외국인들이 대만에 와서 반드시 찾는 최신 문화명소가 되었다.

대만 출판업계는 사회정세를 반영하여, 사람들의 지적 욕구를 끌어내는 데 중대한 역할을 해왔다. 청핀예서점은 본래 대도시에만 있었으나, 5년 전에 대만의 최남단 마을인 핑둥屛東에까지 진출하여 개점했다. 이것을 통해 대만의 사회생활상과 서적의 소비 패턴이 크게 변했음을 알 수 있다.

베스트셀러의 정의가 바뀌었다

대만 정부는 1987년에 계엄령을 해제했다. 계엄령 해제 후 제약에서 벗어난 출판산업은 더욱 자유로운 단계에 접어들어 서적 종수와 발행 부수가 격증했다. 싱정위안(行政院, 대만의 내각) 보도국 데이터에 따르면 1980년 연간 출판 종수(신간)는 4565종, 1990년에는 1만 6156종에 달했고, 2000년에는 3만 4533종으로 폭발적으로 증가했다. 2002년에는 4만 종을 돌파해 그야말로 갑절로 늘어난 성과를 보였다.

이전에 대만의 출판 종수는 많지 않았다. 그것은 다양한 정치적·경제적 요인에서 비롯된 것으로, 서적의 장르도 편중되거나 부족한 것이 많았다. 그러나 계엄령 해제 후에는 정치적인 금기가 사라진 데다가 경제가 급속도로 발전했기 때문에, 최근 10년 동안 출판사는 '보습補習'을 받듯 과거에 형성된 지식·교양의 공백을 차츰차츰 메워 나갔다. 미처 번역되지 않은 해외 유명 작가의 인문·사회과학 고전을 출판했고, 사회 변화에 따라 바뀐 현대인의 생활 리듬이나 욕구에 맞춰 다양한 출판물을 정력적으로 기획·출판했다.

다콰이원화大塊文化 회장인 하오밍이郝明義는 일찍이 '출판은 두뇌의 식사'라는 개념을 주장했다. 이것은 독서의 기능을 네 가지로 나누어 표현한 것이다. 첫째 '지식의 욕구'로 배를 불리는 주식에 비유할 수 있다. 예를 들면 교과서, 경제재무·기업관리, 논픽션, 어학 학습서 등이다. 둘째 '사상의 욕구'로 영양가 높은 단백질에 비유할 수 있으며 문학, 철학, 역사, 과학서 등이 속한다. 셋째 '참고지식의 욕구'로 이것은 소화를 촉진하는 채소나 과일에 비유되며 사전, 백과사전 등이 속한다. 넷째 '레크리에이션의 욕구'로 과자나 디저트에 비유할 수 있으며 만화, 여행서, 엔터테인먼트 소설 등이 해당된다.

이 관점에서 검증해 보면, 최근 10년 동안 대만 출판계에서는 크게 두 가지 현상이 일어났다. 한 가지는 업계 전체가 과거의 공백을 메우기라도 하듯 충동적으로 전속력을 다해 다양한 서적을 대량 출판한 결과, 서적 시장이 소화불량을 일으킨 것이다. 다른 한 가지는 '영양 균형'이 깨져 한쪽으로 편향되었다는 것이다. 많은 출판사들이 유행을 좇아 출판물들이 비슷비슷해졌고, 대중의 독서 경향은 한쪽으로 치우치게 되었다. 이것은 '베스트셀러'의 정의를 바꾸었을 뿐만 아니라 각 장르의 균형 있는 발전을 저해했다.

최근 몇 년간의 결과를 살펴보면, 50만 부가 판매된 『EQ— 마음의 지적지수』와 『누가 내 치즈를 옮겼을까』, 60만 부의 소설 『첫 번째 친밀한 접촉』, 80만 부의 자서전 『가난한 날들乞食的日子』 등이 있는데 그 성공은 놀라운 것이다. 그리고 '해리포터' 시리즈의 번체자 중국어(대만)판은 1권 초판 2만 부에서, 5권은 초판 60만 부를 발행하여 각 권마다 초판 부수 기록을 갱신했다. 1권에서 4권까지 총 판매 부수는 약 350만 부로 사상 최고 기록을 세웠다.

이들 실례가 시사하는 것은 베스트셀러의 턱이 높아졌다는 사실이다. 수만 부 단위는 이제 시대착오적인 것으로 몇 십만 부는 되어야 베스트

신간서적·잡지의 발행종수

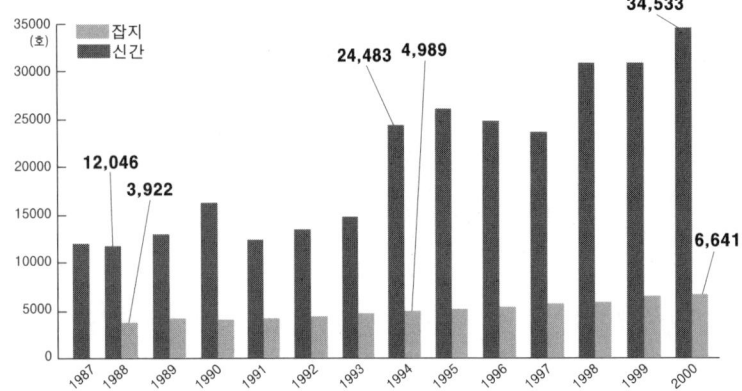

1987년 계엄령 해제 이후 신간의 발행 종수는 증가했다. 특히 1998년에는 3만 종을 넘었다.
자료: 『중화민국출판연감 中華民國出版年鑑』 2003

셀러가 될 수 있는 새로운 기준이 생긴 것이다. 한편, 문학 서적의 독무대였던 1960-80년대 중반 저명한 작가의 신간이 만 부 이상 팔리는 것은 흔한 일이었다. 그러나 이제는 대부분 문학서의 초판 부수가 2000부도 넘기 힘든 상황이다.

이런 가운데 최근 10년 동안 대만의 출판계와 독서계에는 두 가지 경향이 나타났다. 한 가지는 출간되는 책의 종류가 격증하여 독자의 기호가 '다양화'된 시대에 접어들었다는 것이다. 도서 시장은 온갖 꽃이 불타오르듯 피어난 백화요란百花繚亂의 양상을 띠고 있다. 그러나 이 백화요란의 상태는 그와 반대인 또 다른 현상에 의해 기세가 눌려 있다. 그것은 '베스트셀러 현상'이라고도 할 수 있다. 이 현상은 출판의 상류에 자리한 출판사는 물론 하류의 유통 판매 루트까지 업계 전체를 베스트셀러 과신에 빠뜨렸다. 그리고 베스트셀러는 더욱 거대해져, 발행 부수가 적은 서적은 구석으로 쫓겨나는 출판계의 양극화 현상이 일어났다. 두 세력의 길항은 본래 중간에 자리 잡고 있던 몇 천 부에서 만 부쯤 발행되던 서적까지 구석으로 내몰아, 이른바 서적의 '중간층'이 사라지게 되었다. 이런 가운데 출판 시장의 반품률 50퍼센트는 조금도 이상할 게 없다.

출판인이라면 누구나 '베스트셀러는 우연히 탄생하는 것으로 원한다고 얻을 수 있는 것이 아님'을 알고 있다. 그러나 베스트셀러 만들기를 목표로 하는 사람이 점차 늘어나고 있다. 최근 대만 출판산업은 전체적인 불황의 여파로 연간 매출 총액이 크게 떨어졌다. 1998년 468억 6000만 대만달러(약 1조5천억 원), 2000년에 겨우 423억 9500만 대만달러(약 1300억 원)였다. 그런데 출판사와 출판 서적 수는 자꾸만 늘어나고 있다.

'중국어 출판그룹'의 시대

시장 동향은 변화된 서적 소비 패턴을 반영할 뿐만 아니라, 그것을 둘러싼 전체적인 변화와 출판계의 구조와 본질까지 바꾸고 있다. 중국 대륙이 WTO에 가입한 이후 대외개방정책에 따라 중국어 출판업계는 지금까지 없던 구조개혁에 돌입했다. 출판인들은 이 기회에 기업 경쟁력을

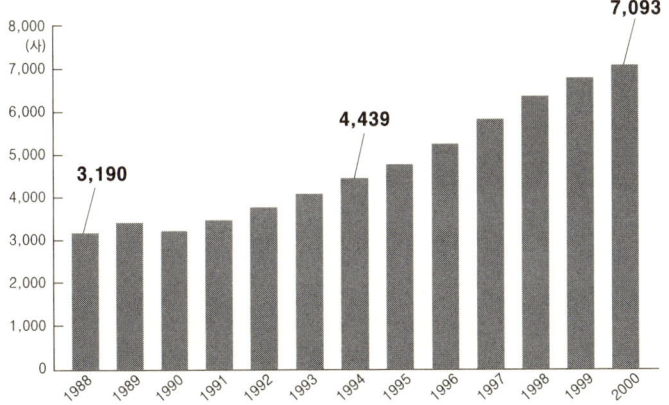

대만의 출판사는 새롭게 등장한 '출판그룹'과 종래와 같은 형태의 중소출판사로 나뉘었는데 전체적으로 출판사 수는 꾸준히 증가했다.
자료:『중화민국출판연감』 2003

강화하고 세력을 확장하기 위해 협력 체제를 정비하면서, 구미의 대형 미디어 그룹을 모델로 한 '그룹 기업화' 방식을 적극 도입하여 대만 최초의 출판그룹인 청방출판그룹城邦出版集團을 탄생시켰다.

1996년에 잔홍즈詹宏志가 주축이 되어 상저우商周, 마이텐麥田, 마오터우잉猫頭鷹이라는 세 개의 출판사가 연합해 청방출판그룹을 설립했다. 청방출판그룹은 기업의 기초 정비를 마치고, 기업매수와 경영규모 확대를 2대 축으로 급속히 성장했다. 잔홍즈는 청방출판그룹의 출판제작 과정을 독립시키고, 그에 대한 재고관리, 판매, 재무, 인사 등은 일원화 관리하는 경영형태를 도입했다. 이 시도는 그가 목표한 대로 불과 몇 년 만에 성과를 거두었다. 이 성과는 홍콩 최대 재벌인 리카이싱李嘉誠그룹의 상장기업인 TOM.COM이 2001년 잔홍즈의 청방출판그룹과 PC Home을 매수 합병하는 결과로 이어졌다.

TOM.COM은 이어서 졘돤출판사尖端出版公司와 상저우미디어그룹을 매수하여 리카이싱그룹이 가진 '세계 최대의 중국어 출판그룹 구축'이라는 야망을 실현하는 데 한 걸음 더 다가섰다. 청방출판그룹은 이때부터 몸에 배었던 대만 출판업계의 중소기업적 경영 형태에서 탈피해 본격적인 다국적 기업형 경영 시스템을 시작했다.

따라서 청방출판그룹의 시장 확장을 위한 움직임은 더욱 활발해졌다. 그리고 청방출판그룹의 약진에 자극을 받아 '그룹'이라는 이름을 내건 출판조직이 속속 등장했다. 황관皇冠, 텐샤위안졘天下遠見, 시다이가오바오希代高寶, 위안선圓神, 지우거九歌, 공허궈共和國가 그것들이다. 이들 후발 출판그룹은 초기의 청방출판그룹처럼 세포분열을 일으켜 증식하듯 규모를 확장해, 다소 차이는 있지만 모두 비슷한 성과를 올렸다.

그러나 청방출판그룹은 TOM.COM의 일원이 됨으로써 든든한 배경을 갖게 되었다. 동시에 더욱 엄격한 재무제표에 의한 출판기획·관리로 성과를 검증받았다. 그와 비교해 다른 출판그룹은 아직 중소기업 형태를 유지하고 있어, 자주적인 권한을 갖고 있지만 자금력과 출판자원에서는 다국적 미디어그룹에 맞서기 어려운 형편이다.

청방출판그룹이 만들어낸 '그룹' 노선은 폭풍처럼 불어 '베스트셀러 선풍'과 마찬가지로 출판업계를 삼켰다. 따라서 업계는 더욱 거대화한 기업과 소형 기업으로 이분된 양상을 보였다.

후자의 예로, 규모는 작지만 독특한 미의식과 스타일을 지닌 소형 출판사들이 고유의 전문 분야에서 노력해 업계와 독자들의 주목을 받고 있다. 현재 모두 명성을 쌓아 많은 출판 실적이 있는데 철학·사상·종교 등 인문서를 전문으로 출판하는 리주원화사立諸文化公司, 아동서·그림책 출판에 주력하는 허잉출판사和英出版社, 주로 여성 관련서를 출판하는 뉘수출판사女書出版社, 현대인의 심리 문제를 탐구하는 신링공팡心靈工房 등이 있다. 노동력, 자금력, 출판자원 등 모든 게 소규모인 이들 출판사는 이른바 대만 출판계에 핀 진귀한 풀꽃처럼 귀중한 존재로, 업계에 깊은 정취를 더하고 있다.

출판 시스템의 재고

출판업자는 업계 먹이사슬의 한 축을 구성할 뿐이다. 모든 출판물은 도매상과 그 밑에 속한 서점의 판매망을 통해 소비자에게 보급된다. 그러나 최근 몇 년 동안 대형 체인 서점은 구매비용 절감과 시장점유율 확대를 위해, 서점 경영 외에 물류 시스템이나 온라인 서점을 경영하는 등 영역을 확대하기 시작했다. 그것이 출판산업의 새로운 양극화 현상을 일으키고 있다.

노련한 도매상 경영자인 농쉐서農學社의 사장 천르성陳日陞은 이 현상을 '철제 아령' 같다고 표현했다. 도매업자는 서적 유통의 중간에 위치하는데, 가장 취약한 부분이 되었다는 말이다. 최근 몇 년 동안 도매업자의 활력이 쇠퇴하였다는 이야기를 자주 듣게 되었다. 이것은 출판업계에서 도매상의 상부에 있는 출판업자와 그 하부에 위치한 서점 모두에게 파급되는 도미노 현상을 일으켰다. 무엇보다 삼위일체의 시스템을 다시 확립하여 공존공영을 위한 양질의 상호관계를 구축하는 것이 업계의 미래를 위한 급선무라 할 수 있다.

대만 출판업계는 시련과 우여곡절을 겪은 뒤 발전을 이루었다. 그리고 환경의 격변기에 새로운 시대를 맞이하기 위한 시련과 직면했다.

디킨스의 『두 도시 이야기』의 권두언을 빌리면, "그것은 가장 좋은 시대인 동시에 가장 가혹한 시대이기도 하다." 대만의 출판인이 새로운 시대를 만들어내기를 기대한다.

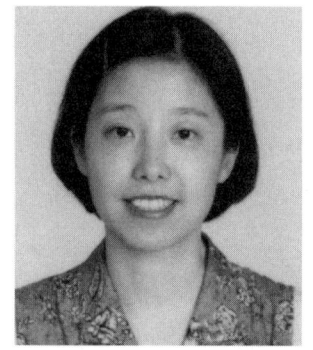

쉬카이천
1959년 타이베이시에서 태어났으며, 현재 〈민성바오〉 기자로 활동하고 있다. 저서로 『매미와 연꽃의 아홉 곡의 노래』 『처세에 능한 사람들』 등이 있다.

읽는 사람

1935—1958 일본

문자의 행렬은
가가호호
단풍 든 고개를 넘어
쓸쓸한 해변에 이르고
대양을 건너
낯선 이국까지
소년을 데려간다

소년은 센베이를 먹으며
천년의 시공을 넘어
공주를 아내로 맞이하고
긴 칼을 차고 싸우며
손자를 얻고 극락왕생하여
먼 미래의
낯선 별에서 태어난다

그러나 그 별엔
이미 책이란 존재하지 않는다
인간의 텔레파시 아우라에 뒤덮여
별은 장밋빛으로 빛난다 ──
소년은 책을 덮고 생각한다
난 새하얀 페이지가 될 수 있을까
아직 못다 한 이야기를 위해

다니카와 슌타로 谷川俊太郎

❶ 1937년 우에노上野 구와바라 기네오桑原甲子雄 촬영

❷ ― 1938년 요코하마橫浜 구와바라 기네오

❸ ― 1935년 아사쿠사浅草 구와바라 기네오

❹ — 1937년 아사쿠사 구와바라 기네오

❺ 1935년 아사쿠사 구와바라 기네오

❻ 1936년 가스미가세키霞ヶ關 구와바라 기네오

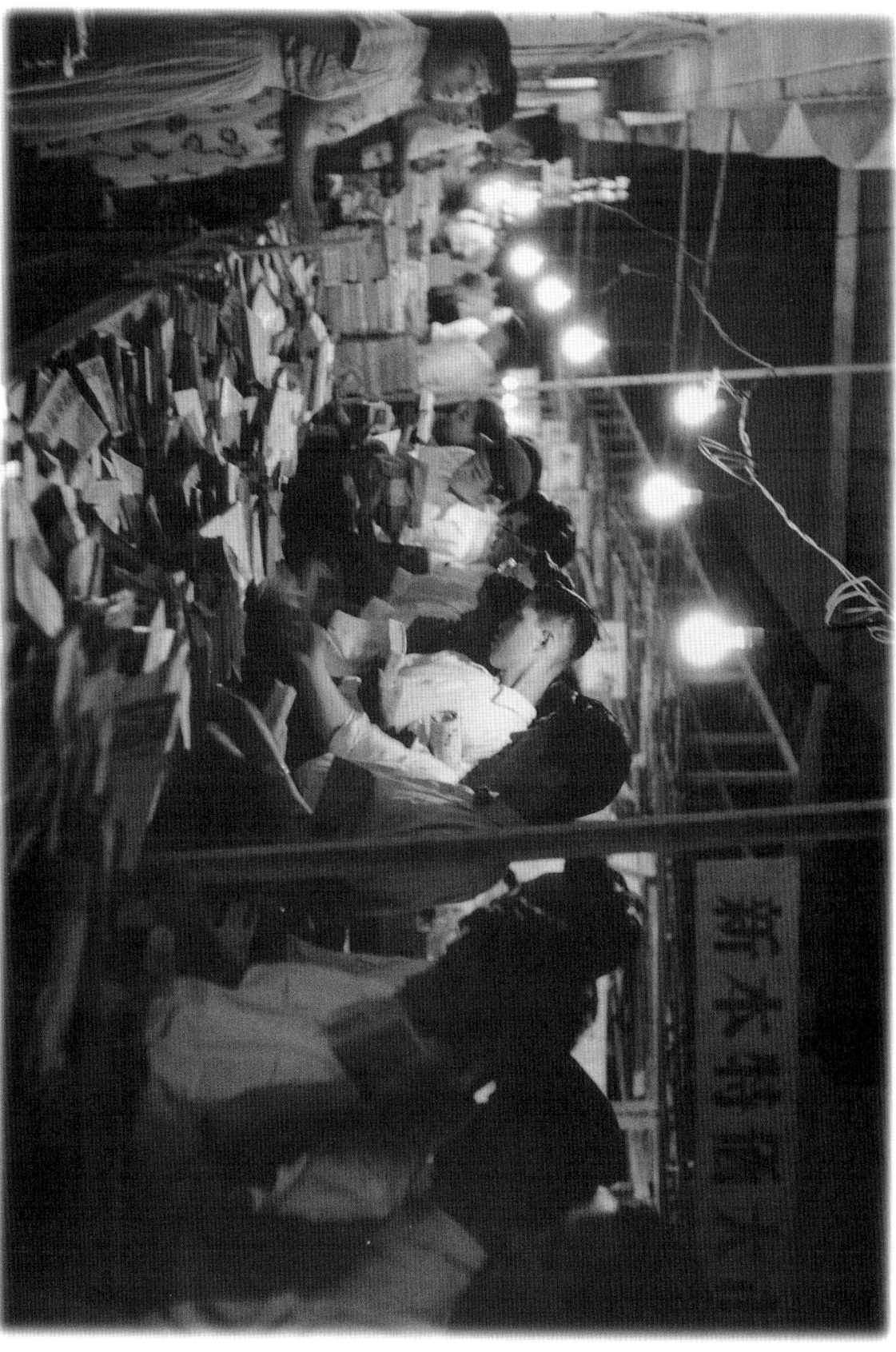

❼ ─ 1954년 신주쿠新宿 기무라 이헤이 木村伊兵衛

8 ── 1954년 아사쿠사 기무라 이헤이

❾ ― 1958년 지치부秩父 미나미 요시카즈 南良和

⓾ ― 1947년 긴자銀座 기무라 이헤이

⑪ ― 1955년 이츠쿠시마진자嚴島神社 하마야 히로시濱谷浩

일본인과 독서

기타 준이치로 紀田順一郎

이 사진들은 지금부터 반세기 전 2차 대전을 포함한 10여 년 간의 풍경이다. 특별히 색다른 스냅 사진은 아니다. 요컨대 사진작가가 독특한 풍경을 담으려고 촬영한 게 아니라, 어디에나 있을 법한 정경에 카메라를 들이대고 시대의 일상을 기록한 결과다. 길모퉁이에서, 서재에서, 또는 차창을 등지고 신문이나 잡지를 열심히 읽는 사람들. 일은 뒷전에 두고 책을 펼쳐든 사람도 있다. 이것은 그 무렵 청소년기를 보낸 필자에게 아주 익숙한 풍경으로 길모퉁이의 평범한 한 장면에 불과한데, 당시 사람들의 책에 대한 감각은 현대인과 좀 달랐던 것 같다.

이 사진들이 바로 일본인이 독서를 좋아했던 증거라고 하기엔 무리가 있을지 모른다. 그러나 연령과 계층을 불문하고 활자가 널리 침투되었던 것은 확실하다. 사실 독서는 오랜 동안 일본인의 가장 보편적인 '취미'였다. 특히 서양의 문화를 배우고 추월하는 것을 지상 최대의 명제로 삼았던 전쟁 전, 독서는 취미 이상의 것이었다. 이 사진들에는 책을 읽는 즐거움 이상의 진지함, 경우에 따라서는 구도적求道的인 열의까지 느껴진다.

근대화를 지향한 민족이 지식과 정보를 획득하기 위해 전적으로 활자에 의지한 것은 세계사에 공통적으로 나타나는 현상으로 일본도 예외는 아니었다. 특히 오랜 동안 쇄국정책을 펴온 일본에 새로운 지식을 가져다줄 매체로서 '서적'의 가치는 상대적으로 높았다. 그것은 근세 신분사회의 제약에서 해방된 민중의 지적 에너지가 일거에 폭발했다는 사정도 있다. 그런데 무엇보다 일본인의 '독서의 본질'은 한시라도 빨리 새로운 지식을 얻기 위해, 음식물을 제대로 씹지도 않고 삼킨 상태와 같았다.

지식 획득뿐만 아니라 독일이나 프랑스 등 선진국에서 인간성을 함양하는 독서 태도도 받아들였다. 이윽고 독서는 소박한 국가나 사회의 이상을 받아들일 수 없었던 지식층 청년들의 도피 수단이 되었다. 게다가 1930년대 후반에는 특히 반체제적인 사회과학 서적이 극심한 탄압을 받아 일본 사회에서 자유로운 독서는 군색할 수밖에 없었다. 이 중 몇 장의 사진에는 그런 시기의 모습이 중첩되어 있음에 주의해야 할 것이다.

이렇게 군화軍靴의 영향력이 커지던 시대에 서민은 무엇을 읽었을까? 사진을 통해서는 대중잡지, 영화잡지, 주부잡지, 소설책, 그림책 등을 볼 수 있다. 대중문학의 황금기로 대형 출판사에서는 100만 부 넘게 대중잡지를 간행하기도 했다. 역사 속의 영웅호걸이나 상상 속의 검객을 주인공으로 내세워 오락성과 인내, 극기와 구도 정신은 물론이고 처세술까지 담아낸 이야기가 대중을 매료시켰다. 그 대표적인 예가 요즘 다시 각국에서 번역되고 있는 요시카와 에이지吉川英治의 『미야모토 무사시宮本武藏』(1935-39)이다. '재미있고 유용한 것'이 일본 대중 출판물을 지배하는 키워드였다.

1935년경 일본에서는 연간 약 4만 종의 서적과 7만 종이 넘는 잡지가 발행되었다. 이것은 동시대 다른 선진국과 비교해도 손색없는 수치로, 엄청난 경제 불황기였는데도 그 수가 줄어들지 않은 점은 주목할 만하다. 결과적으로 얼마 전까지 일본 출판계는 '불황에 강하다'는 인식이 있었다. 물론 그것을 지탱한 가장 큰 요인이 앞서 말한 일본인의 치열한 독서욕에 있었음은 두말 할 필요도 없다. 중요한 것은 이것을 준비한 사회적 기반이다. 대중의 상승 의지는 신분제가 엄격했던 에도시대(1603-67)에도 최소한의 기반을 마련했다. 공교육이 실시되기 전 일본 전국에 존재하던 데라코야寺子屋는 서민의 교육시설로, 읽고 쓰기 능력이나 교양 수준을 향상하는 데 크게 이바지했다.

데라코야란 당시 지식인이었던 승려나 무사, 의사 등이 교사가 되어 읽기·쓰기·편지 등을 가르친 사설 기관으로, 교과서로는 『데이킨오라이庭訓往來』◆1 나 『도지쿄童子教』◆2 등 유교적 이념을 담은 것을 사용했다. 그 곳에서는 중세 이후 한문 학습의 유력한 수단으로 소도쿠(素讀: 음독)◆3 를 채용하여 읽고 쓰기 능력 향상에 기여했다. 실제로 이런 소규모 교육시설의 수를 살펴보면, 1800년대 전반 에도(오늘날의 도쿄)에 500여 명의 교사가 있었다는 자료가 있다.

소규모의 불완전한 교육시설은 근대 이후 의무교육제도가 보급되면서 사라졌지만, 이것이 일본 근대화의 보조 바퀴로서 독서 인구 형성에 크게 이바지했음을 잊어서는 안 된다.

독서에 몰입했던 몇 십 년 전의 일본인에게는 이런 문화적 배경이 있다. 그런데 이제는 사진 한 장 한 장을 향수에 젖어 볼 수밖에 없는 시대가 되고 말았다. 1980년대 이후 세계를 습격한 미디어 혁명은 일본에도 예외 없이 불어닥쳤고, 활자문화의 존재감은 급격히 떨어졌다. 오늘날 서민이 갖고 다니는 것은 한 권의 책이 아니라 한 대의 휴대전화기다. 이 압도적인 변모가 일본인의 정신과 문화에 어떤 영향을 미칠지, 아직 해답은 나오지 않았다.

◆1 왕복서간의 형식으로 일상생활에 관한 용어를 소재로 한 초등 교과서. 1394-1428 (남북조시대-무로마치 초기)년경 성립되어 근세 말기 (무로마치-에도시대)까지 널리 사용되었다.
◆2 무로마치시대부터 널리 사용된 아동 교훈서. 인도와 중국 고사나 격언을 인용해 일상 작법·면학·효행 등을 가르쳤으며 데라코야의 교과서로 보급되었다.
◆3 의미를 생각지 않고 문자만 소리 내어 읽는 것. 문장보다는 우선 문자 읽는 법을 가르치고 발음하게 했다. ─ 옮긴이

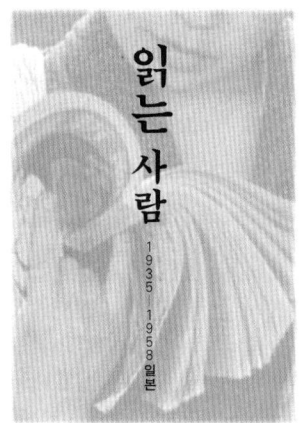

읽는 사람
1935-1958 일본

【시】
다니카와 슌타로(谷川俊太郎, 1931-)
1952년 처녀 시집 『20억 광년의 고독』으로 큰 주목을 받았다. 이후 『세상물정에 어두운 사람』 『나날의 지도』 등의 작품을 발표한 현대 일본을 대표하는 시인이다.

【촬영】
기무라 이헤이(木村伊兵衛, 1901-74)
라이카를 사용한 스냅사진을 신선하게 표현해 유명해졌으며, 2차 대전 이전에 카메라 붐을 일으킨 사진작가. 대표작으로 〈아키다秋田〉 등이 있다.

구와바라 기네오(桑原甲子雄, 1913-)
청소년 시절부터 사진잡지에 꾸준히 투고해 여러 차례 입상했다. 전쟁 후에는 사진잡지 편집장, 평론가로 활약하면서 수많은 신진 사진작가를 배출했다.

하마야 히로시(濱谷浩, 1915-99)
어릴 때부터 친하게 지내던 구와바라 기네오를 비롯해 수많은 사진작가에게 영향을 주었으며, 전후에는 국제적으로도 높은 평가를 받았다. 〈매그넘 포토MAGNUM PHOTOS〉의 기고 사진작가.

미나미 요시카즈(南良和, 1935-)
사이타마현 지치부埼玉縣 秩父에서 사진관을 경영하는 한편, 개발로 인해 급격한 변화를 겪은 마을의 풍경을 꾸준히 촬영하고 있다. 주요 작품으로『지치부秩父』 등이 있다.

【해설】
기타 준이치로(紀田順一郎, 1935-)
『일본어 박물관』 등 근·현대의 인물론, 서평지를 중심으로 폭넓은 활약을 한 평론가. 저서로 소설『제3열람실』이 있다.

【출전】
❶❷ ─『도쿄 1934-1993(東京1934-1993)』 구와바라 기네오(新潮社)
❸❹ ─『도쿄 쇼와 11년東京昭和十一年』 구와바라 기네오 (晶文社)
❺ ─ 일본카메라재단 소장
❻ ─『구와바라 기네오 일본의 사진작가 19桑原甲子雄 日本の寫眞家 19』(岩波書店)
❼❽ ─ 저작권 계승자 제공
❾ ─ 저자 제공/참조『지치부 30년秩父三十年』 미나미 요시카즈(平凡社)
❿ ─『기무라 이헤이의 쇼와木村伊兵衛の昭和』(筑摩書房)
⓫ ─ 저작권 계승자 제공(피사체-이부세 마스지)/참조『학예제가學藝諸家』하마야 히로시(岩波書店)
사진 협력 다다 쓰구오多田亞生

편집 후다키 마리二木麻里
디자인 히라노 고가平野甲賀 다나카 나오코田中直子
제작 〈책과컴퓨터〉편집실

평론

독서의 힘을 갱신하기 위한 힌트

**독서에는 개별 공간에서 공적인 공간까지 관통하는
무한한 가능성이 있다**

가토 노리히로 加藤典洋 문예평론가

들어가는 글 이 글은 2000년 5월부터 온라인판 〈책과컴퓨터〉에서 주최한 '사람들은 왜 책을 읽지 않게 되었을까'라는 100일 토론에 실린 것이다. 일본에서는 최근 순문학이나 고전, 인문학이나 사회과학 계열의 학술서 등 '딱딱한 책'이 팔리지 않고 있으며, 그것을 지속적으로 간행해온 출판사나 대학출판부는 심각한 경영난을 겪고 있다. 이런 현상은 일본처럼 고도로 소비문화가 발달한 서구에서도 일어나고 있어, 우리 '독서 습관'이 크게 변화하고 있음을 알 수 있다. 100일 토론에서는 세계 각국의 책이나 출판에 종사하는 사람들이 독서 습관에 대해 논의했다. —편집부

사람들은 왜 책을 읽지 않게 되었을까

이번 토론에서 문제를 제기한 무로 겐지(室謙二, 온라인판 〈책과컴퓨터〉 편집장)는 두 가지 질문을 던졌습니다.

첫째, 이 현상은 극도의 소비 사회화가 진행된 선진국의 국지적 현상인가, 아니면 세계적인 현상인가. 둘째, 그것은 출판 시스템을 개선함으로써 극복할 수 있는 일시적 현상인가, 아니면 문명사적 대전환의 조짐인가. 나는 이 두 가지 질문이 무척 재미있었습니다. 그것은 나의 독서에 얽힌 개인사를 되돌아보게 한 호소력 있는 한 쌍의 질문이었습니다.

이런 비유는 어떨까요. 한 명의 거인을 상상해 보면 좋을 것 같습니다. 발은 깊은 진흙 구덩이에 빠져 있고, 머리는 구름 위로 솟아 있습니다. 발끝과 머리는 진흙과 구름에 뒤덮여 보이지 않습니다.

거인의 머리와 발— 두 가지 독서 체험

1959년, 열한 살로 소학교 6학년이었던 저는 일본 도호쿠東北 지방에 자리한 시골 마을로 전학해 혼자 살았습니다. 첫 번째 질문을 듣고 저는 그때의

모습이 떠올랐습니다.

그 해는 지금까지 제가 가장 열심히 책을 읽었던, 그야말로 독서에 푹 빠져 지낸 해였습니다. 날마다 책 대여점에 갔는데 당시 무명이던 시라토 산페이白土三平[1]에서 쓰게 요시하루つげ義春[2]까지 하루 10엔(약 120원)씩 주고 만화를 빌려 보다가, 마침내 고단샤講談社의 소년소녀 세계문학 전집까지 하루에 한 권씩 읽어 치웠습니다.

완전히 새로운 스타일의 소년 주간지 〈소년 선데이少年サンデ-〉(小學館)와 〈소년 매거진少年マガジ〉(講談社)이 대대적으로 발매되어 마을에서 가장 큰 책방에 진열되었던 날은 아직도 잊을 수 없습니다. 확실히 그해 봄이었습니다.

그 이전, 그러니까 소학교 4학년이었던 저는 월간잡지 〈소년少年〉(光文社)의 구독자였습니다. 매월 5일쯤 되면 발매 전날 도쿄에서 도착한 새 책 냄새가 폴폴 나는 잡지를 한시라도 빨리 받아 보고 싶어, 몇 시간이나 책방에서 다른 책들을 뒤적이며 기다렸습니다.

다음 해였나 그 다음 해였나, 집에 TV가 야단스럽게 들어왔습니다. 그때 저는 데즈카 오사무 手塚治虫의 〈우주 소년 아톰鐵腕アトム〉이라는 만화를 어느 기업이 내게 '공짜'로 '제공'한다는 것이 무슨 의미인지 좀처럼 이해할 수 없었습니다.

하지만 그 후, 제 독서열은 미묘하게 바뀌었습니다. 그것이 TV가 생활권에 들어왔기 때문임을 깨달은 것은 마흔이 넘어, 그 시절을 회고하며 서평을 쓰던 때의 일입니다.

이것이 제 '독서 경험'이라는 '거인상'의 진흙 속에 묻힌 발에 관한 이야기입니다.

그럼, 구름 위로 솟은 머리에 관한 경험도 이야기해 볼까요.

저는 최근 단행본 집필에 몰두하고 있습니다. 1996년에 1년 동안 외국 생활을 하며 '내 삶을 일본 미디어의 리듬에 맞추고 싶지 않다'는 생각이 들었습니다. 원칙적으로 잡지 일은 거절하고 흥미로운 일을 제 리듬에 맞춰 하기로 결심한 뒤, 귀국하여 생각대로 실행한 결과입니다. 저는 '일본의 전후戰後'라는 공공적 주제에 관한 독서와 집필에 심혈을 기울였습니다.

그런데 확실히 제 노력과 집중은 도를 넘었던 것 같습니다. 그에 따라 제가 쓰는 글도 조금씩 변화되었습니다. 처음 두 권 정도는 비판일지라도 독자의 반응이 있었는데, 서서히 줄어들더니

---

1. 일본 만화의 역사에서 극화의 인기(1965-74년)를 견인한 작가. 작품으로는 「인자무예장」 「가무이전」 등이 있다. 시라토 산페이를 기점으로 일본 만화는 데스카 풍의 귀엽고 단순한 그림에서 벗어나 보다 사실적인 그림과 이야기를 가진 '극화' 의 시대로 접어들었다. —옮긴이

2. 1937년생. 기존 만화의 상식을 뛰어넘은 작품으로 만화계에 일대 변혁을 몰고왔다. 시라토 산페이와 함께 만화 잡지 〈가로〉의 전성기를 이끈 대표 작가로 작품으로는 「무능한 사람」 등이 있다. —옮긴이

마침내 거의 아무 반응도 느낄 수 없게 되었습니다. 그리고 얼마 전 늘 집필하는 내 곁에서 잠자던 고양이가 죽자, 문득 '몇 년 동안 해온 나의 공공적 업무는 이제 좀 쉬어야 하는 것이 아닐까. 그래야 독자가 생기지 않을까. 늘 혼자 열심히 달리고 있지만 뒤돌아보면 아무도 없는 느낌이다. 함께 공유하는 공공권을 이루는 층이 없다'는 생각이 들었습니다.

고양이가 죽은 충격으로 저승의 존재와 함께 사는 기분이 들다 보니, 전혀 느낌이 다른 글을 읽고 쓰고 싶어졌습니다.

이렇게 해서 저는 매일 이메일도 주고받게 되었습니다. 열심히 하는 편은 아니지만 필요한 때는 인터넷도 열어 봅니다. 고양이가 죽었을 때, 그 동안 해온 '공공적 문화권'의 언어란 게 이도 저도 아닌 것처럼 보였고, 이제 그것은 그리 신뢰할 만한 것도 아니라는 생각이 들었습니다. 그래서 전혀 이질적인 언어와 접해 보고 싶다는 강렬한 욕구가 생겼습니다.

제가 시작한 것은 포르투갈의 시인인 페르난도 페수아의 단편집을 프랑스어로 번역하는 일입니다. 또 마음에 들어 읽은 책은 안토니오 타부키나 카뮈 등 허구성 짙은 작가의 소설입니다.

그때 전 이런 생각을 했습니다. '내가 좀더 넓은 세계로 나가는 데 필요한 것은 기껏해야 300부쯤 되는 소형 미디어가 아닐까'라고. 어딘가 아주 규모가 작은 동인지에 이런 단편을 번역하는 것. 그런 언어와의 만남을 내 언어적 신체가 원한다고.

이것이 내 독서 체험 중 시대와 연령 면에서 가장 돌출된 부분, 즉 구름 위로 솟은 거인의 머리에 해당하는 이야기입니다.

독서 안의 초공간 超空間

지금까지 무로의 질문을 듣고 떠오른 두 가지 개인적인 독서 경험에 대해 이야기했습니다. 그것은 내 개인적인 독서 경험일 뿐만 아니라, 현 시대 독서 경험의 시작과 끝을 암시하는 것이라고 생각합니다.

전자인 책 대여점과 TV에 대한 이야기가 독서의 시작을 연상시킨 것은 이런 연유입니다.

그때 나의 애독서는 월간 소년잡지, 책 대여점의 만화, 소년소녀 문학전집, 시튼 동물기, 〈어린이 과학 子供の科學〉(誠文堂新光社)이었습니다. 이 때 경험한 독서의 특색은 그것이 모두 똑같은 의미의 독서였다는 것, 즉 지성과 교양과 오락으로 구분 짓지 않았다는 점입니다. 〈어린이 과학〉에는 거미집 짓기에 대한 관찰 일기나 천체 관측, 철도 모형 등 마니아적인 기사들이 혼재되어 있었는데, 이것과 함께 사토 마사아키 佐藤まさあき의 갱 만화나 에리히 캐스트너의 『에밀과 탐정』을 읽은 이유는 모두 재미있으니까, 달리 시간을 보낼 일이 없었기 때문입니다. 문학을 하는 사람은 자주 '재미있으면 된다'고들 합니다. 철학이든 사상이든 소설이든 만화든 우선 '재미'가

관건이라는 겁니다. 이런 말이 나온 것은 그 배후에 독서 경험이 있기 때문입니다. 거기에는 도움이 되니까, 부모님이 좋아하니까, 혹은 세상의 문화적 공공성에 이바지하려고 하는 독서와, 시간 때우기 용으로 즐기는 오락적 독서의 구별, 즉 공공적인 독서와 사적인 독서의 구별이 없습니다. 진선미眞善美의 구별도 없습니다. 그것은 독서라는 경험의 기원이 정보와 지식과 예지와 오락이 일체된 복잡한 모습이었음을 깨닫게 해줍니다.

그럼 사람들은 왜 책을 읽지 않게 되었을까요?

그것은 많은 사람이 지적하듯, 독서를 둘러싼 외부 환경이 급속하게 변화했기 때문이기도 할 겁니다. 그러나 독서의 내적인 이유로 저는 처음 독서를 시작했던 때의 눈부신 경험이, 우리 출판·서적문화에서 급속히 힘을 잃고 약해졌기 때문이라는 이유를 들고 싶습니다.

각종 조사결과는 젊은 사람을 포함한 사람들이 활자와 문자를 '읽지 않게 된 것'이 아니라는 사실을 뒷받침하고 있습니다. 만화, '쓸모없는' 잡지나 정보지, 문자매체를 이용한 게임까지 사람들은 책은 읽고 있습니다. 단, 그것을 '딱딱한 책'으로 한정할 경우 —예외도 있겠지만— 세계 대부분의 지역에서 '읽히지 않게' 된 것입니다.

하지만 이것은 처음의 독서 경험의 상像과 비교했을 때 너무 간단히 세분화한 것이 아닐까요. 독서라는 경험이 '재미있고' 귀중한 이유는 그것이 언어와 만나는 경험이며, 개별 공간에서 공동·공공의 공간까지 관통하는 '초超공간'이 내장되어 있기 때문입니다. 그 점이 독서란 경험의 무한한 가능성입니다.

그런데 이것을 바람직한 독서와 나쁜 독서, 좋은 책과 나쁜 책으로 '구별'하는 것은 —물론 그것이 반드시 필요한 경우도 있지만— 독서 경험의 자연스런 순리를 거스르는 일임을 알아야 합니다. 구별해야 할 경우라도 이런 사실을 확실히 주지한 다음 어쩔 수 없이 '분별'한다는 태도를 갖는 것이 중요합니다.

어쨌든 이러한 세분화에 따라 도움이 되지만 전혀 재미없는 책과 시간 때우기는 되지만 남는 게 없는 책이 생겨납니다. 세상은 그런 책들로 가득 차 있습니다. 하지만 옛날부터 도움이 되지만 재미없는 독서, 시간 때우기는 되지만 남는 게 없는 독서가 존재해왔습니다.

독서의 힘, 저력底力이라는 것이 있는데, 이것이 외부 미디어 환경의 다채로운 흐름 속에서 약해진 것입니다.

이번 토론[3]에서 요시미 슌야(吉見俊哉, 도쿄대 교수)가 지적했듯, 사람들이 책을 읽지 않게 된 이유를 '문화적 공공권의 쇠퇴'로 보는 관점이 중요합니다. 그렇다면 여기서, 책을 읽는 경험의 본질이 공공적 영역을 초월하는 것이면서 동시에 공공적인 행위라는 역설을 짚고 넘어가야 할 것입니다. 가토 게이지(전 미스즈쇼보 사장)는 매일 피부감각으로 느낄 수 있는 곳에서 '독서인 계급의 쇠퇴'란 것에 대한 경청할 만한 보고를 했습니다. 위베르 프로롱조(Hubert Prolongeau, 저널리스트)가 이끄는 프랑스 출판사 미뉘Minuit의 제롬 랑동Jerome Lindon도 지금까지의 실적을 바탕으로 독립 소규모 출판사 경영자다운 기백 있는 발언을 했습니다. 그러나 그리스 신화에 나오는 한 거인신은 대지에 내동댕이쳐질 때마다 그 대지의 기운을 받아 다시 일어서는데 ─이 이야기는 옛날 데라다 도루寺田透 선생께 배웠던 미셸 뷔토르Michel Butor의 『소설에 대하여』라는 에세이에 나옵니다─ 그렇게 일패도지一敗塗地한 경험을 통해 '양서는 양서로서, 그것이 양서인 의미를 갱신해가는 것' 아닐까요. 그런 노력이 없을 때 양서는 악서로 내몰리게 될 것입니다. 그리고 그렇게 된다면 우리는 앞으로 미래를 구상할 수 없게 됩니다.

새로운 공공권公共圈을 찾아

최초의 독서, 가령 4세기에 처음으로 책자를 읽은 것이나 15세기에 인쇄된 서적을 읽은 것이나 거기엔 모두 학문과 즐거움, 예지와 정보가 한데 녹아 있었습니다. 그게 바로 독서였습니다. 그 커다란 항아리가 깨져 지금은 몇 개의 파편이 되었습니다. 그것을 다시 맞춰 복원하는 것. 그것이 독서가 살아남기 위해, 그리고 독서인으로서 우리가 살아가기 위해 생각할 수 있는 방법입니다. 재미있고 스릴 넘치면서도 문화적 공공권을 강화하는 그런 독서 경험, 그런 서적, 그런 저작. 어떻게 하면 그런 경험의 장을 새로 만들 수 있을까요? 이 노력이 결실을 맺어야 현재 인터넷으로 상징되는 문자영상문화의 발전이 힘이 될 수 있을 겁니다. 바로 이것이 앞서 이야기한 '돌출된 독서 경험'이 시사하는 바입니다.

제가 아끼던 고양이가 죽은 일을 계기로, 마치 '일중독'에서 깨어나듯 생각한 것. 그것은 '현재 문화적 공공권이라 불리는 것도 이미 견고함을 잃어 믿을 수 없게 된 것 아닐까' 하는 것입니다. 헌법, 탈국민국가, 문화이론, 전후론 등 다양한 주제가 있는데 이것은 대부분 '딱딱한 책'이나 '딱딱한 미디어'에서 논하거나 언급합니다. 그런데 과연 거기서 이루어지는 논의가 얼마나 지적인 것이며 얼마나 지혜로운 것일까요? 그곳의 지知는 정보와 같은 것으로 이미 정의감과 도덕적 감각이 상실된 말라비틀어진 교조敎條나 다름없는데, 그것조차 모르고 있는 것은 아닌지요.

고양이가 죽고 나서 며칠 뒤 내가 순간적으로 생각한 것은, 몇 천 부라는 출판 부수로 성립된 일본 독서 계급의 이른바 '문화적 공공권'이라는 것입니다. 즉, 뒷걸음질하며 간신히 버티고 있

---

3. 2000년 5월부터 9월까지 온라인판〈책과컴퓨터〉에서 행한 국제 토론. 본문에서 언급하고 있는 요시미 슌야吉見俊哉, 가토 게이지加藤敬事, 위베르 프로롱조Hubert Prolongeau도 이 토론에 참가했는데, 내용은 별책『사람은 왜 책을 읽지 않게 되었을까?』(トランスアート, 2000)에 수록되어 있다.

는 몇 종의 '종합지'가 상징하는 유통권에서 벗어나지 않으면, 앞으로 나는 고립된 개인의 소리는 물론이고 칸트가 말한 국경과 시대를 초월한 공공적 소리도 형상화할 수 없게 되는 것이 아닌가 하는 생각이었습니다.

지금 저는 고작 300부의 활자 매체로 성립되는 소리에 관심을 갖고 있습니다. 그것을 가능하게 하는 것은 무한대의 유통권을 지닌 컴퓨터 문화와 인터넷이라는 비활자 유통권입니다. 그것은 결코 우연이 아닙니다. 왜냐하면 내 이런 욕구에 인터넷 문화가 내재되어 있기 때문입니다. 3000부의 공공권은 충분히 믿을 수 있습니다. 이제 풀어야 할 과제는 그것을 질적으로 갱신하는 일입니다. 그런 내 감각은 이 시대에서 비롯된 것입니다.

그것은 달리 말하면 현재 3000부로 성립되는 일본의 '문화적 공공성'의 힘을, 국경을 초월해 열린 인터넷 공공권과 300부도 안 되는 작은 공공권으로 '분산'해서 갱신하려는 계획입니다.

본래 우리 주변엔 그런 독자의 힘과 독서의 힘— 책을 읽는 것이 가진 자정력自淨力을 믿고 시험하고 노력할 영역이 있는 것 아닐까요?

예컨대 요즘 한국의 문학평론가인 백낙청의 『흔들리는 분단체제』(창비)에 대한 비평을 집필하고 있는데, 저는 거기에 백낙청 씨가 일본의 문학자들보다 훨씬 가깝게 느껴진다고 썼습니다.

왜 사람들은 책을 읽지 않게 되었을까요?

무로의 두 가지 질문에 저는 이렇게 대답하겠습니다. 그것은 선진국의 국지적 현상이지만 인간 사회의 보편적 현상입니다. 또 그것은 문명사적 대전환을 배경으로 하지만 극복할 수 있는 것입니다. 인류는 지금까지 독서에서 멀어지게 한 힘을 오히려 독서의 힘을 갱신하는 데 이용하며 위기를 극복해왔습니다. 앞으로라고 해서 왜 못하겠습니까?

가토 노리히로
1948년 야마가타山形현에서 태어났다.
국립국회도서관에서 근무했으며, 현재
메이지대학원明治大學院 교수로 재직 중이다. 저서로
『아메리카의 그림자』『패전후론』『언어표현법강의』
『일본의 무사상』『소설의 미래』등이 있다.

이 사람과 일

도미타 미치조와 아오조라문고 다정한 아나키스트들
3000종이 넘는 텍스트를 무료로 제공하는 전자도서관은 이렇게 만들어졌다

에다와 고이치 枝川公 논픽션 작가

인터넷 공간의 '이상적인 도서관'

논픽션 작가로 활약해온 도미타 미치오(富田倫生, 1952년생)에게 1990년대는 절망의 늪에서 희망을 향해 상승하는 롤러코스터 같은 10년이었다. 절망은 난치병에 걸려, 본의 아니게 모든 일을 방치하게 되면서 시작되었다.

입퇴원을 반복하던 1991년에 미국의 보이저사에서 개발한 전자책 제작 툴 '익스팬드 북'을 접하였다. 이것이 희망의 출발점이 되었다. 이 소프트웨어를 사용하면, 원고를 전자화해서 컴퓨터에 저장한 다음, 페이지를 이동하며 읽는 '전자책'이 완성된다고 한다. '그렇다면 그 동안 썼던 책을 전자책으로 만들어 영원히 간직할 수도 있는 것 아닌가!' 쌓아온 경력을 고스란히 보존하고 싶어하는 필자로서 당연히 할 수 있는 생각이다.

병이 호전된 적도 있다. 그래서 1980년대에 심혈을 기울여 썼던, '일본 PC 탄생의 역사'에 관한 『PC 창세기 パソコン創世記』를 다시 취재하고 수정해 플로피디스크와 CD-ROM으로 전자화했다. 마침 PC통신 시대를 거쳐 '인터넷 보급'이라는 미디어 혁명이 시작되었다. 1995년 '윈도95'의 등장으로 변화는 가속되었다. 도미타는 당시 상황을 '토사 붕괴가 일어났다'고 표현했다. 취재 대상의 증언을 글로 써도 그 증언이 이미 인터넷에 올라 누구나 쉽게 열어볼 수 있게 된 것이다. 아무리 '대단한 것'을 써도 웹 서핑을 하다 보면 쉽게 그 가면이 벗겨지고 만다. 도미타는 "종이든 전자든 그 배경에 인터넷이 있으며, 모두 웹 구조를 만드는 데 관여한다. 모든 저작물은 네트워크란 배경에 등장할 수밖에 없다"고 했다. 어쨌든 자신의 책을 전자화하겠다는 염원은 이루었다.

그러나 도미타의 관심은 이미 '확장'되었다. 책이라는 강력한 언어 텍스트. 전자환경이 책에 새로운 생명을 불어넣을 수는 없을까? 인터넷 공간이 앞으로 책이 살아갈 가능성을 보여줄 수는 없을까?

필자로서 좌절을 경험한 도미타에게 그것은 자신의 삶의 증거와도 연결되는 문제였을 게다. 도미타는 '하늘은 모든 사람의 위에 있다. 하늘을

아오조라문고 · www.aozora.gr.jp
나쓰메 소세키夏目漱石, 아쿠타가와 류노스케芥川龍之介 등 저명한 작가의 작품은 물론이고 문학전집에 수록되지 않은 작가·시인·평론가의 작품까지 수록되어 있다.

올려다보는 데 연봉이나 지위가 필요한 건 아니다. 올려다보려는 의지만 있으면 된다. 마찬가지로 특정한 곳에 전자화한 파일을 올려둔다면 누구나 아무 대가 없이 마음대로 읽을 수 있는 환경이 구축되는 것 아닐까'라고 생각했다. 이것이 인터넷이라는 푸른 하늘에 전개된 전자도서관 '아오조라문고青空文庫'의 사상적 원점이다. 그리고 도미타는 설립 이후 지금까지 그 중심에 우뚝 서 있다. '책을 읽고 싶은' 생각이 들면 바로 인터넷에 접속한다. 입관증도 입장료도 필요 없다. '아오조라'의 작품 리스트를 살피고, 원하는 파일을 다운로드하면, 언제 어디서나 읽을 수 있다. 그것은 이상적인 도서관의 모습에 가깝다. 여기에 공개된 작품은 3439종(모두 일본어. 2003. 12. 12 현재), 일일 평균 사이트 접속 건수는 약 9000건에 달한다.

500명 이상의 협력을 받아

도미타는 아오조라문고를 만드는 데 직접 나설 생각은 없었다. 무심코 보이저 재팬의 노구치 에이지野口英司에게 "머지않아 전자도서관이 생길 거예요"라고 이야기한 것이 운명을 바꾸었다. 노구치는 곧바로 "아니, 생길 것이라니 무슨 말입니까? 해봅시다!"라고 했다. 1997년 2월의 일이다. '익스팬드 북'으로 읽을 콘텐츠를 찾고 있던 노구치의 한 마디가 결정타가 된 것이다. 도미타는 이렇게 싱겁게 방관자에서 당사자로 나서게 되었다. 가까운 사람들에게 이야기해 아오조라문고를 설립한 것이 그해 여름. 일본 저작권법은 저자 사후死後 50년이 되면 저작권이 만료된다. 그 후에는 아무 제약 없이 작품을 '공유'할 수 있다. 그래서 저작권이 만료된 작품을 집중적으로 공개했다. 이에 대한 도미타의 생각을 들어보았다. "인간의 지식은 커다란 문화의 흐름에서 생겨난다. 그 속에서 사람은 책을 쓴다. 따라서 책을 판매하는 출판사가 성립되고 저자의 생활이 유지되는데, 거기서 끝나는 게 아니다. 책은 언젠가 문화의 흐름으로 되돌아와 모든 사람이 공유할 수 있는 '공유물'이 되어야 한다. 그렇게 되기를 바란다."

50년이란 규정은 저작권법에 이런 바람이 담겨 있음을 나타내는 것이라 할 수 있다. 아오조라문고는 책을 공유물로 되돌리는 작업을 맡아 지적知的 유산을 미래로 계승하는 데 일조하기로 한 것이다. 미국에서는 일찍이 1970년대 초부터 '구텐베르크 프로젝트' 등의 시험이 시작되었다.

사진 사키모토 미사호이 坂本眞典

컴퓨터에 의한 복제가 종이책의 경우와 확연히 다른 것은 비용이 들지 않는다는 점이다. 그래서 처음부터 데이터의 무상 제공을 원칙으로 삼았다. 또 스캐닝 하여 화상 데이터로 보존하는 방법은 쓰지 않았다. 입력한 후 텍스트 파일로 저장했다. 어디까지나 읽기 위한 전자도서관이므로, 해상도가 높고 읽기 쉬운 장치가 등장하면 사용자가 자유롭게 변환할 수 있게 해두려는 것이다. 텍스트로 보존하면 점자도 되고 음성도 될 수 있다.

창립 멤버끼리 텍스트 입력까지 모두 할 생각이었는데 '뜻밖의' 협력자들이 나타났다. 그 수는 지금도 꾸준히 늘어나고 있다. 입력, 교정, 파일 가공 등 실무를 담당하는 사람을 '공작원'이라 부르는데, 2003년 9월 8일 현재 해외에 사는 일본인까지 포함하면 563명이 넘는다. 그 중에는 이 '문고'를 자주 이용하다가 보답하고 싶은 마음에 동참한 사람이 가장 많다고 한다.

그들이 입력한 텍스트는 매일 송신되는데, 교정을 거쳐 공개된다. 도미타 등 처음부터 함께 해온 몇 사람은 '주최자'로서 문고의 전체적인 운영에 참여하고 있다. 예기치 못했던 결과다.

그리고 아오조라문고를 개관한 지 반년이 지나, 생각지도 못한 제의를 받았다. JIS의 문자코드작성위원회에서 한자코드 개정 작업에 협력해 달라고 연락한 것이다. 그 때까지 컴퓨터 한자코드에 없던 한자를 보충하는 개정 작업이었는데, 아오조라문고에서 옛 문예 작품의 용례를 제공하고 그것을 기초로 한자 데이터를 보완할 수 있었다. 그 결과 아오조라문고는 2000년에 마무리된 개정 작업에 공헌할 수 있었다. 도미타가 '이런 기회는 없을 것'이라고 강조한 대로, 한자라는 언어문화의 주류와 직접 관련된 일이었다. 또 이 작업은 일본뿐만 아니라 한자를 공유하는 문화전통에 작지만 확실하게 공헌했다.

새로운 '공동작업' 방식

2003년 일본의 여름은 유례없이 선선했다. 그러던 어느 날 요코하마시 다카다이高台에 있는 도미타의 사무실에 찾아갔다. 컴퓨터 화면을 향해 앉아 있는 도미타의 등 뒤에 프롤레타리아 작가 미야모토 유리코宮本百合子의 전집이 이채를 띠고 있다. 어느 '공작원'이 3년 가까운 시간을 들여 완벽하게 입력한 것이라고 했다. 이윽고 두 여자와 한 남자가 들어왔다. 전술한 노구치와 창립 멤버인 야마키 미에. 히로시마에서 찾아온 루나 캣이었다. '주최자'는 이외에 하마노 사토루浜野智와 란무로 사테이らんむろ·さてい가 있는데, 이 날은 다른 일이 있어 만나지 못했다. 미리 양해를 구해두면 이 곳은 아오조라문고의 사무실이 아니다. 이 전자도서관은 사무실이 없다. 앞으로도 만들 계획이 없다. 이렇게 얼굴을 마주할 일도 거의 없으니까. '다른 조직과 똑같은 복사판은 재미가 없다. 룰과 툴을 공유할 공동작업장이 인터넷에 존재하는 것으로 충분하다. 우리의 강점은 아무것도 없다는 것. 물리적인 것에 구속받고 싶지 않다'는 루나 캣. 그는 아오조라문고의 데이터베이스화에 앞장서 이 작업을 완수했다. 덕분에 그 후 공개되는 작품의 수가 급속히 늘어났다.

아오조라문고의 '주최자'
왼쪽부터 도미타 미치오富田倫生, 노구치 에이지野口英司, 야마키 미에八巻美惠, 루나 캣LUNA CAT. 맨 오른쪽은 필자.

 재단의 원조, 광고 수입, IT기업의 협력 등 어느 정도의 지원을 기반으로 하는 이 단체엔 특별히 결재권을 가진 사람이 없다. 도미타를 비롯한 주최자들이 수시로 메일을 주고받으며 싸우다 보면 언젠가는 결정난다.

 "아무것도 모르고 시작하는 것이 좋다. 처음부터 방침이 정해져 있으면 제대로 일할 수 없다"는 야마키의 말처럼, 개인의 발상을 최우선으로 하는 방식은 여전히 계속되고 있다. 야마키는 이렇게 덧붙였다. "아오조라문고의 텍스트를 사용해 깔끔한 전자책을 만들거나, 어떤 마음으로 입력했는지 감상문을 올리는 등, 아오조라문고를 지원하기 위해 자발적으로 만들어진 사이트가 위성처럼 주변을 돌고 있어 무척 즐겁다."

 작업의 중심에 있던 노구치는 실무에서 손을 뗐다. 새로운 기술인 블로그를 이용해 다른 그룹과 네트워크를 구축할 수 있는지 타진하고 있다. "아오조라문고 하나뿐이라면 아무리 커져도 대단할 게 없으니까"라고 말한다. 목표는 집중이 아닌 분산이다. 그리고 데이터베이스화로 홀가분해진 아오조라문고는 홀로 혈기왕성하게 활동해야 한다. 그것이야말로 도미타가 꿈꾸는 '영구기관'이 아닐까.

에다와 고이치
1940년 도쿄에서 태어났다. 저서로 『거리는 국경을 넘어』『실리콘밸리 이야기』『메일을 쓰기 위한 e-문장 입문』 등이 있다.

> 일본의 10년

변화된 책과 시장과 사람의 관계
근대적 출판유통 시스템이 무너지고 있지만, 사람들은 책을 읽는다

나가에 아키라 永江朗 자유기고가

늘어나는 책, 축소되는 시장

서적의 출판 종수는 계속 늘어나고 있는데, 총매출은 줄어들고 있다. 도서관이 붐비고 카페나 지하철에서 책이나 잡지를 읽는 사람은 많은데, '독서 이탈이 진행되고 있다'고들 한다. 도심이나 교외 간선도로 인근에 대형 서점이 생기고 있는 한편, 중소·영세 서점은 잇달아 문을 닫아 전체적인 서점 수는 계속 줄어들고 있다. 최근 10년을 돌이켜보면 이런 기묘한 역설에 봉착하게 된다.

일본의 서적·잡지 총매출은 1996년 절정을 이룬 뒤 계속 감소했다. 어째서 총매출액은 감소하는데, 출판 종수는 계속 늘어나는 걸까? 왜 출판 종수는 늘어나는데, 총매출액은 감소하는 걸까? 이런 현상은 일본 출판유통 시스템이 무너지고 있음을 방증하는 것이 아닐까?

일본 출판유통의 특징은 정가판매제(재판제도)와 자유반품제(위탁판매제도)이다. 독점금지법에 의해 제조자가 상품의 소매가격을 결정하는 것이 금지되어 있지만, 저작물은 예외 조항으로 인정받고 있다. 한편 출판사는 좀더 많은 책을 소매시장에 내보내기 위해(일부 예외를 제외하면)거의 자유반품제를 취했다.

일반적으로 출판사와 서점 사이에는 도매상이 존재한다. 도매상은 물류와 정보, 금융을 쥐고 있다. 출판사의 책을 서점에 납품하고, 서점의 출판사에 대한 반품과 지불, 출판사의 서점에 대한 결제를 대행한다. 그런 이유로 개별 출판사나 서점은 오직 도매상과 거래하는 것이다. 일본에는 4-5천 개의 출판사와 1만 8천여 개의 서점이 있다. 그런데 도매상은 약 40개, 그것도 두 곳의 과점률이 높다.

출판사가 책을 만들어 시장에 내놓으면, (독자에게 팔지 않아도 일단) 돈이 들어온다. 서점은 팔고 남은 책을 출판사에 반품하는데, 이 때 한 번 지불한 돈이 다시 돌아온다. 가격은 정가에 의해 보증되기 때문에, 여기서 책은 화폐와 같은 작용을 한다.

출판되는 양과 팔리는 양의 균형이 맞을 때는 문제가 없다. 그러나 현금 회전을 바라는 출판사가 팔리는 양보다 많은 책을 내거나, 서점에서 반품을 많이 하기라도 하면 이 균형이 바로 깨진

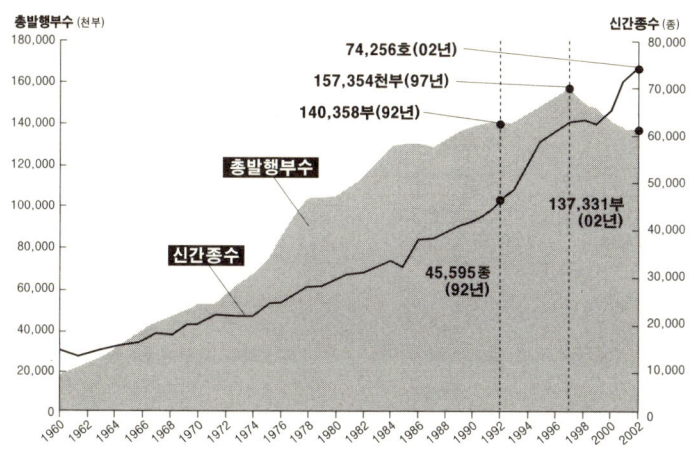

서적의 총발행부수와 신간발행 종수

일본에서 서적의 신간발행 종수는 2002년 74,256종에 달하며 꾸준히 증가했다. 한편 총발행부수는 1997년 15억 7354부를 정점으로 최근에는 꾸준히 감소하고 있다.

다. 출판사는 다음 달의 반품 날짜가 돌아오기 전에 이 달 안에 책을 넉넉하게 내려 할 테고, 서점은 그에 못지않게 반품하지 않으면 안 된다.

2002년 신간 종수는 7만 4천여 종. 10년 전과 비교하면 2만 9천 종이나 증가했다. 7만 4천여 종이란 매주 1400종 이상, 하루 평균 300여 종이나 나온다는 계산이다. 하루에 신간이 300종이나 나온다! 책이 많이 출간되는 것은 환영할 일이라고 생각할 수도 있다. 그러나 유통 현장을 생각하면 그렇지 않다. 서점의 수용량에 한계가 있기 때문에, 신간이 많이 나오면 진열조차 안 되는 책이 생기게 마련이다. 또 물리적인 한계뿐만 아니라 경제적인 한계도 있다. 신간이 많다는 것은 그만큼 서점의 매입액이 늘어난다는 말이다. 자금 회전이 어려우면 신간의 반품량이 늘어날 수밖에 없다. 평균반품률 약 40퍼센트. 그러나 이것은 반품률이 제로에 가까운 베스트셀러 기간본까지 포함한 평균이므로, 신간의 반품률만 따지면 60-80퍼센트 정도라고 한다. 또 과거와 비교해 한 권의 책이 서점 판매대에 진열되는 시간은 상당히 짧아지고 있다고 한다.

'독서 이탈'의 범인 찾기

그렇다 해도 어째서 시장이 위축되는 걸까. 출판 산업은 그 범인 찾기에 기를 쓰고 있다. 지금까지 거론된 용의자는 다음과 같다.

인터넷과 휴대전화의 보급 ── 휴대전화가 이렇게 빨리 광범위하게 보급되리라고 누가 예상이나 했을까. 게다가 주된 용도는 음성 통화에서 문자 메일로 옮겨졌다. 역이나 전차에서, 레스토랑에서, 휴대전화를 응시하며 엄지손가락으로 메일을 보내는 사람들의 모습이 너무나 자연스러워 보인다. 카메라폰의 등장은 음성과 문자뿐이었던 커뮤니케이션에 사진과 동화상까지 추가했다. 지금 사람들에게서 휴대전화를 빼앗는다면, 모두 지루해 미친 듯이 날뛸 것이다.

PC의 보급뿐만 아니라 광대역 통신망의 저가격화는 사람들이 인터넷에 접속하는 시간을 늘

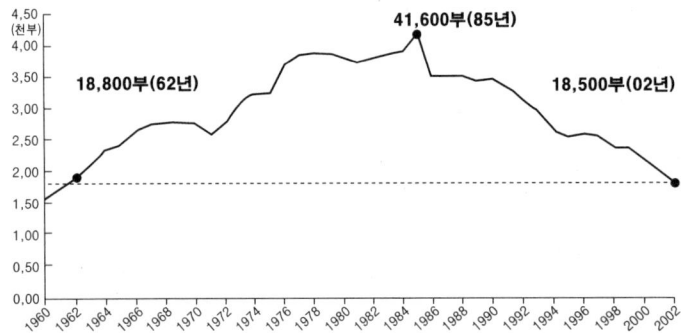

신간의 평균발행부수

신간 서적 1종당 평균발행부수(총발행부수를 발행 종수로 나눈 값)는 1985년의 41,600부를 정점으로 이후 매년 감소했다. 2002년에는 18,500부까지 내려갔으며 단순하게 비교하면 40년 전인 1962년(18,800부)을 밑도는 수치다.

자료: 출판뉴스사 『출판연감』 2003에서

려놓았다. 책을 읽는 사람만큼이나 컴퓨터에 대한 친화성이 높다고 할 수 있다. 그리고 어느새 지출 우선순위에는 서적·잡지보다 휴대전화나 인터넷이 상위에 랭크되었다.

신고서점의 대두 —— 최근 10년 동안 전국 각지에 새로운 스타일의 고서점이 생겼다. 특히 1990년에 등장한 북오프는 프랜차이즈 방식으로 점포를 늘려 2003년 2월에는 700개 점포를 돌파했다. 지금까지 고서점이라고 하면 곰팡이 냄새가 나는 좁고 어두운 실내에 책을 잘 아는 주인이 앉아 있는 곳, 일부 독서가나 수집가(콜렉터) 또는 공부에 매진하는 학생들이 드나드는 곳이란 이미지가 강했다. 그런데 편의점처럼 밝고 패밀리 레스토랑처럼 손님을 맞는 북오프의 등장은 일반인들이 갖고 있던 고서점에 대한 이미지를 완전히 바꿔놓았다.

공공도서관의 변질 —— 미국 같은 도서관 선진국에 비하면 일인당 도서관 수나 시설, 장서도 아직 빈약한 편이다. 그러나 '이용자의 요구에 대응'하는 공공도서관의 본질이 서점이나 출판사, 저자의 생활까지 위협한다는 주장이 제기되었다. 특히 베스트셀러에는 인기가 집중되는데, 그런 요구에 대응하기 위해 같은 책을 몇 십 부나 구입하는 도서관이 있기 때문이다.

이상은 출판 산업이 쇠퇴한 원인을 외부에서 찾은 의견이다. 그러나 범인은 오히려 내부에 있다고 생각하는 사람도 있다. 내부 범행의 피의자 중 한 명은 출판사다. 편집자가 매력적인 책을 만들지 못하고, 마케팅 위주의 책 만들기가 발상을 빈곤하게 만들었기 때문이라는 것이다. 또 편집자의 질이 저하된 것은 출판 관계자의 사회적 지위가 높아지면서 경제적으로 윤택해져 지식을 갈망하는(헝그리) 정신이 사라졌기 때문이라는 지적도 있다.

또 다른 용의자는 독자다. 독자의 지적 호기심이 희박해졌다. 증거로 들 수 있는 것은 인문사회과학, 자연과학 등 약간 전문적인 책, 이른바 '딱딱한 책'이 잘 팔리지 않는다는 점이다. 술술 넘어가면 기꺼이 읽지만, 곰곰이 생각해야 이해할 수 있는 책은 꺼린다. '딱딱한 책', 수수한 책의 출판 부수는 계속 감소하고 있다. 그러나 이런 '독서 이탈'과 그 범인 찾기는 어디까지

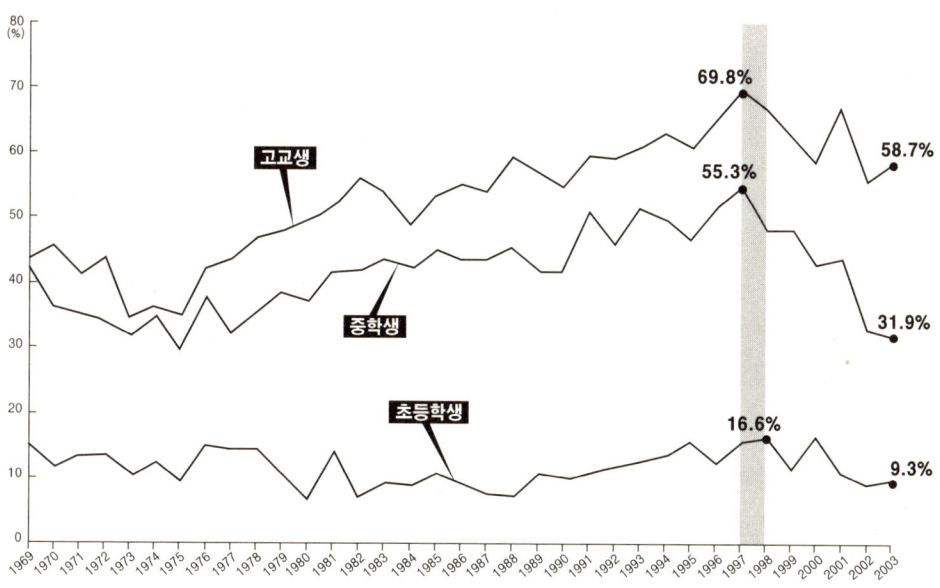

마이니치每日신문에서는 매년, 소학교·중학교·고등학교의 학생을 대상으로 '독서여론조사'를 실시하고 있다. 2003년의 최신 조사에 따르면 한 달 동안 한 권도 책을 읽지 않은 학생의 비율(부독률)은 소학생 9.3퍼센트, 중학생 31.9퍼센트, 고등학생 58.7퍼센트였다. 부독률이 정점을 이룬 것은 중학생이 1997년, 소학생이 1998년인데 그 이후에는 조금씩 감소하는 경향을 보이고 있어, 일률적으로 '독서 이탈'이라고 말할 수 없다. 자료: 마이니치신문 「독서여론조사」에서

나 신간 시장을 기준으로 한 생각일 뿐이라는 점이다. 즉 신간이 팔리지 않는다고 사람들이 책을 읽지 않게 되었다고 단정할 수는 없다.

각종 조사를 봐도 '독서 이탈'을 뒷받침하는 증거는 없다. 오히려 책을 읽는 사람이 꾸준히 늘어나고 있다. 예를 들면 '아침 10분 독서'를 도입하는 학교가 늘어나고 있다. 이것은 매일 아침 수업을 시작하기 전에 10분 동안 책을 읽는 활동으로, 수업 종이 울려도 자리에 앉으려 하지 않는 산만한 학생들 때문에 고민하던 교사가 생각해낸 것이다. 어떤 책이든 10분 동안 읽는 활동을 통해 학생들이 차분해졌다고 한다(만화를 읽어도 된다고 허락한 학교도 있다).

또 앞에 '용의자'로 언급한 신고서점의 융성이나 공공도서관의 충실화는 개별 독자가 책과 접할 기회가 늘어났음을 의미한다. 마찬가지로 한 권의 책에 대해서도 신간을 정가로 살 것인지, 북오프에서 반값에 살 것인지, 도서관에서 무료로 빌려 읽을 것인지, 다양하게 선택할 수 있게 되었다는 의미이기도 하다. 이것은 '독자 이탈'이라기보다 '신간서점 이탈' 또는 신간서점의 상대적 지위 저하라고 해야 하는 것이 아닐까?

해체되기 시작한 '독자'와 '서점'

또 독서의 의미를 확대해 '정보와 접하는 것'이라고 본다면, 인터넷이나 휴대전화로 대체된 측

면이 클 뿐 지적 호기심이 감소되었다고는 볼 수 없다. 예를 들어 사전은 가격이나 판매 면에서나 전자사전이 종이사전을 추월하고 있다. 정보를 접하는 수단이 종이 매체에서 인터넷으로 바뀌었다고 해서 그것을 '독서 이탈'이라고 해야 할까? 오히려 인터넷과 휴대전화의 보급으로 정보가 더욱 가까워지고, (지금까지와 다른 형태와 방면의) 지적 호기심이 높아진 것이 아닐까.

이런 변화의 파도를 정면으로 맞은 것이 소매 서점이다. 최근 몇 년 동안 서점은 연간 1000점포 이상의 비율로 문을 닫았다. 새로 개점한 수를 제외한다 해도, 약 600-800개의 서점이 폐점한 셈이다. 문을 닫은 서점은 대부분 소규모영세서점이고 새로 문을 연 곳은 대부분 대형 서점이다. 대형 서점을 여는 데 필요한 자금을 개인이 조달할 수 없기 때문에, 독자적인 개인서점은 줄어들고 법인에 의한 체인점이 늘어나고 있는 것이다.

도태의 배경은 규모나 자금력의 차이뿐만이 아니다. 인터넷과 휴대전화라는 IT가 독자를 변화시킨 것과 마찬가지로, IT는 유통을 크게 변화시키고 있다. 서점은 POS(판매시점정보관리)와 단품관리 시스템에 의해 판매 데이터나 재고를 늘 파악할 수 있게 되었다. 그리고 그것을 출판사에 제공함으로써 우선적인 거래 조건을 획득할 수 있는 서점과 거기서 제외되는 서점의 격차가 확대되었다. 최근 10년 동안 지방 도시에서 터줏대감이라 불리던 유명 서점이 경영난에 빠진 것은, 시대의 변화에 대응하지 못한 측면이 크다.

나가에 아키라
1958년 홋카이도北海道에서 태어났다. 서적 수입 판매상에서 근무하다가 자유기고가가 되었다. 1980년대 이후 일본 서점의 현장 동향에 관한 최고의 저널리스트로 손꼽힌다. 저서로 『불량을 위한 독서술』『인터뷰 기술!』『평탄한 시대』등이 있다.

게다가 '서점'의 의미가 해체되어 길거리로 나오고 있다. 서점이 아닌 상점에서 책을 팔고, 서점에서 책이나 잡지 외에 다른 물건을 파는 것이 당연하게 여겨지고 있다. 인테리어 상점에는 디자인 관련서나 미술서가 비치되고, 서점에는 티셔츠나 석고상 등이 진열되고 있다. 과거의 '책은 책방에서 사는 것' '책방은 책과 잡지만 파는 곳'이라는 개념이 매우 빨리 해체되고 있다. 책장 앞은 카드 게임의 대전장[4]이 되기도 하고 시낭송회장이 되는 등 다양한 워크숍의 장으로 쓰이기도 한다. 책(이제 종이에 인쇄하여 묶은 형태에 한정되지 않는다)과 장소와 사람의 관계에 변화가 일어나고 있는 것이다. 그 가운데 출판산업이 어떤 위치를 차지할 것인지, 10년 후의 출판산업이 어떻게 될 것인지, 아직 확실한 것은 알 수 없다.

---

4. 캐릭터가 인쇄된 게임용 트레이딩 카드(매장마다 점수가 씌어 있다)를 구입해 그 자리에서 서로 점수를 겨루며 노는 것.

사진: 중국출판 50년中國出版五十年 에서

장위안지張元濟와 상우인수관商務印書館
상우인수관은 1897년 설립된 중국 최초의 출판기업이다. 1930년대 발전해 유통망을 전국으로 확장했고, 선진적인 인쇄기술을 갖고 있다. 장위안지는 당시 사장이었다. 1954년 상우인수관은 국영기업이 되었다.

1949년은 중국 출판업의 커다란 전환점이었다. 그 이전의 반세기는 민영기업 중심으로 국영은 거의 존재하지 않았다. 민영기업이 가장 발전했던 1920-30년대에는 상우인수관商務印書館과 중화수쥐中華書局라는 두 곳이 출판·유통 시장을 장악했다.

1949년 공산당혁명이 성공하자 상황은 급변했다. 몰수와 체제개혁 등으로 출판기구는 국유화되었고, 겨우 남아 있던 민영적 색채도 1956년에는 모두 사라졌다. 서적 출판과 유통판매는 공산당 정권의 전통과 이데올로기를 선전하는 강력한 수단이 되었고, 60여 년 전 문을 연 '신화서점新華書店'도 정치 관련서나 학교 교재를 중심으로 유통판매 (실제로는 '배포')하기 시작했다.

1966-76년에는 문화대혁명으로 인해 과거 17년간 출간된 출판물이 몰수, 압수, 소각, 출판·유통 금지되는 쓰라린 경험을 하게 된다. 그러나 이렇게 냉혹하고 야만적인 시대에 민영출판과 유통업이 등장했다. 『첫 번째 악수第一次握手』 『매화당梅花党』 『꽃신 한 짝一只綉花鞋』 등의 문학작품은 필사본이라는 원시적인 방식으로 눈 깜짝할 사이에 유포되었다. '상산하향운동(上山下鄕運動, 도시의 지식 청년을 산간벽지나 농촌에 정착해 일하도록 장려한 운동)'의 결과, 이런 '금서'는 지방 도시나 산간벽지까지 침투했다. 민중은 독자적인 방식으로 중앙 정권의 반문화정책에 저항한 것이다.

1976-81년에 마오쩌둥毛澤東과 저우언라이周恩來가 사망하여 '사인방四人幇(중국공산당 중앙위원회 부주석 왕훙원王洪文, 정치국 상임위원 겸 국무원 부총리 장춘차오張春橋, 정치국 위원인 장칭江青·야오원위안姚文元 등 4인의 이른바 '반당집단反黨集團')'의 시대가 끝나자, 덩샤오핑鄧小平은 세 번째 부활을 이루고 개혁개방정책을 시작했다. 이때 민영출판업 부흥의 기회가 찾아왔다. 농촌에 갔던 지식청년층이 대규모로 귀향하자 도시는 심각한 취업난에 직면했다. 중앙 정부는 이 청년들의 암거래를 묵인했기 때문에 과일, 채소, 담배뿐만 아니라 길에서 책을 파는 노점상이 출현했다. 책을 실은 손수레를 펼쳐놓고 호객하는 불법 노상 서점은 부지불식간에 민영출판업을 무대 위로 등장시켰다.

중화수쥐中華書局
중화인민공화국이 건국되기 전에는 5대 출판기구 중 하나였지만, 시대의 흐름에 발 빠르게 대처하지 못해 지난날의 번영은 찾아볼 수 없다.

신화서점新華書店
정부의 보호를 받아 전국 각지의 번화가에 점포를 열었다.

중국의 민영출판업

표면적으로 중국의 민영출판사 설립은 여전히 위법행위이며 약 500여 국영출판사만 합법적인 출판기구다. 그러나 1999년 중앙선전부 고위 관리의 말에 따르면, 현재 신간은 대부분 민영출판사에서 내고 있으며 이미 국영출판사의 3분의 2는 유명무실한 존재가 되었다. 다른 관측을 보더라도 중국에서 출판의 기능이 있는 민간기업(또는 등록되지 않은 개인조직)은 최소한 3500여 곳이 넘는다고 한다. 정부기관은 출판허가증과 도서인증번호를 담보로 민영출판사에서 자본을 얻는 것이다.

민영출판업의 발자취
【초창기】

1980년대 초 중국 독자는 책을 갈망했다. 그러나 문화대혁명을 거치면서 거의 마비상태가 된 출판사는 기획·편집에서 자금순환에 이르기까지 시장의 요구에 대응하기엔 역부족이었다.

초기 민영출판사는 대중의 취향에 영합해 주로 성과 사랑에 관한 통속소설을 출판했다. 예를 들면 윌리스의 『장미의 꿈玫瑰夢』은 40만 부, 로렌스의 『몰락沉淪』은 30만 부, 콜린스의 『번화가』는 40만 부, 덩위鄧雨의 『뒷골목 이야기後街情』는 118만 부가 발행되었다. 출판업은 마약산업에 버금가는 수익을 낸다는 말이 나돌 정도였다. 무협소설과 실용서·생활 관련서도 중요한 위치를 차지했다. 또 1987-89년에는 민감한 정치문제에 관한 논픽션이 잘 팔렸다. 『붉은 벽의 안팎紅墻內外』과 『1972년 마오쩌둥과 닉슨毛澤東與尼克松在1972』 등이 이 시기를 대표하는 작품이다.

1983년에는 당시의 인재 24명이 '미래총서

문화대혁명文化大革命 후 국영출판사는 어려움을 겪었다.
한편 대중의 강렬한 독서욕은 출판물에 대한 거대한 수요를 창출했다.

편집위원회'를 조직하여 민영출판에 뛰어들었다. 그 조직은 중국과학원 청소년연구소 산하단체로 총서는 쓰촨런민四川人民출판사에서 출간했다. 외주자에게 기획이나 편집을 맡긴 시도는 민영출판의 색채를 띠었다. '미래총서' 간행에 이어 산롄三聯서점은 '현대서양학술문고', 화샤華夏출판사는 '21세기 총서', 구이저우런민貴州人民출판사는 '사회와 인간 총서' 등을 출판했다.

그러나 1989년 6월 4일 천안문사건이 일어나자 '1989년의 봄'은 저물고 민영출판 최초의 황금기도 그 빛을 잃었다. 또한 1990년대 후반은 개혁개방정책 이후, 중국경제가 급속히 성장한 시기로 민영출판의 황금기이기도 했다.

개혁개방정책 이후, 중국 경제가 가장 급속히 발전한 1990년대 후반은 민영출판산업의 황금기이기도 했다.

【황금기】

민영출판업은 약 3년간 침묵의 시간을 보내고 다시 도약했다. 먼저 신세대 지식층인 학자, 기자, 작가, 시인과 출판사에서 독립한 편집자들이 서서히 민영출판업에 진출했다. 경제적 이윤을 추구하는 사람이나 인문이념의 실현을 바라는 사람도 있었지만, 누구나 상업적 성공을 꿈꾼다는 것이 공통점이었다.

1990년대 중반 이후 민영출판업은 전성기를 맞는다. 1995년 동북부에 있는 몇몇 출판사에서 기획한 '사랑情殤' 시리즈(유명작가의 연애소설을 모은 것)는 상업적으로 큰 성공을 거두었다. 1996년 중화공상롄허中華工商聯合출판사의 『NO라고 할 수 있는 중국中國可以說不』은 일대 선풍을 일으켰다. 몇 명의 문학청년이 장난삼아 던진 '폭탄'이 대중의 민족주의적 감정에 불을 지핀 것이다. 이 책은 한때 중국 학자들과 언론매체의 주목을 받는 논의 대상이 되었다. 1997년에

'미래총서'
민영출판은 지식층이 혼신의 힘을 다해 사상을 표현하는 도구였다. '미래총서' 시리즈의 출판은 그 대표적인 사건이다.

는 나폴레옹 힐이나 데일 카네기 등을 다룬 일련의 성공철학 시리즈가 대박을 터뜨렸다. 그 후 이런 성공철학서는 여러 가지로 형태를 바꾸어가며 끊임없이 발행되었다. 1998년 '검은 렌즈黑鏡頭' 시리즈(中國文史出版社)가 거둔 성공은 많은 사람들을 놀라게 했다. 이 기획은 중국 도서시장에 '비주얼 북'의 시대가 시작되었음을 알렸다.

이전에 가위와 풀을 사용하던 단순작업에서 주도면밀한 기획 입안으로, 출판인들은 더욱 수준 높은 경영으로 크게 한 발 내딛은 것이다.

1990년대 중반은 개혁개방 후 약 20년 동안 중국 사회가 가장 빠르게 발전한 시기다. 다양한 가치관의 충돌로 문화적 안목이 필요한 전환기에 정신문화의 산물로서 서적이 해야 할 역할은 굉장히 컸다.

【성숙기】

21세기에 들어서자 '문화공사文化公司'라는 명의로 설립된 출판사가 차츰 개인 출판사와 소규모 출판업자의 자리를 대신했다. 이런 회사는 대부분 투자를 받아 주식제로 경영하는데, 경영자는 고액의 연봉 이외에도 주식이나 이윤을 얻었다.

베이징커원졘차오투수주식회사北京科文劍橋圖書有限公司는 학교 부교재, 아동서, 과학 관련서 등을 연 평균 300종 발행하는 대형 출판사로, 인터넷 붐이 한창일 때 외부의 투자를 받아 당당當當 온라인 서점을 설립했다. 이것은 경영 면에서 성공한 최초의 온라인 서점이다. 주로 컴퓨터 서적과 경제 경영서를 출판하는 화장華章공사의 출자자는 중국계 미국인으로 외국 출판 자산이나 판권 수입의 이점을 살려, 한때 연간 매출액 2억 위안을 달성하기도 했다.

개인 출판사에 비해 이런 회사는 각종 세금을 납부해야 하기 때문에, 일정 규모를 넘어서면 경비가 늘어나 운영비가 높아진다. 그러나 국영출판사와 비교하면 우위에 있다. 첫째, 상황에 따라 임기응변으로 인재를 채용할 수 있다. 둘째, 쉽고 빠르게 프로젝트와 전략을 진행할 수 있다. 셋째, 신문출판기구 등 상부조직의 제약을 받지 않기 때문에 국가정책이나 시장정세에 유연하게 대처하며 경영할 수 있다.

제11회 전국도서포럼(2000)
도서포럼은 매년 개최된다. 포럼이 시작되기 전 3일 동안은 이 곳에서 '제2루트'(민영)의 주문이나 거래가 이루어진다.

기록영화 〈역사적 선택〉
1992년 덩샤오핑이 남방 순회강연南方講話을 한 후, 경제발전과 함께 출판업계도 개혁개방 후의 전성기를 맞이했다.

누가 미래를 제패할 것인가

 2001년 WTO에 가입한 후 중국은 3년 내에 유통판매 시스템을 전면 개방하겠다고 약속했다. 2003년 5월 1일부터 시행된 '외국기업투자에 따른 서적·신문·정기 간행물 유통판매 기업 관리법'과 같은 해 9월 1일 시행된 '출판물시장 관리조례'는 민영출판사와 외국계 기업에 대한 개방을 의미한다. 현재, 이미 홍콩·대만을 비롯한 외국 자본이 중국 대륙에 들어와 출판 비즈니스를 하고 있다. 예를 들면 독일 베텔스만의 중국 지사와 중국 내의 출판사가 제휴해 매년 약 200종의 책을 출판하고 있다.
 한편 정부의 후원으로 연명하고 있는 국영출판사의 수준은 계속 떨어지고 있다. 국가가 경제원리를 도입하지 않는다면 국영출판업의 재기는 불가능하다. 마찬가지로 민영출판업에 대한 제약이 계속된다면 출판사는 중장기적인 계획을 세울 수 없다. 따라서 출판계의 종합적인 역량이 향상되기를 기대할 수 없게 되는 것이다. 지금까지 민영출판업은 진정한 의미의 시장경쟁을 경험한 것이 아니므로 앞으로 반드시 그 세례를 받게 될 것이다. 이것은 언젠가는 치러야 할 통과의례와 같다.

완샤 萬夏

완샤는 '즈투사紫圖公司'의 사장이며 시인이다. 1992년부터 책을 만든 그는 '검은 렌즈' 시리즈의 성공으로 '비주얼 북' 신드롬을 일으켰다. 그는 조직적인 경영을 염두에 두고 아낌없이 투자했다. 그리고 최근에는 이미 양질의 비주얼 북을 시리즈로 출판했다. '중국 옛 거리 시리즈中國古鎭系列'는 상당한 주목을 받았다. 특히 『중국 옛 거리 도감中國古鎭圖鑑』은 교양 있는 독자를 위해 3년여의 시간을 들여 편집했다. 현재 완샤가 경영하는 출판사의 직원은 50명쯤 된다. 편집, 제작, 인쇄, 판매 각 부문이 모두 정비되어 경영 면에서도 궤도에 올랐다. 출판허가증이 없는 것을 제외하면 정규 출판사와 다름없다. 현대적 출판을 하는 것이 완샤의 염원이다. 그는 난하이출판사南海出版公司와 제휴하여 2003년에는 난하이출판사에 제1편집실을 만들었다. 당당히 출판허가증을 얻어 '제1루트(국영)'와 '제2루트(민영)'를 모두 장악하고 있다.

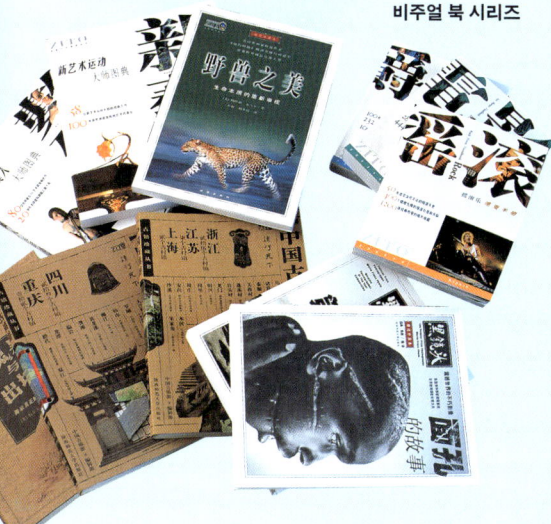

완샤萬夏가 기획·출판한 비주얼 북 시리즈

샤오충위안 肖忠遠

샤오충위안의 취안핀사全品公司는 70여 명의 직원이 매년 600종의 서적을 출판하여 연간 약 2억 위안의 매출을 올렸다. 교편을 잡고 있던 샤오충위안은 1992년 출판업에도 손을 댔다. 베이징에 전문서점이 거의 없던 당시, 25평 남짓 되는 가게를 빌려 중국 최초의 테스트 서점(시험 관련서 전문서점)을 연 것이다. 개업한 지 2년째 되던 해에 그는 교육출판 분야로 진출해 '취안핀원화파잔사全品文化發展公司'와 '취안핀자오위연구소全品教育研究所'를 설립하였는데, 테스트 서점까지 세 기관을 일원화하여 경영하고 있다. 주요 출판 분야는 초·중·고등학교 교재다.

샤오충위안은 2002년 한 심포지엄에서 신문출판기구의 책임자에게 현 출판체제에 대한 불만을 토로했다. 그러나 자신이 체제의 수혜자이기도 한 점은 인정했다. 경쟁이 치열하지 않은 시장 환경에서, 날카롭고 유연한 감각과 적응력만 있다면 자신의 입지를 굳히는 것은 그리 어려운 일이 아니기 때문이다. 그는 여전히 청년정치학원에서 교편을 잡고 있다. 잘되면 성공이고 실패해도 생활은 보장되기 때문에 상대적으로 안정감이 있다. 기업의 역량과 수준을 높이기 위해 외자를 끌어들이고 운용하며 기업을 발전·성장시키는 것. 샤오충위안은 이것이 기업을 더욱 빨리 발전시키는 지름길이라고 생각한다.

옌핑 嚴平

옌핑은 인문출판사에 6년간 근무하며 인문과학서를 출판했다. 1999년 퇴직해 개인 편집 프로덕션을 차렸다. 그가 기획한 『서양학술기본사전』은 학계에 큰 영향을 끼쳤고 상업적으로도 성공했다. 2000년에는 출판 브랜드인 '광밍수자光明書架'를 세우고 문화, 생활, 여가에 관한 책을 출판해 지금까지 200여 종 이상 간행했다. 『인생 핸드북生存手冊』『오공전悟空傳』처럼 상업적인 성공을 거둔 베스트셀러도 적지 않다. 현재 옌핑의 사무실은 하이난출판사 안에 있지만 다른 출판사와도 일하고 있다. 이렇게 원만한 관계는 그와 출판사에 이익을 가져다줄 뿐만 아니라 서로 견제하는 역할도 한다. 체제의 속박에서 벗어난 옌핑은 자신의 경험과 자산을 시장의 욕구에 효과적으로 활용하고 있다.

민영출판업 관련 연표

▶ **1950** 정부보도출판국은 '국영출판·인쇄기업의 분업화와 공영·민영의 조정에 관한 결정'을 공포. 신화서점은 전국을 통일한 출판기구가 되었다.

▶ **1958** 출판업 전체가 완전히 국유화되었다. 이때 독점적이고 패쇄적인 '출판사 → 신화서점 → 독자'라는 서적유통 루트가 형성되었다.

▶ **1966-76** 문화대혁명文化大革命

▶ **1982** 국가출판국은 '도서발행 체제개혁에 관한 보고'에서 "적극적으로 그룹형 서점을 발전시키는 동시에 개인서점도 발전시켜야 한다"며 '3다1소', 즉 판매형식, 유통망, 경제모델의 다양화(3다)와 발행 과정의 단순화(1소)를 내세웠다.

▶ **1985** 국가문화부는 국영출판사가 민영업자와 협력하여 출판하는 것을 인정했다. 동시에 출판허가증과 사업자등록증의 매매를 금지했다.

▶ **1986** 국가출판국은 '협동출판사업 체제정비에 관한 통지', '서적의 다양한 판매형식에 관한 시행방안', '도서의 다양한 판매형식에 관한 실행방안의 보충규정' 또한 '그룹 및 개인서점의 발전과 관리강화에 관한 원칙 규정' 등의 보고를 발표하였다.

▶ **1988** 중앙홍보부와 보도출판국은 '현재 서적 발행체제 개혁에 관한 몇 가지 의견'을 공포했다. '3방1연三放一聯', 즉 판매방식, 도매루트, 도매가격 할인의 자유화(3방)와 횡적 네트워크의 강화(1연)를 내세웠다. 지금까지 신화서점이 통제했던 도매체제가 무너져 출판사는 자사에서 판매할 수 있게 되었다. 이후 '제2루트'가 출현하여 신화서점의 경영루트에서 독립했다. 같은 해 보도출판국은 '협동출판과 대행인쇄·대행발행에 관한 보충규정'을 공포했다.

▶ **1992** 덩샤오핑의 남방 순회강연 때, '특색 있는 사회주의 건설'이라는 이론이 대두되었다. 같은 해 베른조약(세계저작권협약)에 가입했다.

▶ **1995** 보도출판국은 '서적시장관리규정 강화에 관한 통지'를 발표하고 "도매업자는 도매시장 안에서, 소매업자는 시장에서 영업해야 하며 영업하기 전에 허가를 받아야 한다"고 규정했다.

▶ **1996** 보도출판국은 '서적시장의 육성과 규범화에 관한 의견'에서 도서시장의 '3건1전三建一轉'을 제창했다. 즉 도매센터 설립, 외주대행제 실시, 출판그룹설립(3건) 및 기업경영의 메커니즘 전환(1전)이 주요 내용이다. 중국서적시장은 '통일 개방, 질서 있는 경쟁'을 목표로 새로운 발전단계에 돌입했다.

▶ **2001** WTO 가입 후 3년 안에 유통판매 부문을 완전 개방하기로 약속했다. 같은 해 '출판관리조례'가 반포되었다.

▶ **2003.5.1** '외국기업의 투자에 의한 서적·신문·정기간행물의 유통판매에 관한 관리 방법'이 시행되었다. 9월 1일에는 '출판물시장관리조례'가 반포되었다.

중국의 민영서점

　노점상에서 점포 경영으로. 민영서점은 그 이후 첫 번째 도약에 성공했다. 그 선두에는 상하이의 쯔리서점自立書店, 푸저우福州의 수런서점樹人書店, 베이징의 동팡서점東方書店, 란저우蘭州의 신즈서점新知書店이 있다. 뒤를 이어 베이징의 싼웨이수우三昧書屋, 푸젠성 장저우福建省 章州의 샤오펑수우曉風書屋, 시안西安의 톈더수우天德書屋, 산시성 타이위안山西省 太原의 얼야서점爾雅書店, 항저우杭州의 셴다이서점現代書店, 상하이의 펑밍서점鳳鳴書店 등이 생겼다. 1993년에는 베이징 완성수위안이 생겼고 뒤이어 구이저우貴州의 시시푸서점西西弗書店이 개점했다. 그리고 베이징의 펑루쑹서점風入松書店, 상하이의 지펑서점季風書店, 난징南京의 주거서점九歌書店 등 2000여 곳이 우후죽순처럼 생겨났다. 민영서점은 유례없는 규모로 무대에 등장해 상업 경영, 문화 전파, 학술사상 추진, 합법적 민간활동이라는 큰 역할을 해냈다.

　1990년대 말 베이징의 궈린펑國林風도서센터를 비롯해 저장성 닝보浙江省 寧波의 신장샤서점新江厦書店, 허페이合肥의 헤이투디서점黑土地書店, 푸저우의 화샤수청華夏書城, 쿤밍昆明의 신즈수청新知書城, 하얼빈의 쉐푸서점學府書店, 광둥성 둥완廣東省 東莞의 융정수쥐永正書局, 창춘의 쉐런서점學人書店, 상하이의 쓰카오러서점思考樂書店 등 초대형 서점이 앞다투어 완성되었는데 이는 민영서점이 상업 중심지로 진출했음을 나타낸다. 광저우廣州의 쉐얼유서점學而優書店, 창사長沙의 훙다오수쥐弘道書局, 구이저우의 시시푸서점 등은 각 지역에 체인점을 경영하고 있다.

　온라인 서점 '당당當當' '줘웨卓越'의 설립은 민영 소매서점의 입체적 경영이 무엇인지 보여주며, 외자를 유치하는 채널을 만들어 동종 업계의 본보기가 되었다.

상하이에 자리한 지펑수위안季風書園

시시푸서점西西弗書店
1993년 개업. 10여 평도 안 되는 작은 서점에서 시작해, 현재 지점 여섯 개와 여러 체인점을 갖게 되었다.

얼야도서센터爾雅購書中心
1980년대 말 문을 연 얼야서점은 다양한 비즈니스의 가능성에 도전했다. 현재는 경영의 중심을 다시 소매로 돌리고 있다.

온라인 서점
2002년 중국의 온라인 서점들은 높은 수익을 올렸다고 발표했다.

쓰카오러서점思考樂書店
개업한 지 3년이 지난 현재 상하이에 이미 세 개의 지점을 갖게 되었다. 인간미 넘치는 점포 설계는 많은 독자를 불러 모으고 있다.

난징수청 南京書城

난징훙귀그룹南京鴻國集團이 투자한 난징수청이 2002년 말에 문을 열자, 출판업계는 충격에 휩싸였다. 번화가인 난징의 신제커우新街口에 자리한 난징수청은 1만 평이 넘는 면적에, 책 종류만 해도 16만 종에 이른다. 게다가 100미터도 안 되는 거리에 6천여 평의 본점이 있다. 한쪽에는 국영 대형 서점인 신화서점, 다른

쪽에는 민영 대형 서점이 서로 접근권을 두고 다투고 있는 것이다. 난징수청이 개점한 달에 신화서점의 매출은 30퍼센트 감소했다. 훙귀그룹은 전국에 체인점을 전개할 계획을 갖고 있는 것 같다. 민영도매업을 해본 장헝張恒 사장은 '문화 백화점 건설'을 모토로 항상 새로운 서점 경영을 시도하고 있다.

류쑤리劉蘇里

완성수위안 萬聖書園

1993년 설립된 베이징의 완성수위안은 가장 대표적인 민영서점이다. 중국 민영서점의 성장 과정에서 큰 역할을 했으며 '학술 사상의 보급을 촉진하여, 책향기가 나는 사회를 만든다'는 목표로 시종일관하고 있다. 2002년 베이징대학 등과 가까운 지하철역 란치잉藍旗營에 건립된 본점은 완성수위안이 사업적으로 성숙했음을 나타낸다. 본점은 좋은 책을 선별해 구비하고 있으며, 근처에 대형 카페를 경영하고 있다. 2003년에는 스관취使館區에 팡차오지궈지서점芳草地國際書店을 개점했고, 완랴오그룹萬科集團과 합작해 '시산팅위안西山庭院' 점을 열었다.

중국의 민영도매상

1988년 출판사의 서적 판매가 허가되자 대부분의 출판사는 각지에 자사가 경영하는 도매상을 설립했다. 개인업자는 출판사에 매년 1-2만 위안의 '관리비'를 납부하고 그 명의를 빌려 도매업에 종사했다. 이렇게 해서 그 전까지 서적 판매를 독점했던 국영 신화서점과 나란히 새로운 도매루트가 생겼다. 이것을 국영인 '제1루트'와 구별해 '제2루트'라고 부른다. '제2루트二渠道'의 경영권은 사실상 민간서점이 쥐고 있었다. 2000년에는 도매기업에 대한 제도가 개정되었다. 명의를 빌린 도매기업은 소속된 각 유한책임공사에 새로 다시 등록했다. 이로써 민영도매상의 합법적 지위가 확립된 것이다.

그러나 '제2루트' 출판·도매업자의 집산지인 도매시장에는 서적유통에 문제가 있었다. 각 도시의 도매시장은 보통 100-200여 도매업자로 구성되며 각 점포의 평균 면적은 50평 정도밖에 안 되었다. 대조적으로 신간은 매년 17-18만 종이나 출판되었다. 따라서 서적의 반품 사이클이 단축되어 출판사의 발행원가가 높아졌다. 또한 민영도매업자의 장외 경영(도매시장을 벗어난 경영)을 인정하지 않는 제도적 제한도 큰 걸림돌이 되었다.

한편 각지에 있는 신화서점 도매센터는 오랜 동안 교착상태에 빠져 시장의 욕구를 충족시키지 못했다. 동시에 지역보호주의에 따라 신화서점은 담당 지역을 벗어나 활동하기 힘들어졌다. 중국에는 아직 전국적·독립적인 대형 도매상이 없었으며 유통판매 루트는 제대로 정비되지 않은 상태였다.

이와 대조적으로 출판사에서 직접 판매하거나 인터넷 사이트를 개설하는 움직임도 나타났다. 여전히 신화서점에서 일부 교재를 독점 판매하고 있는데, 이를 제외하면 대형 출판사는 거의 자사에서 직접 판매하고 있다. 간단한 영업·납품은 물론 수준 높은 시장경영까지 하는 판매전문 회사도 있다. 도매업자의 영업력에 한계가 있고 시장유통이 생각대로 되지 않는 상황에서 출판사가 스스로 판매하는 것은 안전한 길이기도 한 것이다.

2003년에 민영도매업자는 일정 자격을 취득하면 총판매권과 장외 경영권(도매시장 밖에서 경영할 권리)을 신청할 수 있게 되었다. 이제 더 이상 도매업자는 다른 기구의 명의를 빌릴 필요가 없게 되었다. 비로소 오랜 질곡에서 벗어나 잃었던 과거의 주체적 지위를 되찾은 것이다.

톈수이위안도서매시장恬水園圖書批發市場, 北京
10년의 역사를 지닌 톈수이위안도서매시장은 지금도 다른 도시의 도매시장과 마찬가지로 수백 개의 협소한 점포들이 빼곡히 들어차 있다.

현재 총판매권을 신청한 외자계 기업은 7-8군데나 된다. 민영도매업자는 매우 치열한 경쟁 시장과 직면했다. 도매시장의 서적상들은 역사의 무대에 등장했지만, 이제는 시장경쟁 속에서 언제 도태될지 모르는 상황이다. 경영방식을 어떻게 전환해야 새로운 시장 환경에 적응할 수 있을까? 이것은 민영도매업자에게 시련인 동시에 커다란 기회이기도 하다.

천딩팡 陳定方

천딩팡은 1994년 여름 광저우시 서적 도매시장의 가장 목이 좋은 곳에 도매상 쉐얼유서점 學而優書店을 열었다. 이어서 1995년에 두 번째 도매상을 차렸는데, 광둥성에서 가장 뛰어난 사회과학서 도매상이라는 평을 받았다. 거래처는 500-600여 곳인데 광둥성 외에도 인근의 하이난, 광시廣西, 푸젠 등까지 확대되었다. 2001년 초 천딩팡은 물류거점을 확대하기 위해 바이원구 스징白雲區 石井에 1400평 규모의 물류센터를 건설했다. 그러나 도매업은 인문학술서를 다루고 싶어 하는 천딩팡의 욕구를 충족시키지 못했다. 그래서 그녀는 광저우에 네 개의 소매점을 차렸는데 총 영업 면적 1500여 평, 약 3만 종의 서적을 취급하고 있다. 또한 그녀가 경영하는 200평짜리 커피숍은 광저우시의 문화 거점으로 호평을 받고 있다.

자펑페이 賀鵬飛

자펑페이는 23평 남짓 되는 점포에서 시작해 5년 동안 700여 평의 물류 배송센터 겸 갤러리를 갖추었다. 현재 연간 매출은 4천만 위안이다. 그는 1998년 톈수이위안 도매시장에서 중앙민족대학출판사 판매부라는 명의로 사회과학 인문서를 독점 판매하기 시작했다. 그는 이 짧은 시간에 수많은 고객을 확보하여, 2000년에는 펑페이이리도서 주식회사鵬飛一力圖書有限公司를 설립했다. 또 도매시장 바깥에 사무실을 임대하여 10여 명의 영업사원을 두고 베이징시에 있는 각 서점에 책을 배송했다. '서점에서 팔고 행상도 나간다'는 비즈니스 모델을 만든 것이다. 또 사이트를 개설하여 목록정보를 매일 갱신하고 있으며, 지금까지 획득한 루트를 활용해 '자사출판'과 '자사판매'를 하고 있다. 이 방식은 중국 도서 도매업자들이 비교적 많이 활용하고 있다. 자펑페이는 베이징에서 더 큰 물류배송 창고를 찾느라 여념이 없다. 이제 곧 장외 경영권을 신청할 계획이다.

UPCOMING NOW

덩샤오핑의 개혁개방이 진행되어 중국 출판업은 민중의 것으로 되돌아왔다. 그것은 출판업계의 '무대에 등장'한 것으로, '역사로의 회귀'라 할 수 있다. 이 '회귀'는 두 가지 측면에서 꾸준히 진행되었다.

첫째, 민영출판사의 실력이 향상되어 국영출판사와 맞설 역량을 갖추게 되었다는 것. 장기적으로 봤을 때 앞으로 출판업계는 민영출판사와 외국계 출판·유통으로 양분될 것이다. 둘째, 국영서점과 국영출판사의 '민영화'다. 신화서점은 이미 주식제도로 이행하는 등 체제개혁을 단행했다. 그 최종 도착점이 민영화임은 의심할 여지가 없다. 베이징에 설립된 광시사범대학출판사廣西師大出版社의 베이베이터출판고문주식회사貝貝特出版顧問有限責任公司, 허베이자오위출판사河北教育出版社의 펑야쑹원화파잔주식회사風雅頌文化發展有限責任公司 등은 국영에서 민영을 향해 한 걸음씩 내딛고 있는 출판사의 새로운 도전이다.

머지않아 출판권은 모두 민영기업으로 환원될 것이다. 2003년 9월 1일 결정된 '종합유통 판매권을 민간에 환원'하기로 한 방침도 출판권 제한을 완화해 나아갈 것이다. 중앙정부가 이데올로기를 고집한다 해도, 독선적이고 패쇄적인 태도나 졸렬한 방식은 국제적으로도 통용되지 않는다.

겨울이 다하면 곧 봄이 올 것이다.

사진 제공: 신화사新華社

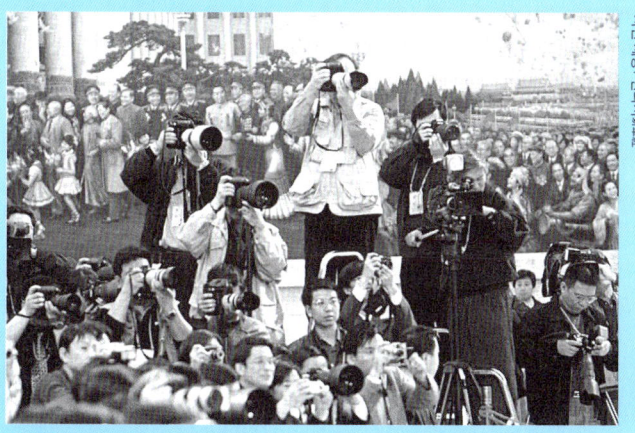

총판매권 민영화에 대한 기자회견
2003년 9월 1일 민영도서판매업자는 곧 총판매권을 획득했다.
이것은 틀림없는 일종의 개방이었다.

사진 제공: 추즈

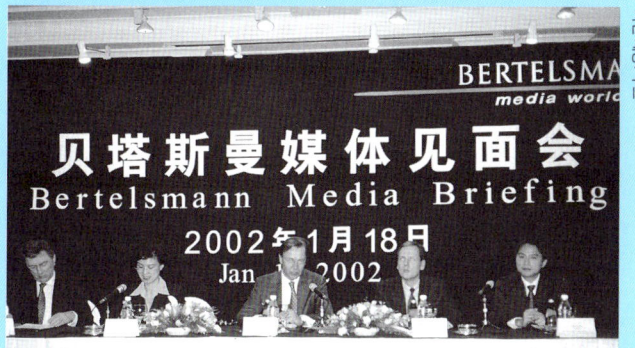

베텔스만Bertelsmann AG그룹
베텔스만이 중국에 진출한 지 7년이 지났지만
북 클럽 사업은 여전히 순조롭지 못하다.

사진 제공: 신화사

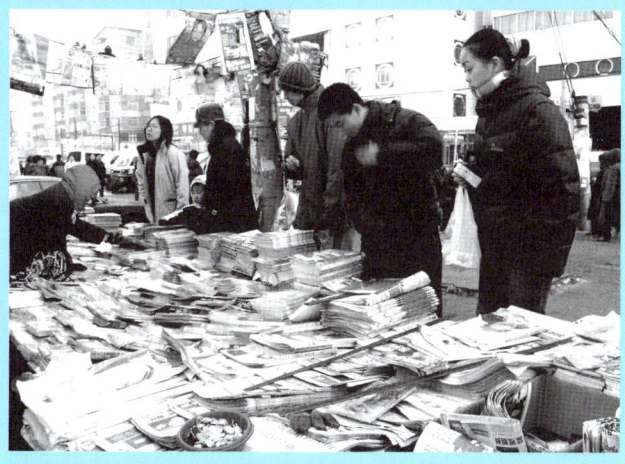

가두서점
국영 · 민영 출판기업의 협력 시스템은 유통망을 개방했을 뿐만 아니라,
지금까지 보호받아온 업계에 충격을 주었다.

출전 표기 없는 사진: 쒀커索克

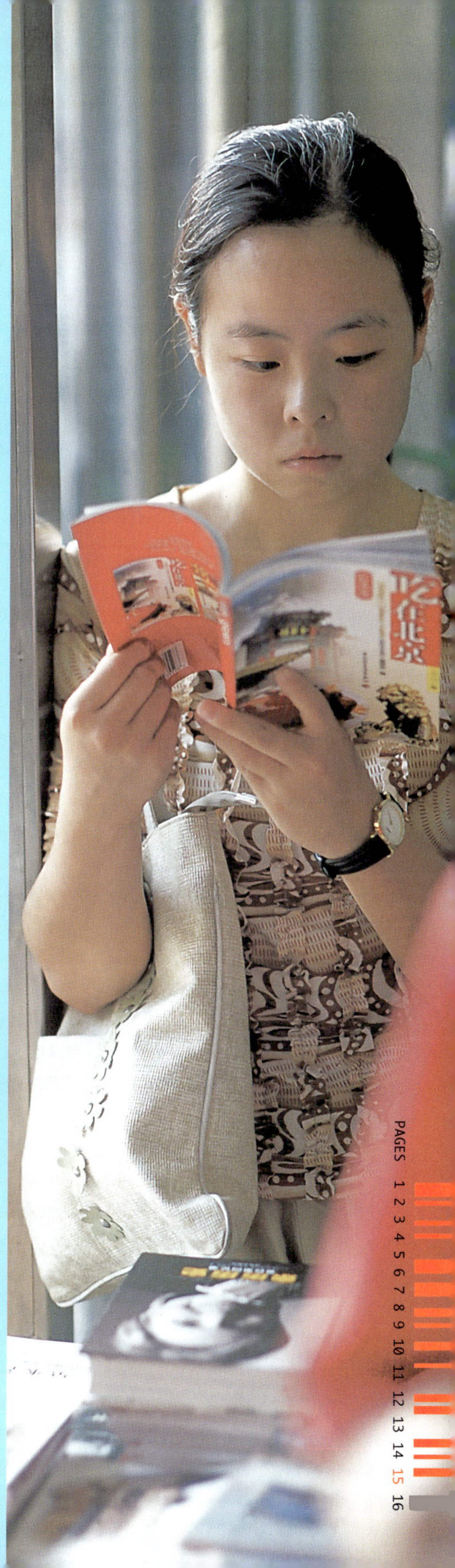

평론

격동하는 사회와 맞선 지식인들

자유와 혼돈의 시대, 새로운 출판 이념을 찾아

왕이팡王一方 출판평론가

문화와 산업 사이에서

현대 출판에는 두 가지 뚜렷한 특징이 있다.

우선 '지식사회학'의 측면에서 출판은 사회적 정신활동의 '거울'과 '등'으로서 시대의 사상적 조류를 반영할 뿐만 아니라 치열한 시대정신을 이끌고 문화적 방향성과 질을 결정한다.

한편 상업적 측면에서 출판은 전문적인 상업조직이 전략을 세워 조직적으로 활동하는 것으로 영리를 목적으로 시장경쟁을 한다.

산업과 문화는 서로 독립된 가치를 축적하고 연속성을 가지며 때론 융합하고 충돌하면서 출판계에 내적 긴장감을 조성하는데, 출판인은 이 때문에 골머리를 앓기도 한다.

출판인으로서 우리는 이런 직업적인 문제에서 자유로울 수 없다. 이런 긴장감은 사회 전환기에 있는 중국 출판계와 출판인에게 초조와 당혹감을 안겨주었다. 그러나 직면한 난제와 어려운 상황은 복잡한 양상을 나타내지만, 바로 거기서 풍요로운 결실을 얻게 될 가능성이 크다. 이렇게 복잡한 시대정신과 직업적 고뇌는 21세기 중국 출판의 실력과 질을 높이는 데 반드시 도움이 될 것이다. 나는 이 졸고에서 최근 10년 간 중국 출판의 발자취를 살펴봄으로써, 중국 출판을 바르게 인식하는 데 필요한 이미지와 사고의 틀을 제시하려 한다.

불타오르는 계몽의 불길

시대의 전환은 사람이 어떤 국면을 극복하는 모습과 비슷하다. 독일의 사회학자 만하임의 이론에 입각해 말하면 시대의 변화는 '성좌'(constellation, 포치·배치상황)의 변화로, 내부 활력이 응축·재편되면서 결과적으로 외재적 환경이 바뀌게 된다. 이들은 시대의 전환기에 우리가 어디에 있는지 알 수 있는 지표가 된다.

만일 하나의 지표Merkmal를 정한다고 했을 때, 1993년이라는 시점은 눈에 띄는 사건이 없는 평온한 1년이었는지 모른다. 그러나 그보다 4년 전, 전 세계의 주목을 받은 천안문사건이라는 '풍파'는 운동에 참가한 학생들의 고양된 의욕을 '좌절'시켰다. 그리고 1992년 봄에는 덩샤오핑의 남방 순회를 계기로 '개혁개방'이 가속화되었다. 그러나 그것은 경제적인 측면에 국한된 것이므로, 사상·문화와 출판 영역은 다른 국면의 해빙기를 기다리고 있었다. 경제적 측면의 변화는 산업적·직업적인 측면에서 출판업의 경직된 구조를 바꾸고, 나아가 정신·이념적 변화를 일으켰다. 경영목표나 경제지표에 대한 재량권이 위임되자, 많은 중소 출판사는 활력을 얻었고 동시에 사상적 계몽의 '불길'도 타오르게 되었다.

단, 여기서 말하는 '계몽'은 문화대혁명 후의 '계몽'과는 다르다.

첫째, 이미 사람들이 정신적으로 충분한 양분을 섭취해 정신적 기아에서 벗어난 상태였다.

둘째, 그 계몽은 폐허나 황야에서 일어난 것이 아니었다. 이미 상흔문학이나 문화열[5]이란 조류가 전통적 사상과 도덕적 통념에 대해 생각하고 비판할 수 있는 돌파구를 열어 두었기 때문이다.

셋째, 새로운 '계몽'의 배후에 있는 사상·문화학파나 사조는 아직 성숙되지 않은 것이었다. 반전통·반체제 의식, 엘리트 의식, 국가에 대한 책임감에는 무관심해지고 사람들은 스스로 '극파 성향'에서 벗어나 더욱 냉정한 자세로 반성하고 비판하게 되었다.

출판물은 대부분 시장 분배와 이익을 기대하며 만들어졌다. 즉 '이데올로기'의 속박에서 벗어나 '시장'으로 지향점을 바꾼 것이다. 문화창조에 체제 이데올로기의 기동력이 약화되는 한편, 이성과 지성, 상업과 경제, 자유로운 선택이 갖는 힘, 즉 역사적 진실을 밝히거나 정신적 창조성이 갖는 힘이 강화되었다. 결국 지금까지 주류였던 지성적·도덕적 화법이 흔들리고 변용되어 새로운 지성과 도덕적 관념이 구축되었다. 무엇보다 기존의 정신생활 위주의 미래지향성이 현실에 근거한 미래지향성으로 바뀌어 '과거'의 미래관과 다르다는 점은 주목할 만하다.

지식인의 역할을 묻는 명기획

새로운 정신계몽의 특징적인 주제는 근현대 '지식층'의 역할과 사명감, 그리고 그 성립 과정이었다. 영향력 있는 총서로는 중궈서후이커쉐출판사中國社會科學出版社의 '지식인 도서관' 시리즈와 장쑤런민출판사江蘇人民出版社의 '지식인 번역총서'가 있다. 또한 둥팡출판사東方出版社, 중궈원롄출판사中國文聯出版公司, 베이어원이출판사北岳文藝出版社, 화

---

[5]. 文化熱: 1980년대 구미의 선진 사상이 홍수처럼 밀려들어 자국의 이데올로기에 대한 비판이 어느 정도 허용되자 문화연구가 크게 유행한 현상. —옮긴이

샤출판사華夏出版社 등이 내놓은 시리즈로 19세기 말-20세기 러시아 작가의 작품을 모은 총서가 있다. 그리고 지식인이 본받아야 할 품위와 덕행에 관한 주요 내용은 '이성과 지성' '공공에 대한 참여와 관심' '사회책임과 도의' '용기와 강인함' 등이었다.

이런 책의 정신적 명제는 20세기 지식인의 100년간의 '탈피'의 역사였다. 즉 전통적인 사대부에서 현대적인 지식인으로, 전문적 지식인에서 공공의 지식인으로, 단일 '지식'에서 풍부하고 전인격적인 '양식' '지혜' '도의'로의 변화였다. 이런 '변화'는 100년이 지난 지금도 여전히 진행되고 있다.

본래 지식인이 사회나 공공에 대해 갖는 관심은 그들의 정치적 열정에서 비롯된 것으로, 이론적 토대는 현대 정치철학이었다. 따라서 1990년대에 출판인은 서양 정치철학에 열렬한 관심을 갖고 베버Max Weber, 하이에크Friedrich August von Hayek, 포퍼Karl Riamund Popper, 벌린Isaiah Berlin, 롤스John Rawls, 노직Robert Nozick, 하버마스Jürgen Habermas, 슈미트Carl Schmitt, 블룸Allan Bloom, 레비스트로스Claude Lévi-Strauss 등 구미 학계의 상아탑 안에 있는 학자의 저서를 탐독했다. 그들이 제창하는 자유주의사상, 신보수주의사상과 각종 사회비판이론은 현재와 미래의 정치 전망과 설계·해석에 대한 가치혼란을 일으켜 기존의 중국 사회를 가만두지 않았다. 훌륭한 '극장적 효과'를 연출한 '소수'의 학설은 '중간' 미디어를 거칠 때마다 '대중'에게 그 영향력을 확장해갔다.

학계의 주목을 받은 시리즈는 중궈서후이커쉐출판사의 '서양현대사상총서', 산롄서점三聯書店의 '현대서양학술문고' '프랑스사상문화총서' '학술최전선총서'가 있으며, 쉐린출판사學林出版社의 '유럽사상시리즈,' 이린출판사譯林出版社의 '인문과 사회 번역총서,' 상하이런민출판사上海人民出版社의 '동양번역총서'와 '하버마스문집' '슈미트문집' 등이 있다. 사상계가 출판계에 건 기대와 달리 이들 시리즈가 만들어낸 시대정신은 빈약했다. 왜냐하면 이 시대의 사상적 자원에는 한계가 있었고, 이 책들은 몇몇 학술전문 기획자나 민간 학술단체가 출판한 것에 불과했기 때문이다.

그런 가운데 주목할 만한 사람으로는 간양甘陽, 류샤오펑劉小楓, 류둥劉東, 왕민안汪民安, 수후이舒煒와 신세대인 왕위汪宇, 쉐샤오위안薛曉源 등을 꼽을 수 있다. 이들은 일반 총서 편집자들과 달리 최고 수준의 학술적 소양을 갖추었고 출판모델과 시장법칙에도 정통하여 독자층의 욕구를 제대로 이해하는, 말하자면 지적 상품에 관한 탁월한 수완을 가진 달인들이었다. 당시는 시간적 제약, 개인의 정치적, 문화적 기호에 따라 강렬한 독립성과 마이너적 취향이 돌출될 수도 있었지만 이들 독립 학술 프로듀서의 출현으로 20세기 말 출판계에는 커다란 개혁적 활력이 나타났다. 또 그들의 활약으로 정치 우화적 성격이 짙은 문학작품이 활발하게 번역되었다. 예를 들면 20세기의 저명한 디스토피아 3부작인 자먀찐[6]의 『우리들』(구소련), 조지 오웰의 『1984년』, 올더스 헉슬리의 『멋진 신세계』 외에 조지 오웰의 『동물농장』 등이 랴오닝자오위출판사遼寧教育出版

社와 이린출판사에서 출판되었다. 장르는 문학이었지만 사람들은 이것을 문학작품이나 문학비평으로서가 아니라 역사적·정치적인 시각에서 성찰하거나 체제를 비판하며 읽었다.

당시는 새 천년을 앞둔 시기였기 때문에 사람들은 역사에 지대한 관심을 보였다. 몇 명의 역사학자는 이 시기에 지위를 확립하기 위해 '백년'과 '천년'을 날실로, 다양한 학술적 주장을 씨실로 하여 '세기 회고본'을 출간했다. 이 책들은 통사나 문화사, 정사나 야사 등 다양한 스타일로 저술되었다. 그러나 술은 오랫동안 저장해야 제 맛이 나는 것과 마찬가지로, 역사를 규정하는 데도 긴 '저장' 시간이 필요하다. 그래야 깊은 맛을 낼 수 있다. 우리가 살고 있는 시대와 가까운 역사를 편찬할 경우에는 특히 사건이나 인물의 비린내가 가시지 않는다. 이 '세기 회고본'은 현대라는 패러다임의 '공公'이 아닌 '공론公論'의 최면에 걸려, 거리를 두고 조감도를 그리기보다는 천편일률적인 역사의 법칙에 안주해버림으로써 당파정치의 발을 닦아주는 '걸레'로 전락했다. 따라서 걸출한 역사학자가 쓴 '대작'을 표방한 작품들은 오랫동안 서점에 비치되지 못하고 눈 깜짝할 사이에 역사와 함께 사라졌다.

세기의 전환기인 지금도 사람들이 여전히 읽는 책으로는 장쑤런민출판사의 '한역 대중정품문고漢譯大衆精品文庫'를 꼽을 수 있다. 이중에는 역사물이 있는데 구미의 중요한 근현대 역사물이 많이 번역되었다. 가장 영향력 있는 작품으로는 영국 좌파 역사학자인 에릭 홉스봄의 『혁명의 시대』『자본의 시대』『제국의 시대』『극단의 시대』가 있다. 또한 미국 컬럼비아대학 역사학 교수인 리차드 블리트Richard W. Bulliet가 편집한 『20세기사二十世紀史』는 주제에 따라 기술하는 형식으로 20세기에 인류 생활의 기본이 되는 중요한 사상과 활동 영역이 어떻게 변화했는지 묘사·분석하고 있어, 주제선행의 휘그주의(Whiggism: 진보주의사관, 승리자주의사관)에 빠지지 않았다.

새로운 경제학과 과학서

경제학은 최근 10년 동안 출판업계에서 가장 인기 있는 장르였다. 중국 재계의 수많은 회장이나 CEO, 사장이 갑자기 나타난 것은 아니다. 전통적 경제학의 성을 스크랩앤드빌드하며 '환골탈태'하여 계획경제에서 시장경제로 바꾸는 과정에서, 그들은 '돌다리도 두드려 보는' 심정(덩샤오핑의 경제개혁의 마음가짐을 설명하는 말)으로 경제개혁에 임했다. 뿐만 아니라 새로운 경제학의 개념·논의·원리·카테고리가 필요했기 때문에 완전히 새로운 경제학적

---

6. Yevgeny Ivanovich Zamiatin: 1884-1937. 러시아의 소설가. 대학 재학 중에 볼셰비키 혁명이 일어나 학업을 중단했으며 1907년부터 글쓰기를 시작해 단편, 우화, 극본, 에세이, 두 권의 장편소설 등을 남겼다. 특히 『우리들』(1920)은 전형적인 반유토피아 소설로 헉슬리와 오엘의 작품에 지대한 영향을 끼쳤다. —옮긴이

관점에서 현실 경제를 생각하고 경제실무를 지도하려 했다. 따라서 경제학 교재를 바꾸기 위해 토대를 바로잡는 배관공사부터 시작했다.

대표적으로 미국 경제학의 고전이 된 폴 새뮤얼슨의 『경제학』, 실생활을 알기 쉽게 설명한 그레고리 맨큐의 『경제학』, 급진성·전위성으로 유명한 조셉 스티클리츠의 『경제학』 등이 출판되어 각 대학의 경제학 교과서로 채택되었고 기업 관리층의 서고에도 진열되었다. 중국 경제의 대변혁이라는 관점에서 보면 글로벌화는 미국화나 다름없다. 따라서 경제학이나 관리학의 전문과정에서 전략·영업·인적자원·기업개혁·자원계획·공정개혁·고객관리가 순식간에 철저히 쇄신되었다. 이론에서 운용까지, 개념에서 실천까지, 경제학에서 경제인까지 모두 미국식 장비가 된 것이다. 중국 변혁에 체제적 제약이 있긴 하지만 새로운 경제학은 주목받고 있다. 가령 오랜 역사를 자랑하는 상우인수관商務印書館조차 그 동안 고수해온 전통적인 고전서 출판(마르크스 정치경제학의 저작과 마르크스주의 학설의 3대 원천이 된 독일 고전철학, 영국 고전정치경제학, 프랑스의 공상적 사회주의)에서 벗어나 이미 알프레드 챈들러Alfred Chandler, 로날드 코스Ronald Harry Coase, 장우창張五常 등 새로운 경제서를 출판하고 있다.

최근 10년 간 나타난 새롭고 눈부신 경향은 '과학의 사회화'와 '사회의 과학화'라는 시대적 흐름이다. 이에 따라 '대중의 과학에 대한 이해(대중계몽과학)' 수준이 높아졌으며, 과학 관련서가 범람하게 되었다. 전통적인 '과학보급'(사회주의 시대의 슬로건)에서 오늘날의 '대중계몽과학'으로 이행하는 과정에서 관념적인 혁신 과정을 거칠 수밖에 없었다. 전통적인 '과학보급'은 '함양론'이나 '교육론'의 성향이 강해 지식 유무에 따라 위에서 아래로 향하는 것이었다. 즉 독자는 수동적인 입장으로 '스스로 읽는다' 기보다 '읽기를 강요당한' 것이었다.

그러나 '대중계몽과학'이라는 새로운 이념은 '평등' '교류' '쌍방향기능interactivity'을 강조한다. 즉 독자의 '지불'을 전제로 '거래' 하는 시장 행위로 모습을 바꾼 것이다. 결과적으로 이데올로기의 교화로 형성된 '과학보급'의 신성한 후광이 사라지고, 지식 전달은 '유물론 과학주의'의 왜곡과 압박에 저항하면서 '지식의 일방 통행'에서 '지혜 교류'로 방향을 바꾸었다.

과학은 인류가 가진 지식의 핵심으로 살아 있는 학문이다. 그러나 현대 과학기술 체계는 방대하고 세밀하게 분화되었다. 또한 전문과학이 독립되어 일반인에게 생소한 지식일 뿐만 아니라 전문가조차 다른 분야에는 접근하기 어렵다.

따라서 과학문화와 과학 텍스트를 만드는 과정은 반드시 두 가지 변화를 겪게 될 것이다. 첫째, 지식을 공유하기 위해 전문용어를 일반적인 어휘로 바꾸는 것. 즉 방언을 표준어로 바꾸는 것과 같다. 둘째, 학술적인 심오함을 사람들이 알기 쉽게 풀어쓰는 것이다. 그것은 씁쓸한 카카오에 설탕이나 크림을 넣어 초콜릿을 만드는 과정과 같다.

이 시기에 출판된 비교적 우수한 과학서로는 상하이커지자오위출판사上海科技敎育出版社의 '철인석哲人石' 시리즈, 산롄서점의 '과학인문총서科學人文叢書'가 있다. 우수한 기획자로는 볜위린卞毓麟, 판타오潘濤, 톈밍田名 등이 있다.

평균대 위에서 춤을

마지막으로 최근 10년 간 중국의 출판을 정리해보자. 격동하는 사회 전환기에 민주주의는 아직 성숙하지 못했고 이상은 허망한 것이었다. 양식良識은 실용주의와 공리주의 속에서 서서히 시들었고 도덕은 소비와 즉물적인 유혹 앞에 무릎을 꿇었다. 어떤 사람의 꿈은 재로 변했고, 어떤 사람의 꿈은 현실적·공리적인 행동으로 바뀌었으며, 어떤 사람은 꿈에서 깨어 어디로 가야할지 몰라 방황했다. 가치관은 이데올로기 시대에서 상업화·테크놀로지화·오락화의 시대로 바뀌었고, 그것은 중국 출판에 큰 변화를 일으켰다. 그런 과정에서 출판인의 마음에는 늘 고독감과 당혹함이 자리했다. 지금이야말로 철학적 지혜와 정신적 활력이 울적한 사회에 청신한 바람을 일으켜 갈 곳을 잃고 방황하는 마음에 활력을 줄 수 있어야 한다. 우리는 그것을 찾고 있다.

고도의 경쟁사회에서 선택의 기회와 공간은 더욱 확대될 것이다. 우여곡절이야 있겠지만 사람들의 정신생활은 반드시 향상될 것이다. 선택의 폭이 확대되는 가운데 우리는 '평균대' 위에서 춤을 추는 존재와 같다. 전통의 해체와 새로운 이념의 구축, 시장화에 따른 이익의 극대화, 양식과 도덕의 견지, 기술의 변천과 사회정신의 변화, 보수와 변민, 영광과 몽상, 고난과 위안. 이들을 혼합한 시대의 칵테일을 들고 다 같이 건배!

왕이팡
1958년생. 후난중이쉐위안湖南中醫學院 한의학과를 졸업했다. 후난커쉐지수출판사湖南科學技術出版社, 칭다오출판사靑島出版社에서 편집자로 일하면서 수많은 서평을 썼다. 2000년 5월 신화서점 본점 〈중궈투수상바오中國圖書商報〉의 상무 부편집장이 되어 〈주간 서평〉의 책임자로 출판업계에 관한 연구를 했다. 2002년 10월부터 화샤출판사華夏出版社의 상무 부편집장으로 재직 중이며, 의학 사상사에 관한 연구를 하여 『생명존중』이라는 책을 냈다.

이 사람과 일

왕자밍 '일책지상주의'를 실천하는 편집자
사진집 『추억의 앨범』, '비주얼 북 시대'를 열다

루웨강 盧躍剛 작가

산둥출판사의 어떤 광경

2002년 늦가을 산둥山東성 지닝濟寧시에 자리한 산둥출판사山東出版社에 갔다. 그 자리에서 가장 지위가 높은 '산둥출판사' 본사의 편집 부주간은 중앙 상석에 앉았다. 자연히 손님인 우리는 좌우 상석에 앉았고, 다음으로 '산둥화바오출판사山東畵報出版社'의 사장과 부편집장이 앉았다. 이 르포의 주인공으로, 얼마 전 산둥화바오출판사의 편집주간에서 산둥출판사 본사의 편집주간실 주임으로 옮긴 왕자밍汪家明은 멋쩍은 듯 말석에 앉았다.

약간 묘한 분위기가 감돌았다. 참석자는 모두 무언의 약속이라도 한 듯 어떤 규칙에 따라 중앙에 앉은 인물에게 주도권을 넘겼다. 아직 젊은 이 인물은 전혀 개의치 않고 시종일관 거만한 태도로 이야기했다. 문제는 왕자밍을 비롯한 모든 사람이 그것을 '당연한 일'로 받아들이고 있는 듯한 태도다. 따라서 지닝시 정부 부서기장을 지낸 이 인물이 발언권을 쥐었다. 실제로 이 인물은 출판과는 아무 관계도 없다. 아마 산둥성의 부국장에 상응하는 지위이기 때문에 산둥출판사 본사에 배치되어 왕자밍의 상사가 된 것 같다.

우리는 답답했다. 우리는 왕자밍을 만나러 온 것이다. 왕자밍은 좋은 친구일 뿐만 아니라, 우리가 존경하는 몇 안 되는 출판인이기도 하다. 우리 사이에 앉아 있는 '중심인물'은 이 점을 전혀 모르는지 아무 배려도 하지 않았다. 왕자밍을 말석으로 밀어냈을 뿐만 아니라, 고압적인 말투로 '누가 거기 전화 좀 받지'라든가 '취푸曲阜에서는 이런 분들을 잘 모시게'라고 지시하기도 했다. 그는 베이징에서 온 우리에게 이 자리를 책임지고 관리하는 사람이 누구이며 그에 따르는 사람이 누구인지 집요하게 보여주려 했다.

산롄서점으로 전직하다

왕자밍은 말수가 적은 사람이다. 아무리 첨예한 화제로 뜨거운 논쟁이 벌어져도 굉장히 차분한 어조로 조용히 말한다. 왕자밍은 겸허하고 자신에게 엄격한 군자다. 매우 사적인 자리에서만 지기 싫어하고 논의하기 좋아하는 본성이 발휘된다. 가령 그는 친한 친구이자 작가인 류광후이劉方煒를 만나면 반드시 기회를 봤다가 장기를 둔다. 그리고 매번 아주 도전적인 태도로 무리해서라도 승부를 내고 만다. 오늘 이 자리에는 류팡후이도 같이 있었지만 어쩔 도리가 없었다.

왕자밍은 작가·연구가·친구, 그리고 '명령하는 자와 따르는 자'라는 인간관계밖에 모르는 상사와 마주 앉아 어색한 시간을 잠자코 보내는 것 외에 아무것도 할 수 없었다.

내가 왕자밍이었다면 이미 자리를 박차고 일어났을 것이다. 그러나 왕자밍은 어디서나 겸허함을 잃지 않는 군자다. 내가 왕자밍처럼 관료적인 분위기에서 지내야 한다면 벌써 소리를 지르며 뛰쳐나왔을 것이다. 왕자밍도 결코 그런 상황을 납득하는 것은 아니다. 그는 나에게 산둥출판사 본사는 '확실히 마음이 편치 않다'고 말했다.

산둥화바오출판사는 산둥출판사 본사의 계열사다. 본래 관리부에서는 왕자밍을 본사 편집 부주간으로 발탁하려 했다. 그리고 우선 '과도적 조치'로 편집주간실 주임으로 발령 낸 것이다. 그는 매우 기뻤다. 보다 수준 높은 출판 현장에서 자신의 신용과 능력을 발휘해 산둥출판사가 지닌 출판 자료를 더욱 멋진 형태로 만들어낼 수 있을 것이라고 생각했기 때문이다. 그러나 '과도적 조치'는 그대로 '동결'되었다. 산둥출판사에서 그가 갈 자리가 없어졌기 때문이다. 그는 곧 베이징으로 와서 산렌서점三聯書店의 부사장 겸 편집 부주간을 맡게 되었다.

왕자밍의 전직은 중국 출판업계와 독서인들에게 일대 '사건'이었다. 긴 역사를 자랑하는 산렌서점은 초창기 저우타오번鄒韜奮이라는 저명한 출판인과 함께 명성을 떨쳤다. '생활, 독서, 신지식(살아가며, 읽고, 새롭게 깨닫는다)'이라는 출판 이념이 널리 알려졌으며, '문화' '예술' '학술'에 주력하는 출판사다. 저우타오번이 활약한 후에도 후위즈胡愈之, 황뤄펑黃洛峰, 천위안陳原, 판융范用, 선창원沈昌文, 둥슈위董秀玉 등의 명편집자를 잇달아 배출했다.

70년의 역사를 자랑하는 명문 출판사인 산렌서점과 비교하면 산둥화바오출판사는 애송이라 해도 과언이 아니다. 내막을 모르는 사람들은 산둥화바오 출판사의 편집주간인지 산둥출판사의 편집주간실 주임인지, 이름도 듣도 보도 못한 사람이 어떻게 산렌서점의 편집 부주간이 되었는지 의아스러워했다.

베이징 완성수위안의 사장 류쑤리는 민영서점(제2루트)에 영향력을 미치는 대륙 출판사를 네 가지 기준에 따라 여섯 단계로 나누어 평가했다. 네 가지 기준이란 1_민영서점에서 판매하기 적당한 서적의 종수, 2_서적의 정가 총액, 3_서적의 종수와 총부수, 4_서적의 종합적 수준이다. 산둥화바오출판사는 1993년 설립 당시에는 최하위인 '제6그룹'으로 평가되었지만, 몇 년 뒤 갑자기 네 계단 상승해 '제2그룹'으로 평가될 만큼 급속히 성장했다.

중국 출판업계의 기적

특히 주목할 것은 산둥화바오출판사가 중국 출판계에 '비주얼 북 시대'를 열었다는 점이다. 1990년대 중반에 시작된 '비주얼 북 시대'를 상징하는 책은 『추억의 앨범老照片』이다.

『추억의 앨범』은 정말 우연히 만들어졌다. 산둥출판사 본사가 산둥화바오출판사를 설립할 때 편집주간이었던 왕자밍은 당시 책을 엉망으로 만들어 대량으로 찍어대는 출판업계에 반감이 있었다. 일찍이 작가 딩링丁玲은 '책을 날림으로 만들어서는 안 된다. 가치 없는 책을 몇 권 쓴 것은 의미 있는 책 한 권을 쓴 것과 비교도 안 되는 일'이라고 했다. 왕자밍은 누군가 그것을 '일책주의一本書主義'라고 부르는 것을 듣고 '일책지상주의'를 제창했다.

일책지상주의의 조건은 1_서적의 질을 최고 수준으로 높인다. 2_서적의 종수는 많지 않더라도 좋은 책만 만든다. 3_뛰어난 능력이 있는 편집팀을 만드는 것이다. 이 세 가지 출판 이념은 자신을 다잡기 위한 것으로 '한 권 한 권에 최선을 다해 책을 만드는' 자세다.

산둥화바오출판사의 첫 책은 『사진으로 보는 중국백년사圖片中國百年史』였다. 약 20만 위안을 투자해 6000여 장의 사진을 구입하고 18개월 동안 제작하는 데 든 총비용은 약 160만 위안에 이른다. 이 책은 상하권으로 나뉜 대작으로 정가는 1480위안인데, 중쇄하여 약 5천 부를 발행했다. 발간되자 시장의 반응은 대단했다. 남은 문제는 이 책에서 사용하지 않은 4000여 장의 사진을 어떻게 할 것인가였다.

"『추억의 앨범』이란 제목은 꿈을 꾸다가 떠오른 것입니다."라는 왕자밍. 1995년 10월 어느 새벽 4시 벌떡 일어나 흥분이 가시지 않은 손으로 '명인의 한순간' '지난날의 풍경' '사진 속에

『추억의 앨범』『사진으로 보는 중국백년사』
비주얼 북 시대를 연 베스트셀러

숨겨진 이야기'로 장을 구성했다.

『추억의 앨범』은 일대 선풍을 일으켰다. 1996년 12월에 출판된 제1집과 다음 해 출판된 제2, 3, 4집은 모두 30만 부를 넘었고 몇 년 동안 꾸준히 잘 팔려 각 서점의 베스트셀러 코너에 진열되었다. 출판된 해에는 100만 위안, 3년 동안 300만 위안의 매출을 올려 오늘날까지 꾸준히 나가는 스테디셀러가 되었다. 누가 뭐래도 이는 중국 출판계의 기적이었다.

왕자밍의 출판 이념에 따라 산둥화바오출판사는 순식간에 중국 대륙 출판계에 두각을 나타냈다. 평론가들은 『사진으로 보는 중국 백년사』와 『추억의 앨범』의 성공에 놀라 '중국은 비주얼 북의 시대를 맞이했다'고 평했다. 그러자 살아남기 위해, 어떻게든 돈벌이를 하기 위해, 목적 의식 없이 책을 출판하던 출판사들이 눈독을 들이기 시작했다. 차츰 유사본이나 복사본 등

여기저기서 해적판을 찍어 『추억의 앨범』의 유사본이 넘쳐났다. 그 무렵부터 왕자밍의 별명은 '추억의 앨범'이 되었다.

산둥화바오출판사는 양서를 출간해 겨우 몇 년 만에 업계와 독서인들에게 널리 인정받게 되었다. 그들에겐 성공 비결이랄 게 없다. '일책지상주의'와 '질 좋은 오락도서를 출판'하는 자세를 꾸준히 지켜왔을 뿐이다. 왕자밍은 독서를 사랑하고 책을 사랑하며 '뛰어난 필자와 만나' '수준 높은 책을 만들기 위해' 걸어왔을 뿐이다. 그는 뚜렷한 목적 의식이 있는 편집장이자 전문가로서 편집팀을 이끌었다. 아주 간단한 이치지만 편집장이 어떤 인물이고 어떤 출판 이념이나 직업적 긍지를 갖고 있느냐에 따라 출판사와 편집팀의 성격이 결정된다. 또한 작가나 독자의 신뢰를 얼마나 얻을 수 있는지도 결정된다. 그리고 그것은 출판물의 수준과 질을 결정한다.

신천지를 향한 탈출

왕자밍은 늦깎이 편집자다. 그는 1953년에 태어나 1993년까지 노동이나 군 생활을 하는 블루칼라였다. 이후 산둥화바오출판사의 편집자를 거쳐 편집주간이 되었다. 무대 배경을 그리고 소설·전기·산문·에세이도 썼다. 러시아 문학이나 서양 유화에 심취해 중국 서적은 물론 해외 서적까지 뛰어난 삽화라면 무엇이든 열심히 연구했다. 문학적·예술적 소양이 풍부하고 지적 탐구심이 넘치는 인물이다. 그는 산둥을 떠날 때 산둥화바오사의 업무를 부편집장인 류뤼린劉瑞琳에게 인계하며 이렇게 말했다. "우리는 책 만드는 일을 업으로 삼고 있다. 만일 좋은 책을 만들 수 없다면, 그것은 조직에 구조적인 문제가 있기 때문이다."

왕자밍은 조직의 구조적인 문제에 부딪히자 신천지를 향해 '탈출'했다. 최근에는 류뤼린도 못 견디고 결국 왕자밍의 뒤를 좇아 탈출했다. 두 사람 모두 베이징에 온 것이다. 과연 베이징은 그들에게 신천지가 될 수 있을까. 1000년 전 고황顧況은 장안에 온 젊은 백거이에게 이런 말을 했다. '장안미귀, 거이불이(長安米貴, 居而不易: 장안은 쌀이 귀하니 거하기 쉽지 않다. 도회지의 생활이 쉽지만은 않다는 뜻).' 이 말을 왕자밍과 류뤼린에게 바친다.

루웨강
1958년 구이저우貴州에서 태어났다. 르포작가 겸 기자로 중국 보고문학학회 이사로 활동하며 수많은 보고문학상을 수상했다. 주요 작품으로 『창장싼샤: 반세기의 논증』 『강대국의 인구감소』 『동쪽의 마차』 등이 있다.

중국의 10년

계획경제의 속박에서 벗어나
증가하는 출판 종수, 민영화 서점, '개방'이 초래한 엄청난 변화

쑨칭궈 孫慶國 베이징 카이쥐안 도서시장연구소北京開卷圖書市場硏究所 대표

계획경제체제의 출판산업

10년 전, 만성적인 책 부족에서 벗어난 중국에는 이미 10만 종이 넘는 책이 출판되었다. 한 종당 인쇄 부수는 감소했지만 출판 종수는 자꾸만 늘어났다. 이것은 업계 내외의 문제가 되었지만 대책은 없었다. 정부 관계 부서에서 출판 종수를 줄이고 질을 높이기 위해 다양한 조치를 취했지만, 종수는 계속 늘어나 현재 신간과 중쇄를 합하면 약 17만 종이 넘는다.

10년 전에는 출판 종수가 급격히 늘어났지만 소매 부문이 성숙되지 않아 서점에서 볼 수 있는 책이 적었다. 당시는 계획경제였고 출판업계에는 단일 유통망밖에 없었다. 따라서 서점에 진열된 책은 오늘날 상상할 수 없을 만큼 다채롭지 못했고, 소도시나 농촌의 사정은 더욱 심각했다. 지방 도시에서 1만 종을 구비할 정도가 되면 대형점으로 쳤는데, 이런 규모는 전국적으로도 손가락으로 헤아릴 정도였다.

책의 종류는 늘었지만 사고팔기는 쉽지 않았다. 책은 대량으로 출판되었지만 서점은 책을 입수하기 힘들었다. 또한 예전처럼 아무 책이나 잘 팔리는 시대가 아니어서 출판사나 서점은 더욱 책을 팔기 어려운 상황이었다. 이 문제를 해결하는 것이 업계의 급선무였고, 독자나 출판사는 계획경제의 분업청부제를 고수한 국영서점으로 원망의 화살을 돌렸다.

유통개혁과 반품제 도입

바로 이 시기에 중국 출판업계의 유통개혁이 시작되었다. 이 때 도입된 '다채널' 유통정책에 따라 민영서점이 성장했다. 신화서점은 도시형 대형 서점을 개점하기 전까지 책 종류도 많지 않고 매우 구태의연했다. 그런 가운데 '궈린펑國林風' '펑루쑹風入松' '완성수위안萬聖書苑' 같은 민영서점이 생기자 사람들은 그 문화적 품격에 환호하며 갈채를 보냈다.

10년 전의 일이다. 나는 당시 허베이河北성의 신화서점新華書店 사장으로서 허베이성에 있는 140개 서점과 500여 곳의 매장을 관리했다. 이 무렵 신화서점은 주로 초·중학교 교과서를 발행해 수익을 올렸다. 당시 서점은 대부분 영세

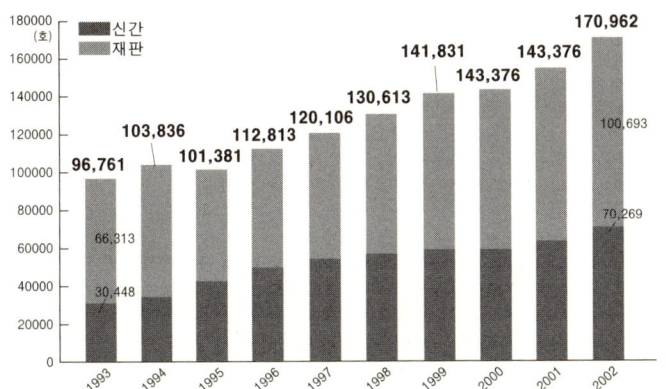

서적 발행 종수

왼쪽 숫자는 민영출판사가 국영출판사에서 출판허가증을 구입해 출판한 출판물도 포함되어 있다. 1990년대 후반 독자의 욕구에 대응해 경영학이나 심리학, 아동서, 실용서 등이 출판되어 출판시장이 확대되었다.
자료: 『중국출판연감』에서

한 규모로 구비한 책도 매우 빈약했다. 그래서 나는 모든 점포에 서적의 종류를 늘리도록 독려하고 명령하기도 하면서 책을 개가식으로 팔도록 했다. 지금은 당연한 일이지만 당시로서는 어려운 일이었다. 예약 주문제를 도입해 진열할 책을 늘릴 수 있었다. 그러나 그것은 재고 증가라는 위험이 따른다는 의미다. 작은 마을에는 일반 대중서의 수요가 많지 않았고, 독자의 요구가 무엇인지 파악하기 어려웠으며, 진열한 책이 적으면 이용자는 더욱 서점을 찾지 않았다.

중국 출판업계의 개혁이 시작된 것은 그 무렵이다. 우선 유통시장 건설부터 시작되었다. 차츰 각 성省에 신화서점 유통센터와 각 성 주요 도시에 유통시장이 건설되었다. 유통 속도는 느렸지만 현물 공급이 원활해져 전보다 중소 서점의 구매가 빨라졌다.

이제는 관행화된 '반품제'도 이 무렵 뿌리내리기 시작해 소매서점의 위험이 줄어들었다. 그 결과 서점에서 취급하는 서적의 종류를 대폭 늘릴 수 있었다. 반품제는 발행 주체인 출판사도 변화시켰다. 출판사는 서적을 각 도시의 서점에 직접 보내거나 고객의 집까지 배달해주는 서비스를 시작했다(유통업자와 이권 다툼이 생기긴 했지만…). 이것은 대도시 서점의 풍부한 상품 구색을 보증하는 역할을 했다.

반품제는 행정 차원에서 정부가 주도한 것이 아니라, 시장적 선택의 결과로 출판유통 부문에서 보급한 것이다. 이는 출판계의 출판 부문과 판매 부문의 이익 조정의 결과다. 필자는 일찍부터 수많은 동업자들과 함께 이 제도를 실행하기 위해 적극적으로 나섰다. 이제 반품제라는 원칙을 근거로, 결산 등 거래 제도를 어떻게 규범화할 것인지가 관건이다.

대형 서점 건설 붐

1990년대 후반 광저우거우수중신(廣州購書中心, 1995)이나 선전수청(深圳書城, 1996), 베이징투수다샤(北京圖書大廈, 1998), 상하이수청(上海書城, 1999) 등 대형 서점이 잇달아 개점해 엄청난 판매고를 올렸다. 그 때문에 대형 서점 건설 붐이

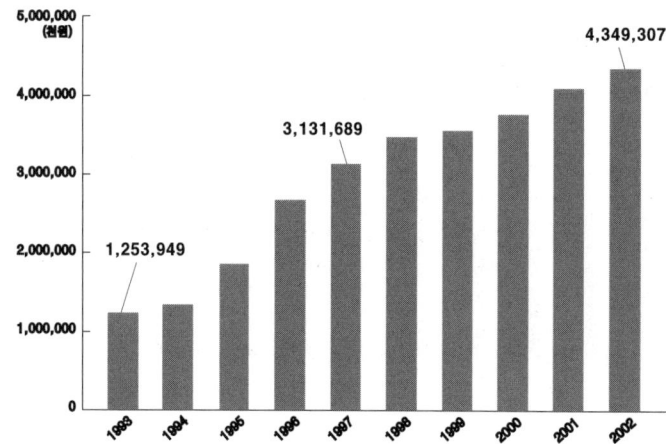

서적 매출액은 해마다 증가했다.
민영출판사에 의한 일련의 시리즈 출판물이나 구미·일본의 베스트셀러 번역서가 일반 독자에게 좋은 반응을 얻는 등 서적 매출액은 해마다 증가했다.
자료: 『중국출판연감』에서

일어 세계적인 화제가 되었다. 각 성의 주요 도시나 지방 도시에 매장 면적 1만 평 이상의 대형 서점이 건설되었다. 이렇게 중국의 서적판매 환경과 시장은 크게 변화했다.

1993년에 시공된 베이징투수다샤는 당초 약 8만 종의 책을 진열할 수 있을 것으로 예상했으나, 개점 이후에는 실제로 20만 종이 빼곡히 들어찼다. 이 수치는 오늘날 대형 북센터의 표준이 되었다. 오늘날 독자는 책을 선택할 수 있는 폭이 굉장히 넓어졌다. 컴퓨터 보급, IT 산업 발달에 따라 각 서점은 하드웨어와 소프트웨어 시스템을 향상시켰다. 따라서 예전보다 컴퓨터로 검색할 수 있는 서적이 증가했다. 전산화된 검색 기능은 책을 선택하고 공급하는 데 많은 도움이 된다. 교양 있는 사람들은 시끄러운 대형 서점을 싫어한다고 하지만, 일반인들은 시끌벅적한 곳을 더 좋아하는 것 같다.

중국 대형 서점 건설은 국가 문화사업 우대정책의 산물이라 할 수 있다. 정부의 원조가 있음에도 투자규모나 수익률에 대한 불만의 소리가 터져 나왔다. 그러나 10년 전의 서점 상황을 감안하면 어느 정도는 묵인할 수밖에 없다. 적어도 과거에 내가 관리했던 영세한 서점이 오늘날 아름답게 다시 태어나 풍부한 상품을 갖춘 모습을 보면 갑자기 박수를 치고 싶을 정도다.

출판업계의 시장화·국제화

또한 민영 전문서점이나 학술서점, 해외출자·공동 체인점이나 대형 마트의 소형 매대 등이 대도시나 중소도시에 널리 퍼졌다. 판매업은 전대미문의 기세로 발전했다. 그리고 CD, DVD, CD-ROM 등 전자출판물이나 인터넷 서점이 등장해 출판시장은 다각도로 확대·발전했다. 서점이 갖고 있던 '독서인의 정신적 근거'나 '우아한 서재'라는 고상한 이미지는 이제 먼 과거의 이야기가 되었다. 서점은 이제 글자 그대로 '시장'이다.

매년 10만 종 이상의 책이 출판되는 중국 출

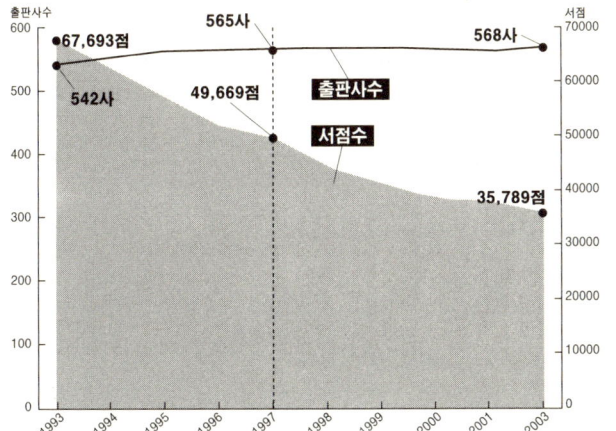

서점·출판사 수

중국에서는 아직도 표면적으로 민영출판사를 인정하지 않기 때문에 통계에는 500여 곳의 국영출판사만 나타나 있다. 그러나 실제로 민영출판사나 개인 출판사는 적어도 3500여 곳 이상이라고 한다. 한편 서점 수가 감소된 원인으로는 소규모 가두 서점이 정리되었으며, 대형 서점의 건설 붐 때문에 중소 서점이 도태되고 있는 것을 들 수 있다.
자료: 서점 수는 베이징 독서도서시장연구소 조사, 출판사 수는 『중국출판연감』에서

판업은 비교적 빨리 소비시장에 진입했다. 독자의 요구는 점점 까다로워지고, 시장은 이미 다양한 서적으로 넘쳐난다. 하지만 출판사는 계속 책을 찍어내야 한다. 학생을 대상으로 하는 교과서나 참고서는 이전부터 업계의 기본 상품이었다. 또한 오늘날 일반 독자는 문학, 경제학, 심리학, 아동서, 컴퓨터교육 관련서 등을 고루 선호해, 이는 출판시장의 중요한 제재가 되었다. 최근에는 생활이나 업무에 유용한 실용서나 젊은 엘리트 대상의 유행에 따른 책이 큰 시장을 형성하고 있다.

20세기 말에는 출판업계의 국제화가 진행되어 번역서가 잘 팔렸다. 외국의 베스트셀러가 판권 무역의 형태로 중국 시장에 들어왔는데, 그 중에는 원서와 거의 동시에 출판된 것도 있다. IT 산업에 관한 『미래로走向未來』나 『디지털이다』, 재테크에 관한 『부자 아빠, 가난한 아빠』나 『누가 내 치즈를 옮겼을까』, 힐러리 자서전 『살아있는 역사』, 판타지인 『반지의 제왕』과 『해리포터』까지…. 이것은 최근 전세계 출판시장에서 히트한 화제작들이다. 또한 일본 만화나 무라카미 하루키, 한국과 대만의 연애소설은 문화적 유사성이 있기 때문에 널리 수용되어 도시 젊은이들의 마음을 사로잡았다.

급성장에서 완만한 성장으로

중국 출판업계의 10년을 정리해 보니, 국가의 개방정책과 보조를 맞춘 것 같은 느낌이 든다. 1992년부터 1997년까지 다른 업계와 마찬가지로 서적의 정가도 꾸준히 상승했다. 그 동안 인쇄량도 약 30퍼센트 증가했고 평균정가도 세 배 이상 올라 출판업계의 경제 규모는 크게 팽창했다. 계획경제체제에서 오랫동안 유지되었던 저렴한 가격 체계가 무너지고 시장화된 가격 체계가 구축되었다. 그것이 출판산업의 합리적인 성장을 촉진해, 노하우를 축적하고 발전하는 계기가 되었다. 그리고 경제적 규모의 팽창에 따라 이윤도 급상승하여, 이제 출판산업은 명실상부한

유망 업종이 되었다. 동시에 업계 내에서 진정한 의미의 경쟁을 할 수 있는 상황도 마련되었다.

출판업계는 1998년부터 현재까지 비교적 완만하게 성장했다. 초·중학교 교과서는 국가가 가격과 종수를 조절했다. 싼 가격은 가정의 부담을 덜기 위한 것이다. 이런 예외 사항이 있긴 하지만 지금까지 냉대받아온 소매시장이 개선되어 구매자의 선택지는 이전과 비교할 수 없을 만큼 다양해졌다. 그것은 하루가 다르게 출판계의 시장화가 진행되었음을 의미하며 이것이야말로 출판업계, 특히 대중서나 전문서 출판의 밝은 미래를 점치게 하는 요소이다. 소매시장은 일반 대중의 독서욕과 업계의 경쟁을 바탕으로 발전한다. 계획경제의 속박에서 벗어난 일부 우수한 출판인들은 시장에 적응하며 독자가 원하는 도서를 발행하여 규모를 확대하고 있다.

중국이 WTO에 가입한 이후 출판업계의 화두는 시장화와 국제화에 대한 대응이 되었다. 출판사는 대부분 시장에 적응하는 과정에서 독립법인으로 성장해 앞으로 더욱 진일보할 것을 목표로 삼고 있다. 여기에는 당연히 해외교류와 해외진출이 포함된다.

통계에 따르면 중국 출판업계는 최근 10년 동안 약 네 배 성장했다. 그러나 계속 성장하는 민영서점의 이익은 통계에 포함되지 않았기 때문에 실제는 이 숫자를 훨씬 웃돌 것이다. 인터넷이 보급되어 텔레비전 등 미디어가 보편화된 오늘날, 전세계 출판업계의 위기감은 심화되고 있다. 그러나 중국 출판시장은 많은 과제를 안고 있는 동시에, 아직 충분히 영글지 않은 발전과정에 놓여 있다. 따라서 앞으로 10년 동안 반드시 성장해 나아갈 것이다. 어쩌면 10년 후 중국은 개방된 시장으로서 미국을 바짝 뒤쫓을지도 모른다.

그 곳엔 기회와 도전이 있다. 우리 모두의 희망과 바람이 있다.

쑨칭궈
1949년 산둥성 룽청 山東省 榮成에서 태어났다.
허베이자오위출판사 河北敎育出版社 부사장,
허베이신화서점 河北新華書店의 사장,
허베이메이수출판사 河北美術出版社 사장 겸 편집장을 지냈다.
현재 베이징카이쥐안 北京開卷圖 도서시장 연구소의
상임부사장으로 재직하고 있으며, 주로 출판시장 분석과
출판산업 연구, 정보 서비스를 하고 있다.

전통문화를 미래에 전수한다

座談会

동아시아의 문자, 책, 디자인

스기우라 고헤이
杉浦康平

뤼징런　안상수
呂敬人　安尚秀

귀로 읽고, 마음으로 읽는다

스기우라 ◉ 오늘 이야기를 나누기 위해 안상수 씨는 서울에서, 저는 도쿄에서 베이징까지 왔습니다. 뤼징런 씨의 멋진 별장에서 이렇게 세 사람이 만나게 되어 기쁩니다.

세 사람이 마주 앉아 나누는 이야기를 '정담'이라고 하죠. '정鼎'이란 한자는 중국의 세 발 달린 솥에서 유래되었습니다. 오늘 세 발은 안상수, 뤼징런, 제가 되는 거죠. '정'은 신에게 올리는 청동기를 의미하는데 고대에는 이 솥으로 점을 쳤답니다. 미래를 예견하는 신의 소리를 들으려던 시도였던 게죠. 그리고 그 때 쳤던 점은 '정貞'이라고 합니다. '정鼎'과 '정貞'은 발음이 같지만, '정貞'은 신의 소리를 듣는다는 의미입니다. 그러니까 '정鼎'을 지탱하는 세 사람은 서로의 경험이나 디자인에 대한 생각, 각 나라의 전통문화에 대한 이야기를 '정貞'으로서 귀 기울여 듣고 더 깊이 이해하며 공감할 수 있었으면 좋겠습니다.

우선, 북디자인에 대한 제 생각을 간단히 말씀드리죠. 저는 대학에서 건축을 공부하다가 진로를 바꿔 디자이너가 되었습니다. 그래서 책이나 다른 물체를 볼 때도 건축물처럼 삼차원 입체로 생각하지요. 건축에서는 공간을 평면도, 입체도 등 몇 가지 평면으로 나눕니다. 가로와 세로로 나누고 세부적으로 나누어 분석하며

스기우라 고헤이 杉浦康平 그래픽 디자이너.
1932년 도쿄에서 태어났다. 아시아의 전통적·신화적인 도상圖像·문양·형태를 이용해 북디자인을 하는 한편, 아시아 문화의 본질을 '만물이 조응照應하는 세계'로 정의하여 수많은 저서로 정리했다. 해외에서 열리는 강연·전람회 등을 통해 아시아 각국의 디자이너들과 긴밀한 교류를 하며 커다란 영향을 미치고 있다.

해체하기도 합니다. 무수한 도면이 모여 공간이 표현되지요. 이것을 책에 적용해 보면 책은 그런 무수한 도면 다발을 묶은 것과 같습니다. 다시 말해, 한 권의 책 속에는 광대한 공간이 들어 있는 겁니다. 이런 점에서 전 그래픽 디자인을 전공한 사람들과 기본적으로 시점이 약간 다릅니다. 오늘은 이런 생각이 집약된 북디자인을 몇 가지 보여드리겠습니다.

먼저 이것은 『전진언원 양계만다라傳眞言院兩界曼茶羅』입니다. 두 개의 상자 안에 총 여섯 권이 들어 있는 호화본으로 1977년에 간행되었습니다. 두루마리식, 경본, 서양식이 각 두 권씩입니다. 상자를 두 개로 나눈 이유는 주제가 한 쌍을 이루며 그려진 두 개의 만다라이기 때문입니

[그림1-a] 상형문자 '정鼎'
세 발 달린 솥을 본 뜬 상형문자가 '정鼎'이라는 한자로 변화되었다.

[그림1-b]
허난河南성 뤄양洛陽에서 발굴된 남북조시대의 청동기.

[그림2] 『도지진언 양계만다라敎王護國寺藏傳眞言院兩界曼茶羅』(平凡社, 1977)
구성·북디자인=스기우라 고헤이, 기획·촬영=이시모토 야스히로石元泰博
금색과 은색 상자 안에 두 개의 두루마리, 한 쌍의 '경본', 사진집과 해설서가 들어 있다.

다. 마주 보게 걸어 둘 수 있지요. 중앙에 앉아 있는 불상은 대일여래大日如來입니다. 진언밀교眞言密敎의 교의敎義를 나타내는 불상이죠. 두 개의 만다라를 마주 걸면 중앙의 대일여래에 의해 하나로 융합됩니다. 즉 하나의 이념을 두 가지 측면에서 도해한 거죠. 꼭 두 가지 측면에서 다루어야 하는 만다라니까요….

양계만다라는 8세기 말 중국에서 만들어진 것으로, 일본의 홍법대사弘法大師가 당대唐代 장안에서 가져온 것입니다. 그 후 불교가 쇠퇴한 중국에서는 소실되어 현재 일본에 남아 있습니다.

'둘이지만 둘이 아닌 하나', '이이불이二而不二'라는 개념을 설명한 만다라입니다. 그 개념을 표현하기 위해 여러 가지 짝을 이루는 요소를 디자인에 적용해 보았습니다. 우선, 금색과 은색 상자를 준비했습니다. 태장계만다라胎藏界曼茶羅는 태양 빛을 상징하는 금색 상자에 만물의 시작을 의미하는 범어 '아'를 박압해 넣었고, 금강계만다라金剛界曼茶羅는 달빛을 상징하는 은색 상자에 만물의 끝을 상징하는 범어 '훔'을

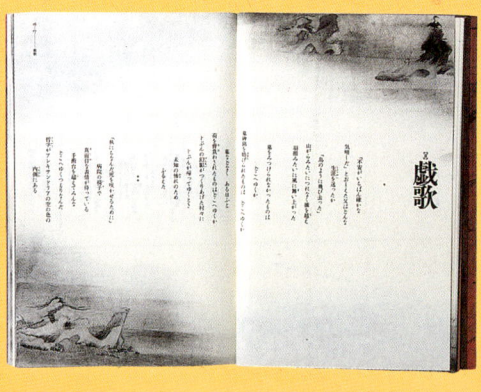
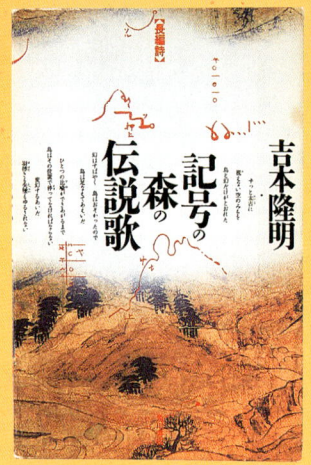
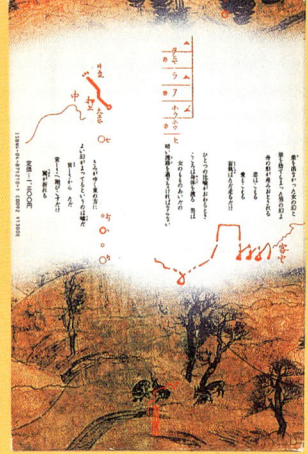

[그림3] 요시모토 다카아키吉本隆明 『기호의 숲이 된 노래記號の森の傳說歌』(角川書店, 1986)
북디자인=스기우라 고헤이+아카자키 쇼이치赤崎正一

새긴 것이구요. 금색 상자를 열면 두루마리식으로 만든 두 개의 만다라 복제품이 나옵니다. 불교 사원의 내진內陣처럼 만다라를 집에 걸어둘 수 있게 한 것입니다. 그리고 한 쌍의 경본이 있습니다. 태장계만다라 경본은 금색으로, 금강계만다라는 은색으로 포장했습니다. 경본 양식은 인도에서 만들어진 '패엽경貝葉經'을 중국에서 완성한 것입니다. 천천히 넘기다 보면 만다라 내부를 순차적으로 거슬러 올라가는 느낌이 들지요. 직접 만들며 깨달았는데, 경본 양식은 두 개 이상의 그림을 자유자재로 비교할 수 있더군요. 매우 현명한 전개 방식이에요.

두루마리와 경본이 동양적 제본인 것에 비해 은색 상자에는 서양식으로 제본한 또 한 쌍의 금색과 은색 책이 들어 있습니다. 사진집과 해설서죠. 태장계와 금강계라는 두 개의 만다라가 만나 '하나'가 된 것이 양계만다라입니다. 즉 서로 다른 여러 대립 원리가 만나 소용돌이치며 '하나의 우주 원리'가 탄생되는 겁니다. 우주를 어떻게 농축할 것인가를 주제로 동양적 제본과 서양적 제본의 두 가지 형태로 만든 책입니다.

안상수 ● 스기우라 선생의 작품을 보면 언제나 우주적인 깊이를 느낄 수 있습니다. '음양조응 陰陽照應'이라는 디자인 철학이 세밀한 구조로 섬세하게 설계되어 있어요.

스기우라 ● 다른 한 권은 일본의 사상가이자 철학자이며 문학가이기도 한 요시모토 다카아키吉本隆明의 장편 시집입니다. 7장으로 구성된 시로 옛날부터 구전된 이야기의 전통을 계승하며 노래하는 이미지입니다. 주제는 현재 떠오르는 이

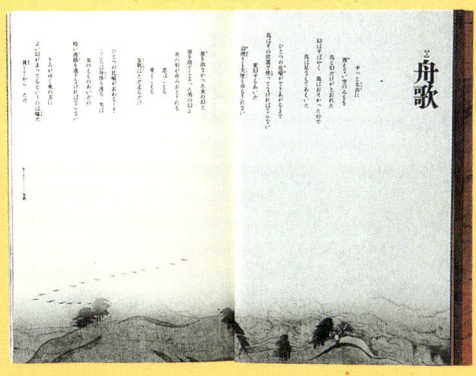
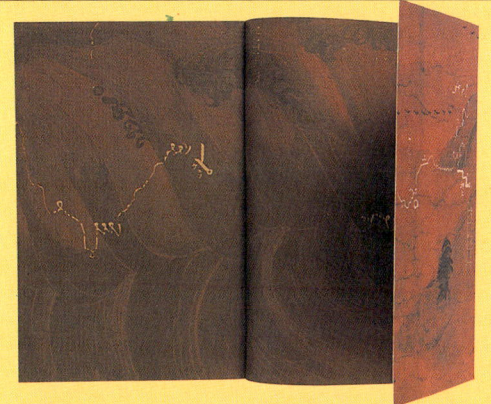

미지, 고대 사회를 노래하며 현대 사회를 비판한 것 등으로 시공이 복잡하게 교착되며 진행됩니다. 전체가 문학적, 철학적, 현대적인 내용으로 구성되어 확실히 사상가의 작품이라는 느낌이 듭니다. 제가 의도한 것은 시를 읽으며 일본 정원을 거닐 듯, 책 가장자리의 풍경이 조금씩 움직이는 작품입니다. 하단, 모서리, 왼쪽으로 해서 위쪽까지 한 바퀴 돌면 끝납니다. 풍경이 책 주변을 한 바퀴 도는 거죠. 이 풍경은 중세에 제작된 일본 두루마리식 부분도를 사용했습니다. 책 속에서 한 바퀴 도는 순환세계를 만들어냄으로써 인간을 둘러싼 세계, 과거와 현재를 하나로 포괄하려는 시도였죠. 작은 책이지만 공을 많이 들인 작품이에요. 표지의 흔들리는 선은 옛날 일본에서 악보를 기록하던 기보법記譜法과 불교의 성명보聲明譜, 그리고 샤미센三味線 악보입니다. 즉 이 선의 흔들림을 보면 자연스럽게 흥얼거리며 노래하는 듯한 느낌이 들어요. 이런 의도로 디자인한 것입니다.

제가 늘 생각하는 것을 요약하면 인도의 현자가 말한 '하나의 씨앗 속에도 우주가 담겨 있다'는 말입니다. 고대 인도의 철학서인 『우파니샤드』에 언급되지요. 한 권의 책이라는 작은 씨앗. 책은 세상에서 아주 작은 존재이지만 이 작은 용기容器 속에 전 우주를 담아낼 수 있는 것 아닐까요. 아직 그런 경지에 이르진 못했지만, 늘 염두에 두고 디자인하고 있습니다.

뤼징런 ◇ 스기우라 선생의 디자인은 책을 단순히 물리적으로 만드는 것이 아니라 작가의 혼을 시각적으로 표현합니다. 동시에 자신의 동양 문화에 대한 생각을 훌륭하게 담아내고 있지요. 그 결과 눈으로 읽는다기보다는 마음으로 읽는 책이 되는 것 같습니다. 디자인에 쓰인 모든 기호와 문양이 책 내용과 밀접하게 관련되어 있어요. 요시모토 다카아키의 책에 사용된 샤미센 악보를 보면 정말 누군가가 노래하는 듯한 느낌이 듭니다.

한글 표현을 실험하다

안상수 ● 저는 처음 책을 눈으로 읽기보다는 귀로 읽었습니다. 어린 시절 매일 밤 아버님이 할머님께 책 읽어드리는 것을 들으면서 자랐기 때문입니다. 지금도 필사본 한지의 보드랍고 폭신한 촉감과 어둑한 방에서 들려오던 아버지의 글 읽는 소리가 귓전에 쟁쟁합니다. 그것은 음악이었습니다. 아버님은 저에게 항상 '책천부천冊賤父賤'이라는 말씀을 해주셨습니다. 책을 아버지처럼 여기고 귀히 대하라는 뜻이지요. 그 때 어떤 종이든 글자가 적힌 종이는 뒷간에 두지 않았습니다. 용납할 수 없는 일이었거든요. 그런 경험들이 제게 영향을 주었습니다.

스기우라 ◉ 일본도 비슷해요. 바닥에 놓인 책을 타고 넘으면 야단을 맞았죠. 다시 책을 머리 위로 올린 다음 그대로 바닥에 내려놓게 했습니다.

안상수 ◉ 그리고 한글의 영향을 크게 받았습니다. '한글은 디자인 된 것' '한글은 대단한 디자인 결과물'이라는 깨달음으로 저는 일종의 역사 문화적 자부심과 정체성을 가지게 되었습니다. 사실 제가 디자인을 시작했을 때는 한글을 잘 몰랐습니다. 그저 한글의 글꼴이나 표현법이 다양하지 못하고, 한글을 써서 디자인해내는 것이 쉽지 않다는 생각만을 했을 따름이었지요.

그리고 '한글 표현법을 실험해보고 싶다'는 생각 등으로 1988년 조각가 금누리 교수와 같이 만든 것이 〈보고서/보고서〉입니다. 이것은 한국과 외국의 문화생산자들의 인터뷰를 모은 잡지입니다. 예술 창작의 비밀, 그 상상력의 뿌리를 알고 싶었습니다. 그 글은 한글 타이포그래피의

안상수 安尙秀 그래픽 디자이너.
1952년 충주에서 태어났다. 홍익대학에서 미술을 전공하고 1985년 안상수체를 디자인했다. 그 후 이상체, 미르체, 마노체를 디자인했다. 안그라픽스를 설립한 후 1991년 홍익대학 시각디자인과 교수로 자리를 옮겼다. 이코그라다(국제그래픽 디자이너 단체협의회) 부회장을 지냈고, 문화실험잡지 〈보고서/보고서〉를 만들고 있다.

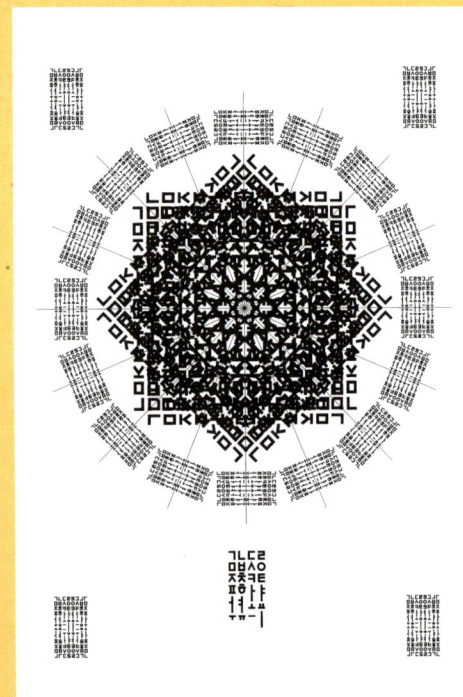

[그림4-a] 안상수의 포스터 '한글·만다라' (1988)
한글날 기념 포스터를 위한 스케치.
"한글은 우주의 문자, 우주의 모양이다" (안상수)

[그림4-b] 안상수의 포스터 '제1회 타이포잔치' (2001)
서울에서 열린 타이포그래피 비엔날레의 포스터.
"이 대회가 나무처럼 커나가길 기원하며…" (안상수)

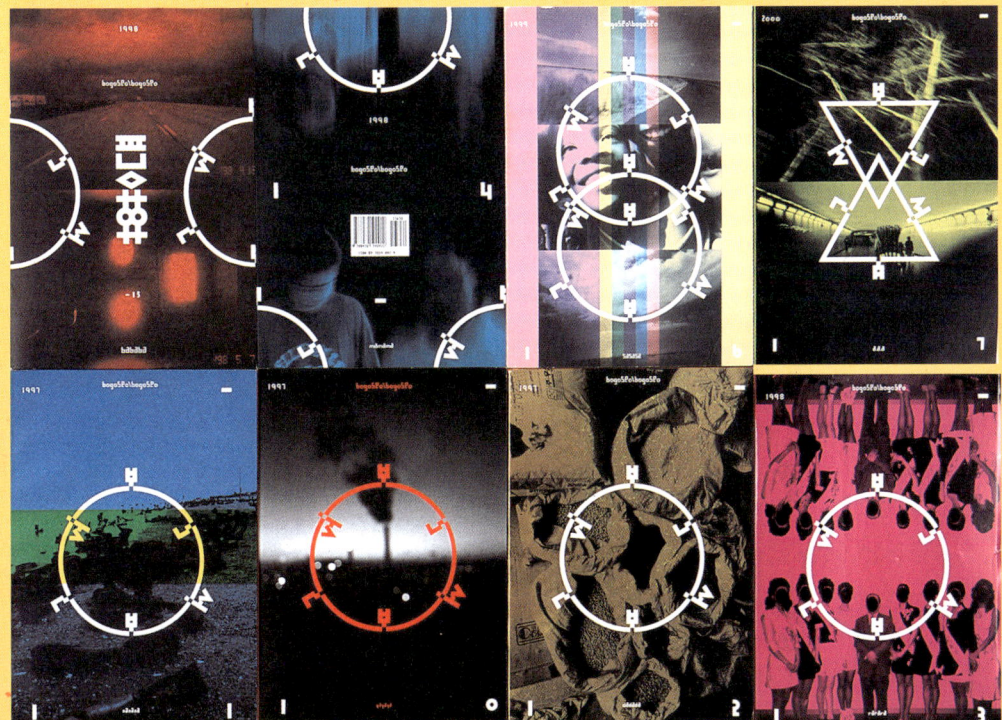

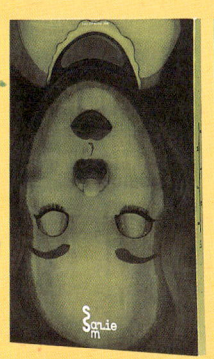
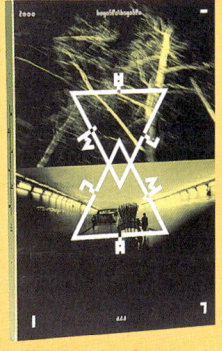
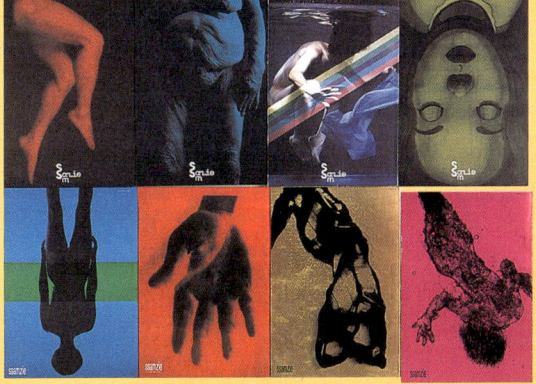

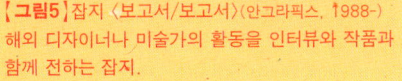
【그림5】 잡지 〈보고서/보고서〉(안그라픽스, 1988-) 해외 디자이너나 미술가의 활동을 인터뷰와 작품과 함께 전하는 잡지.

가능성을 실험하는 재료로 사용되었습니다. 저는 잡지에 관련된 일로 시작했기 때문에 지금도 잡지가 가까이 느껴집니다.

스기우라 호흡하는 인간과 마찬가지로, 잡지는 살아 있는 형태입니다. 안 선생은 잡지 형식을 좋아하시죠.

안상수 네. 잡지란 그때 그때 내용에 따라 변신할 수 있으니까요. 저는 '잡雜'이라는 글자가 마음에 듭니다. 거기에는 우주 질서 이전 카오스의 원초적 힘이 숨어 있는 듯합니다.

뤼징런 내용은 모르지만 〈보고서/보고서〉의 타이포그래피를 보면 아름다운 그림이나 연극을 보는 느낌입니다. 굉장히 음악적이에요.

스기우라 그게 안 선생의 특징이죠. 안 선생은 서양 디자인의 새로운 감각을 정확히 잡어내어 오감五感과 교묘하게 결합시킵니다. 유라시아 대륙의 동쪽과 서쪽 끝을 능란하게 연결하는 풍부한 시적 감성을 갖고 계시죠.

옛 문화를 훌륭하게 담아내

뤼징런◇ 저는 한자문화 속에서 자랐습니다. 아버지는 서도書道를 좋아하는 수집가였습니다. 그것을 잘 싸서 상자에 담아 두었다가 가끔 꺼내 통풍시켰습니다. 그러면 우리 형제는 아버지를 도와 그것을 바닥에 깔았는데, 아버지는 한 장 한 장 설명해주셨습니다. 또 어머니는 어릴 적에 여러 가지 이야기를 들려주셨습니다. 그때 배운 고사성어나 한자를 지금도 확실히 기억합니다.

한자는 300여 개의 '자소字素'가 있는 문자로 그것을 조합하는 방식은 7종류, 14가지 유형입니다. 따라서 문자의 구성법은 천변만화千變萬化로 매우 다양하죠. 글씨체字體나 글자 모양字形도 각양각색이어서 전서篆書만 해도 쓰는 법이 130종류쯤 됩니다. 서예에서 쓰는 다양한 서체는 한자 예술의 표현력을 확대했습니다. 가령 전서는 곡선에 힘이 넘치고, 예서隸書는 '일파삼절一波三折'로 너울과 같은 형태의 아름다움이 돋보입니다. 또 해서楷書의 특징은 직선으로 웅장하고 막힘 없는 기운을 갖고 있습니다.

한자는 신비한 우주와 같습니다. 이렇게 다채롭게 표현할 수 있는 상형문자를 사용하는 것은 중국인에게 큰 행운이라고 생각합니다. 현재 중국에서는 간체자가 쓰이고 있지만, 이것도 방대한 자원字源에서 태어난 새로운 한자라고 할 수 있습니다. 예를 들어 번체자인 '눈물 루淚'는 간체자에서는 '泪'라고 씁니다. 눈 속에 물이 있기 때문에 '泪'가 되는 겁니다.

1998년 저는 『주희대서천자문朱熹大書千字文』을 만들었습니다. 주희(1130-1200)는 남송南宋의 유학자로, 존칭은 주자朱子이며 그의 학문을 '주자학'이라 부릅니다. 천자문은 한자학습을 위한 계몽서로 남북조시대 양(梁, 6세기 중반)대에 완성되어 수(隋, 581-618)대에 널리 퍼졌습니다.

뤼징런呂敬人 그래픽 디자이너.
1947년 상하이上海에서 태어났다. 1998년 징런서지공쭈스敬人設計工作室를 설립했고, 칭화대학淸華大學 메이수학원美術學院 교수로 활동하고 있다. 중국정부출판국의 그래픽 디자인위원회 회장. 중궈칭녠출판사中國靑年出版社 고문. 작품집으로 『뤼징런의 서적기획敬人書籍設計』(지린메이수출판사吉林美術出版社, 2000), 『뤼징런의 서적기획2敬人書籍設計2號』(덴쯔궁예출판사電子工業出版社, 2002)가 있다.

두 글자가 의미 있는 한 구를 이루며 4구씩 운문이 되지요. 내용은 주로 자연, 사회, 역사, 논리, 교육 등으로 중국인의 우주관, 논리관, 가치관을 나타내지요.

안후이安徽성에 남아 있는 주희의 『천자문』 탁본을 봤을 때 저는 굉장히 충격을 받았습니다. 이것은 중국 문화의 개념을 대표하는 것으로 우주를 나타내는 듯한 느낌이었습니다. 그래서 이 『천자문』을 원본 크기로 복각했습니다. 전체를 3권으로 나누고 표지에 각기 주희의 문자를 구성하는 요소인 '파임' '점' '우측 삐침'을 하나씩 사용했습니다. 또 세 권을 넣는 상자는 나무로 만들었습니다. 목판인쇄의 이미지를 표현하고 싶었기 때문입니다.

【그림6】『주희대서천자문朱熹大書千字文』
(中國靑年出版社, 1998)
북디자인=뤼징런

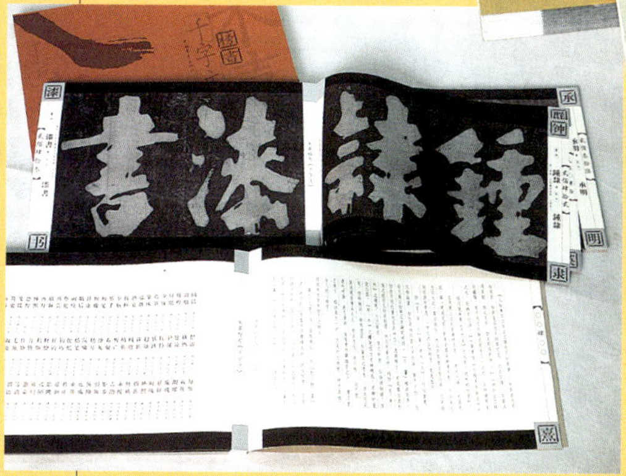

안상수 ◐ 뤼 선생의 작품을 대하면 항상 그 겸손함에 자극을 받습니다. 뤼 선생의 작품에는 인간적인 겸손함이 배어 있음을 느낍니다. 그리고 중국의 유구한 문화적 전통과 한자적 상상력에 뿌리를 두고 특유의 예술적 감성으로 다듬어낸 세심하며 대담한 작품들에 감탄하고 있습니다.

뤼징런 ◇ 다른 책을 보여드리겠습니다. 이것은 펑지차이馮驥才의『삼촌금련三寸金蓮』의 호화본 『회도금련전繪圖金蓮傳』입니다. 이 소설은 중국의 오랜 전통이었던 전족(纏足, 계집아이의 발을

【그림7】펑지차이『회도금련전繪圖金蓮傳』
(香港新風出版社, 2001)
북디자인=뤼징런, 필사=런부우任步武

천으로 감싸 발을 작게 만드는 풍속)을 그린 것입니다. '금련金蓮'은 신을 의미합니다. 이것은 굉장히 유명한 책이에요. 독자 중 서예가 런부우任步武는 이 소설에 감동해 작은 개서체로 한 글자씩 끝까지 필사했는데 한 3년쯤 걸렸답니다.

저는 혼이 담긴 필사를 보고 정성껏 제본하기로 결심했습니다. 동시에 현대 소설이기 때문에 젊은 사람들이 읽을 수 있도록 해야 했습니다. 그래서 여러 가지 자료를 찾아 가능한 한 전족의 요소를 담아 디자인했습니다. 상자 겉에는 전족한 여자의 바지를 이미지로 표현했고, 양쪽 덮개는 작은 발을 꼰 것처럼 만들었습니다. 안을 열면 전족할 때 쓰는 천으로 책을 싸고 상자 뒷면에는 전족에 대한 시를 실었습니다. 현대 젊은이들이 그 시대 상황이나 여성의 풍속을 알 수 있게 하려고요….

또 상자 안에는 전족용 작은 신을 넣을 생각이었습니다. 하지만 이 시도는 비용이 많이 들어 출판사가 거절하고 말았지요.

스기우라 ● 지금 보여주신 것처럼 뤼징런 선생은 중국 전통문화를 오늘날의 독자가 공감할 수 있는 형태로 되살려 디자인하십니다. 이것은 텔레비전이나 컴퓨터 등 가상현실에 몰두하는 시대에 대한 저항인가요, 아니면 뤼 선생님의 저항인가요?

뤼징런 ◇ 디지털은 편리한 기술이지만 부정적인 측면도 많습니다. 젊은이들이 컴퓨터와 게임에 빠져 독서하는 시간이 줄어들고 있습니다. 따라서 '지혜'의 크기도 작아지고 있습니다. 그들은 중국의 훌륭한 전통문화를 잘 모릅니다.

제가 책을 만들 때, 옛 서적을 흉내내거나 복제하는 것은 전통문화에 새로운 요소를 추가함으로써 독자들에게 신선한 느낌을 주기 위함입니다. 이것이 젊은 독자들의 시선을 끌게 된다면, 그들이 키보드 치던 손을 멈추고 책장을 넘기게 되지 않을까요?

전통문화에 생명을 불어넣어

스기우라 ● 뤼 선생은 중국 전통문화와 전통기술을 현대 북디자인에 어떻게 적용할 것인지 시험한 것이군요. 책은 여러 권 만들 수 있으니 대량생산 메커니즘이 필요합니다. '책을 공업생산품으로 만드는 과정에서 중국의 전통기술을 어떻게 되살릴 것인가' 하는 매우 중요한 문제에 직면했다고 생각합니다.

전통문화를 되살리고자 할 때 정교한 중국 전통문화에 대해 잘 아는 사람을 찾아내는 것도 문제입니다. 동시에 소규모 집단에서 지켜온 기술을 어떻게 대량생산으로 연결할 수 있을지도 생각해야 할 겁니다.

뤼징런 ◇ 오늘날 중국은 전통문화를 계승하려는 노력이 매우 부족합니다. 사람들은 변하는 유행을 좇고 있는데, 그것은 책뿐 아니라 다른 것도 마찬가지죠. 현대화, 서양화되는 경향이 강해요.

중국인들은 현재 한자를 사용하기 때문에 전통문화를 지키고 있다고 착각하기 쉽지만 실은 그렇지 않습니다. 1949년 중화인민공화국이 성립된 뒤 우리가 쓰는 언어는 정치적인 영향을 받아 변화되었습니다. 제 또래가 말하는 것을 듣고 대학생들은 '좀 이상하다니까'라며 웃지요. 이렇게 같은 중국어인데도 '차이'가 생긴 겁니다.

저는 책을 만들 때 우수한 중국 전통문화를 가능한 한 멋진 형태로 담아내려고 노력합니다. 가령 베이징 서점가인 류리비瑠璃廠에 가면 많은 고서를 볼 수 있습니다. 또 골동품점이나 고가구점이 많아 그곳에 가면 중국 전통문화의 뛰어난 지혜를 느낄 수 있습니다.

중국문화부가 진행한 '중국 선본 복각 프로젝트中華善本再造工程'에 참여하며 국가도서관 지하 서고에 가서 여러 번 고대 서적을 봤습니다. 그래서 중국 고대의 서적 예술이 얼마나 훌륭한지

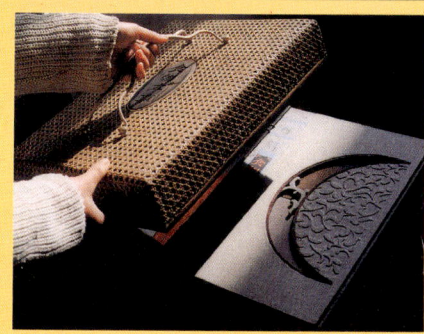

【그림8】『식물본초食物本草』(北京圖書館出版社, 2001)
북디자인=뤼징런 중국문화부의 '중국 선본 복각 프로젝트'

깨달았지요. 문자나 본문 레이아웃, 도판에서 인쇄, 장정, 용지나 상자 모양까지 그 다양성에 푹 빠졌습니다. 이런 것을 배우며 중국의 현대 북디자인을 더욱 발전시켜야겠다는 용기와 자신감을 얻을 수 있었습니다.

스기우라 ● 뤼 선생은 남겨진 문화유산을 제대로 뽑아내 살리고 계시네요. 훌륭한 심미안이에요.

뤼징런 ◎ 하지만 요즘은 중국의 옛 장식이나 전통공예를 하는 장인이 줄어들고 있습니다.

현대인들은 힘들이지 않고 많은 돈을 벌고 싶어합니다. 그들의 마음은 언제나 술렁거립니다.

전통 공예품이 대단한 것은 모두 차분히 마음을 가라앉히고 작업에 전념했기 때문일 겁니다.

이런 전통문화의 매력을 전하는 데는 책이 꼭 알맞다고 생각합니다. 고급가구는 소수만이 구입하지만 책은 많은 사람이 사서 가질 수 있으니까요.

스기우라 ● 전통공예를 근대 산업으로 되살리는 문제는 한국도 마찬가지겠죠?

한국에는 박물관에 있는 국보나 문화재 급 명품을 똑같이 만드는 행사가 있어 관심을 가지고 있습니다. 전통적인 가구, 서랍장, 갓, 의상 등…. 젊은이나 수작업을 하는 장인들이 심혈을 기울여 만드는데 거의 진품 같더군요. 그것을 박물관에 소장하기도 하는 걸로 알고 있습니다. 안 선생은 이런 전통 살리기에 대해 어떻게 생각하시는지요?

안상수 ● 네. 한국에 그런 움직임이 있는데 긍정적인 면뿐만 아니라 부정적인 면도 있어 걱정입니다. 예를 들어 90년대 초 종이 전시회를 기획한 적이 있습니다.

역사적으로 한국 종이는 품질이 좋은 것으로 정평이 나 있어, 중국과 일본에 많이 수출되기도 했습니다. 이 전시회에 한국 전통한지 제작 과정을 재현하려고 지방을 돌아다니며 조사한 적이 있었습니다. 예전에는 한지를 농민들이 만들었는데, 그들은 여름에는 농사를 짓고 겨울에 종이를 만들었지요. 종이를 만드는 천연 재료인 닥과 닥풀을 풀어 놓은 물이 여름에는 쉽게 썩기 때문에 날씨가 서늘해져야 작업을 할 수 있었으니까요.

그러나 현재 한지는 거의 화학재료로 만들고 있습니다. 이제 만드는 계절도 사시사철로 변했고, 비용도 줄이고 대량생산해야 하기 때문에 닥까지도 수입에 의존하고 있어서, 창고에는 필리핀에서 수입된 닥과 화학재료가 쌓여 있었습니다. 이렇게 만든 종이는 외양이야 비슷하겠지만 당연히 산성 종이가 되겠지요. 옛날 한지란 중성지로 천 년을 간다고 했습니다. 사람들은 진정한 한지를 만들고자 하는 것이 아니라, 어떻게 하면 이익을 남길 수 있는지만 생각합니다. 이렇듯 종이를 만드는 이들의 가치관도 변했습니다. 종이뿐만 아니라 전통공예의 전반적 현상이기도 하지요. 이러한 변화된 사고방식이 전통공예의 전승을 저해하고 있다고 생각합니다.

가구나 금속공예 등 전통공예도 마찬가지기 때문에 정부가 예산을 들여 공예를 진흥시키고, 이렇게 모은 작품을 미술관에 전시하는 것입니다. 인위적인 장치라고 할 수 있습니다. 앞으로 전통공예를 현대문화로 어떻게 자연스럽게 흡수하여 재현할 것인가 하는 시스템 개발이 중요하다고 생각합니다.

스기우라 ● 전통을 살리기 위해서는 진중한 배려와 깊은 지혜, 그리고 인내가 필요하다는 말씀이시군요.

안 선생은 종이에 대해 이야기하셨는데, 일본도 한국처럼 전통적인 종이문화가 사라지고 있습니다. 일본 종이인 화지和紙는 가격이 비싸고 재료를 구하기도 어렵습니다. 게다가 종이 뜨는 작업은 찬물에 손을 넣고 해야 하는데 이를 꺼리는 사람이 많아지면서 화지는 사라질 위기에 처했습니다.

그러자 사람들은 새삼 전통종이의 부드러운 촉감과 조직, 빛을 투과하는 깊은 맛에 대해 깨닫기 시작했습니다. 종이를 뜨며 여러 가지 가능성을 생각하고 공예에 적용해 보기도 하여, 완전히 사라질 뻔한 화지공예를 겨우 되살리고 있습니다. 오히려 종이공예가 더욱 재미있어졌지요. 아마 앞으로 사람들은 종이공예에 대한 새로운 도전을 할 겁니다.

뤼징런 ◇ 책으로 전통문화의 장점을 전하려면 가격을 낮출 필요가 있습니다. 그렇게 하면 더욱 많은 독자가 생길 수 있기 때문입니다. 저는 책을 만들 때 어떻게 해야 비용을 낮출 수 있을지 고민합니다.

예를 들어 일본이나 한국의 전통종이는 자연스럽고 훌륭하지만 그것을 쓰면 비용이 많이 듭니다. 그래서 요즘 안후이성 황산黃山 주변에 있는 제지공장과 일하고 있습니다. 그곳은 주문에 따라 특별한 모양을 내거나 물들인 종이를 만들거든요. 그 비용은 일본의 10분의 1 정도이니 제가 디자인한 책을 본 독자는 '굉장히 좋은 종이를 사용했다'고 생각하게 됩니다. 이렇게 해서 좋은 책을 저렴하게 전하려 노력합니다.

스기우라 ● 지금까지 아시아 각국을 다니며 느낀 점이 있습니다. 어느 나라든 한 번 사장死藏된 전통문화, 가령 중국 문화대혁명 때 버림받은 과거의 전통문화가 오늘날 여러 형태로 되살아나고 있습니다. 소수민족 역시 근대화의 파도에 떠밀려 고유의 문화가 사라지려 하자 되찾으려 노력했습니다. 마치 오랫동안 땅속에서 지내던 유충이 땅위로 나와 힘껏 울어대는 매미처럼 소생하는 힘이 있다고 생각합니다.

그 바탕힘은 풍토와 하나가 되어 살아온 사람들이 몸으로 기억하는 것이라고 생각합니다. 지금이 바로 그런 기억의 힘을 분출할 때입니다. 또한 이런 계기를 살려 훌륭한 운동으로 확산시켜야 하는 것 아닐까요.

우리는 늘 눈앞의 것에 급급해 한 걸음 더 내딛는 것만 생각합니다. 그러나 힘차게 한 발 내딛기 위해서는 지금껏 걸어온 두세 걸음을 확실히 기억해야 합니다. 과거의 두 걸음이 더 소중할 때도 있으니까요.

안상수 ◐ 전통이란 '현대' 자체를 나타내는 것이 아닐까요. 과거와 현재라는 시간적 흐름을 나누어 생각할 게 아니라, 과거와 현재는 하나이고, 한몸이라고 생각합니다. 그렇기 때문에 어디서부터 현재이고 어디서부터가 과거인지 구

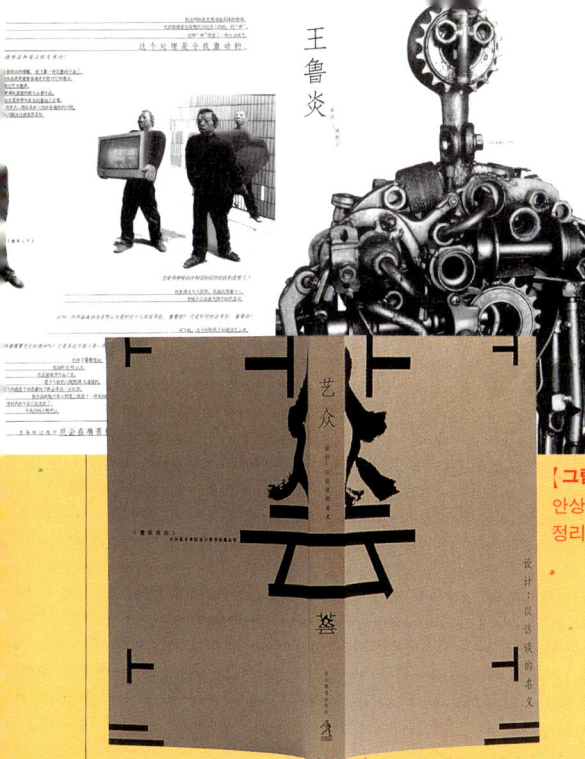

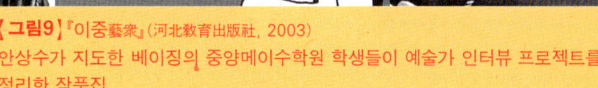

[그림9] 『이중藝衆』(河北敎育出版社, 2003)
안상수가 지도한 베이징의 중앙메이수학원 학생들이 예술가 인터뷰 프로젝트를 정리한 작품집.

해 지금까지의 발자취를 돌아보는 자세'가 중요합니다.

'생명기억'을 되살려

스기우라 ◉ 안 선생은 홍익대학에서 새로운 디자인 교육을 시도하셨죠. 학생들에게 한국의 현재 사회상과 전통문화를 조사하게 하고, 학기 말에 그 내용을 정리하고 디자인하는 출판 프로젝트는 매우 훌륭한 방법이라고 생각합니다. 또 2002년 여름부터 1년간 베이징 중앙메이수학원中央美術學院의 객원교수로 계시며 같은 프로젝트를 중국 학생들과 진행하셨죠?

안상수 ◉ 그렇습니다. 이것은 일종의 타이포그래피 심화과정이라고 볼 수 있는데, 이 책 만드는 과정을 '만남' 프로젝트라 부르기도 합니다. 베이징의 예술가들을 인터뷰하여 디자인한 결과물은 『이중藝衆』이라는 책으로 묶어 허베이자오위출판사河北敎育出版社에서 출판했습니다. 학생들은 베이징의 창조적인 분야에 몸담고 활동하는 사람들을 직접 고르고 만나 인터뷰했습니다. 디자이너는 주어진 내용만을 꾸미는 사람일 뿐이라는 잘못된 인식을 고쳐주려는 의도이기도 합니다. 의미 생산자로서의 디자인 훈련을 겸하는 것이지요. 곧 자신이 정보생산의 주체가

분하는 것은 불가능할지도 모르겠습니다.

현재 우리가 살아 있는 전통이라 말하는 것은, 과거에 당대 최선의 것을 더욱 치열하고 또 새롭게 추구했던 결과라고 생각합니다. 그렇기 때문에 시간에 의해 닦이고 빛이 나서 현재로 이어진 것이겠지요. 정신적인 것이야 말할 것 없지만, 가령 한국의 해인사 팔만대장경, 중국의 돈황석굴敦煌石窟, 일본의 호류지法隆寺 등은 그 시대에 가장 앞선 감각과 독창적인 디자인 예술행위의 결과물이겠지요.

그렇게 생각하면 현대나 과거나 최선을 추구하는 것은 마찬가지입니다. 미래에 '전통'으로서 살아남는 것은 우리들이 아직 갖지 못한 전혀 새로운 개념의 작품일 것입니다.

즉 전통의 본질은 미래지향적인 정신에 기초한 것입니다. 따라서 이미 존재하는 전통이란 과거의 미래지향적 창작정신의 소산입니다. 본질은 변하지 않는다고 생각합니다. 그러기에 그 상상력과 지혜를 배울 필요가 있는 것이지요. 스기우라 선생께서 말씀하셨듯 '일보 전진을 위

되어 사진도 찍고 자료도 수집하며 텍스트를 만들어내고 가공하며 디자인을 하는 것입니다.

스기우라 ◉ 굉장히 흥미롭네요. 제작 기간은 얼마나 걸렸습니까?

안상수 ◉ 중앙메이수학원에서 5주 동안 진행했습니다. 베이징 학생들은 타이포그래피 기초교육이 안 된 상태여서 기초부터 가르쳤습니다. 학생들은 힘들어했지만 즐거이 한 단계씩 착실히 따라와주었고, 그들의 기량은 나날이 높아졌습니다. 그들의 잠재 능력은 놀라웠습니다. 저 역시 한자 타이포그래피의 가능성을 충분히 체험하는 계기가 되어서 도움이 되었습니다.

뤼징런 ◉ 안 선생의 열의가 학생들에게 전해진 것이겠죠. 안 선생은 매일 학교에 나와 적극적으로 학생들과 면담하셨습니다. 중국 시인과 문학가들을 학생들에게 소개해주셨죠. 사람과 만날 수 있는 자리를 만들어주려 하신 거죠. 만남을 통해 그 사람의 언어, 사상, 예술 등 다양한 요소를 받아들일 수 있습니다. 그런 경험을 통해 학생들은 많은 것을 배운다고 생각합니다.

안상수 ◉ 중국어가 능숙하지 않아 한국에서 가르칠 때만큼 상세히 설명해 줄 수 없었습니다. 그 대신 학생들 스스로 상상력을 발휘해 작업했다고 생각합니다. 제가 학생들에게 강조한 것은 '만남을 중요하게 여기라'는 것이었습니다. 만남에서부터 다양한 가능성이 열린다고 믿기 때문입니다. 제가 두 분 선생님과 만나 디자인에 영향을 받고 자극을 받기도 했듯이 말이지요.

스기우라 ◉ 뤼 선생도 칭화대학이나 베이징 중양메이수학원 학생과 북디자인을 비롯한 다양한 시험을 하셨죠.

뤼징런 ◉ 노자의 도덕경에는 '반자도지동反者道之動'이라는 말이 있습니다. 전통은 고정된 것이 아니라, 항상 변화하는 것이라는 의미입니다. 옛것에서 새로운 것이 탄생합니다. 이것도 음양과 같은 이치지요. 그래서 저는 책을 만들 때 전통에서 현대를 밝혀내려 노력합니다.

학교 수업에서도 가능한 한 중국 전통문화를 많이 전달하려 합니다. 그들이 전통을 이해하고 정수精髓를 흡수할 수 있다면, 단순한 모방이 아니라 독자적이고 새로운 세계를 개척할 수 있을 것이라고 생각합니다.

저도 안 선생님처럼 중앙메이수학원에서 객원교수로 있습니다. 10여 명의 학생이 스토리를 구성하고 그림을 그려 디자인하는 단계까지 모두 할 수 있도록 지도하죠. 또 제본할 소재도 스스로 찾는 등 모두 직접 손으로 만들어 보는 거에요. 좋은 책을 만들기 위해서는 디자인뿐 아니라 내용을 깊이 이해해야 하기 때문입니다.

스기우라 ◉ 스토리는 모두 학생들의 픽션fiction입니까?

뤼징런 ◉ 그렇습니다. 모두 아주 좋은 작품을 만듭니다. 예를 들면 책이 물속에 들어 있는 작품을 낸 학생이 있습니다. 황사가 심한 날 온통 붉게 변한 풍경을 보고 환경의 소중함을 깨달았다더군요. 물, 공기, 태양이 있기 때문에 책이나 이야기도 생장한다는 것을 써서 책으로 만들었습니다.

또 방글라데시에서 온 유학생은 라디오 자체가 책인 작품을 만들었습니다. 어린 시절 라디오는 그 학생의 보물이었는데, 번개가 쳐서 잡음이 생기면 라디오가 아프다고 생각해 간호사였던 어머니의 주사기로 라디오에 주사를 놨다고 했습니다. 그런 추억을 바탕으로 쓴 이야기를, 휴지통에 버려진 라디오 속에 담아냈습니다.

스기우라 ◉ 대단하네요. 정말 생생한 전개예요.

뤼징런 ◉ 우선 스토리에 대한 구상을 다른 학생들 앞에서 발표하고 책이 완성되면 또 한 번 발표하게 합니다. 완성한 책은 『서중몽유書中夢遊』라는 작품집으로 정리했습니다. 이것은 제가 직접 제작·발행했습니다.

안상수 ◉ 저도 뤼 선생의 수업 결과물을 보았는

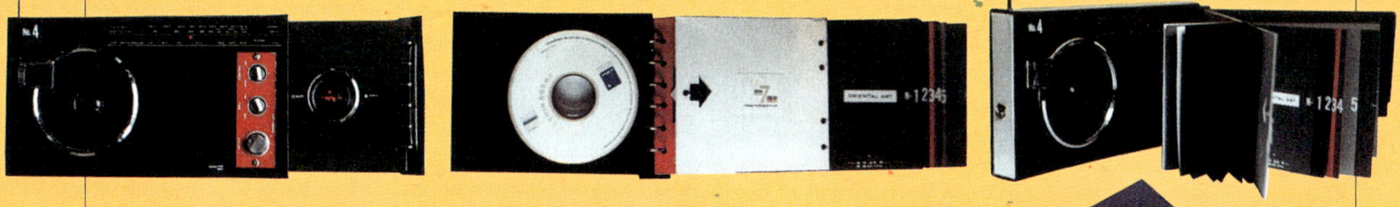

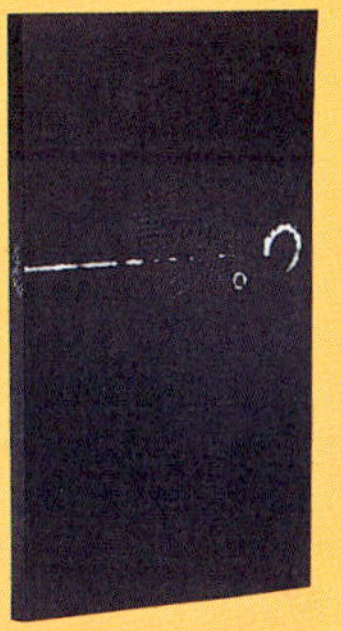

【그림10】『서중몽유書中夢遊』
(敬人設計工作室, 2002)
뤼징런이 가르친 학생들의 책만들기
프로젝트를 정리한 작품집.

데 놀랍더군요. 뤼 선생께서 직접 만든 책은 전통적이고 중국적인 표현물을 주로 하시는데, 학생들을 가르치는 주제는 매우 실험적이었습니다. 그런 유연한 대비가 인상적이었습니다.

스기우라 ● 뤼 선생은 전통적인 것이 되살아나고 거기에 젊은이들의 힘이 스며들어 미래를 위한 독자적이고 새로운 체계가 만들어지기를 바라죠. 후진을 양성하며 전통의 새로운 체계를 만들고 있음을 충분히 느낄 수 있습니다.

또 안 선생의 프로젝트에서도 학생들은 전통문화의 정수를 이해하고 활동하는 예술가의 소리를 멋지게 표현했습니다. 그리고 흰 종이에 검은색만 쓴 대담하고 효과적인 디자인으로 음양이 격렬하게 회오리치는 현대 사회와 사람들의 모습을 생생하게 나타냈습니다.

그리고 안 선생께서 해온 문자에 음악을 얹는 시험이 있죠. 학생들은 그 재미를 충분히 느끼고 자신의 타이포그래피에 담아내려고 합니다. 이 책 안에 가득한 문자 표현에서 중요한 것은 육체를 되찾고 음성을 회복하는 것이라고 생각하는데, 그에 대해 학생들은 굉장히 순진한 답을 하고 있습니다.

저도 십 년 동안 고베예술공과대학神戶藝術工科大學에서 학생들을 가르쳤는데, 그 때 다짐한 것이 있습니다. 첫째, '나는 무엇인가'를 오감을 통해 다시 확인하는 것입니다. 오늘날 일본 학생들은 자아를 발견하기 매우 어렵기 때문입니다. 이 세상에서 가장 알 수 없는 것이 바로 '자신'이기 때문입니다. 어떻게 행동하고 어떻게 생각해야 할지 모르는 학생들에게 가장 필요한 것은 무엇보다 자신의 신체감각과 존재감을 되찾는 일입니다. 신체감각의 근원인 감각기의 작용을 느끼고 갈고 닦는 것. 그런 생각이 있어 '오감을 연다'는 주제로 수업을 한 적도 있습니다.

또 하나 학생들에게 전하고 싶은 것은 '생명기억'이라는 말입니다. 이것은 일본 해부학자인 미키 시게오三木成夫가 창안한 것으로, 인간의 몸 깊숙이 잠재되어 있는 생물로서의 기억을 의미합니다. 그는 지구 탄생 이후 38억 년에 이르는 생명의 역사 속에서 '다양한 생명체의 기억이 몸속 깊은 곳에 잠재되어 있을 것'이라고 말했습니다. 그 모든 것이 현대인의 신체구조,

음성, 무의식적인 행동에 깊이 스며 있다고 생각합니다. 이런 '생명기억', 생명체에 숨겨진 기억을 되살릴 만한 이야기를 해서 예를 들면 3일 동안 마무리할 수 있는 짧은 과제를 제안하기도 합니다.

동아시아를 뛰어넘는 고리

스기우라 ● 동아시아에 살고 있는 우리가 앞으로 책이나 디자인을 통해 어떤 것을 전하려 하는가. 마지막으로 이 주제에 대해 이야기해 봅시다.

안상수 ● 동아시아의 문화에 대해서 저는 세 나라 문화의 '화이부동和而不同'을 생각하게 됩니다. 철학자 신영복申榮福 교수에 의하면 '화和는 다양성을 인정하고 차이를 존중하는 공존의 원리임에 반하여, 동同은 차이와 다양성을 인정하지 않는 흡수와 합병의 논리'라고 말한 적이 있지요. 동감합니다. '화'는 조화요, 생명의 원리라고 생각합니다. 사실 급속도로 획일화되는 현대 문명은 같음同의 문화로 치닫고 있습니다. 역사의 흐름 속에서 이러한 시행착오는 하지 말아야 한다고 봅니다.

세 나라는 겉으로는 같아 보이지만 서로 다릅니다. 같은 것만큼이나 다르지요. 다른 문화가 존재할 때 하나의 문화가 다른 문화를 부정하거나 해를 입히거나 입지 않고, 개개의 문화가 서로 아름답고 평화롭게 공존하면서 서로 상대방의 존재를 돕는 상생相生의 문화로 발전해야 한다고 봅니다. 디자인 역시 마찬가지입니다. 바로 '어울림'이지요. 이러한 생각에서 '어울림'을 지난 2000년 서울에서 열린 이코그라다 밀레니엄 대회의 주제로 삼았습니다.

스기우라 ● 안 선생께서 동아시아에 대해 매우 좋은 말씀을 해주셨습니다. '조화롭되 같지 않다' '어울림' 동감합니다. 우리는 서로 다른 점을 가지면서도 공통된 문화권 속에서 살고 있습니다.

그런데 현대라는 시대, 특히 최근 50년 동안 그 시간들 위에 얇은 종이가 한 장씩 놓였습니다. 이 얇은 종이란 현대의 서양 문화, 다시 말해 미국 문화입니다. 얇은 한 장의 종이가 이 '조화롭되 같지 않은 것' 위에 놓인 것입니다. 대부분 현대인, 특히 젊은 세대는 '현대란 이런 종이'라고 믿지만, 그 종이를 걷어보면 그 아래 '조화롭되 같지 않은' 문화가 있습니다. 서로 다른 문화가 조화되어야 하며, 조화된 문화의 차이를 찾아 서로 존중할 필요가 있습니다.

예를 들면 한자문화의 특징이 이 '화이부동'이라고 생각합니다. 한자 한 글자는 대부분 편偏과 방旁의 복합체입니다. 게다가 위에는 관冠을 얹고, 아래에는 다리足를 대기도 하죠. 현대적이고 복잡한 의미를 표현할 때에는 두 개 이상의 문자를 접합합니다. 즉 하나의 문자나 하나의 개념은 같지 않은 요소가 화합해 비로소 무언가를 만들어내는 것입니다. 이런 문자의

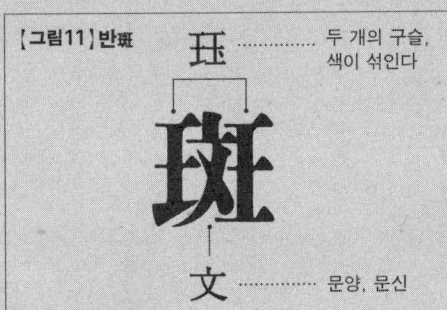

[그림11] 반斑
玨 ········· 두 개의 구슬, 색이 섞인다
文 ········· 문양, 문신

구성 원리는 한글도 마찬가지입니다. 한글도 초성, 중성, 종성의 3음을 자음이나 모음 등과 조합해 하나의 문자가 탄생됩니다. 말하고 보니 다양한 요소, 서로 다른 것이 만나 혼합되는군요. 즉 '같지 않은 것이 하나로 동시에 존재'하는 상태네요. 이것이 '얼룩 반斑'입니다.

뤼쥥런◇ '반斑'이라…

스기우라◉ '반斑'… 이것은 매우 상징적인 문자라고 생각합니다. '옥玉' '문文' '옥玉'이라는 세 개의 문자가 결합해 만들어졌습니다. 하나하나의 요소가 확실한 의미를 지녀야만 하나의 문자를 구성할 수 있습니다. '조화롭되 같지 않으며' 따로 흩어진 게 아니라 '따로이면서 하나의

결속력을 가질' 방법이 있다면 가장 좋을 것이라고 생각합니다.

이것은 동아시아만의 문제가 아니라 전세계의 문제입니다. 사람의 몸속에는 오장육부가 조화롭게 활동하고 있으며 그로 인해 생명체가 생깁니다. 세계란 일국패권주의로 통합될 것이 아니라 '화이부동'으로 '반斑'을 이뤄야 합니다.

이 '반斑'이라는 문자도 동아시아에서 매우 중요하다고 생각합니다. 우리 모두 한자리에 있지만, 한 사람 한 사람은 개별적인 존재죠. 그러나 세 사람이 한데 모일 때 정말 즐거운 자리가 됩니다.

뤼쥥런◇ 두 분이 여러 문자를 쓰셨으니 저도 써 보겠습니다. '인경인人敬人'. 사람이 사람을 공경한다는 말입니다. 고대에는 중국 문화가 일본과 한국에 전해졌습니다. 그러나 그 후 중국의 문화전통은 사라졌고 이제는 반대로 외부의 영향을 받고 있습니다. 그런 의미에서 스승도 제자도 없다고 생각합니다. 중국이나 한국이나 일본이나 서로 연결되어 있습니다. 가장 소중한 것은 사람이 서로 존중하는 자세입니다. 그것은 동아시아뿐만 아니라 전세계 어디나 마찬가지라 할 수 있습니다.

우리 세 사람은 모두 서로 문화가 다르지만, 함께 생각하고 협력해 작업을 진행할 수 있습니다. 그러면 더욱 강력하고 더욱 훌륭한 것을 만들어낼 수 있겠지요.

스기우라◉ '화이부동', '반', 그리고 '인경인'. 선인들의 지혜를 이어받아 우리의 눈으로 다시 읽고 최선의 결과를 추구하여 미래에 전하는 것. 동아시아를 뛰어넘는 고리를 만드는 것. 그것이 오늘의 결론입니다.

【디자인】…… 구도 쓰요카쓰工藤强勝+요코자와 히로코橫澤寬子
　　　　　　（디자인 실험실）
【사진】…… 펑쩬궈馮建國（인물）
　　　　　　사쿠라이 다다히사櫻井ただひさ（그림 3, 5, 9）
　　　　　　사지 야스오佐治康生（그림 2）

동아시아와 동북아시아, 그리고 한국

한국

백낙청 문학평론가, 전 서울대 교수

백낙청
1938년생. 1972년 하버드대학에서 문학박사 학위를 받았다. 1966년 계간 〈창작과비평〉을 창간한 이래 편집인, 발행인 등으로 활동했다. 저서로 평론집 『민족문학과 세계문학』 『인간해방의 논리를 찾아서』 『흔들리는 분단체제』 등이 있으며, 평론선집 『민족주의란 무엇인가』 『리얼리즘과 모더니즘』 등이 있다.

문자 그대로라면 동북아시아는 동아시아의 북쪽 절반쯤이어야 옳다. 실제로 '동아시아'에서 '동남아'를 뺀 나머지를 '동북아'로 분류하곤 하는데, 그렇다고 둘 사이의 경계선이 지도상의 중간 지점에 그어지는 건 아니다.

'아시아'와 '동아시아'의 관계도 마찬가지다. 아시아를 동아시아와 서아시아로 양분하는 경우는 거의 없고 중앙아시아, 남아시아 등이 병존하고 있다. 게다가 '동아시아'가 서아시아, 중앙아시아, 남아시아를 뺀 나머지 전부를 포괄하는지도 의문이다. 대체로 괌, 마샬군도 등 미국 영토가 배제됨은 물론, 아시아 동부에 거대한 영토를 지닌 러시아도 곧잘 빠지곤 한다.

그런데 '동북아'라고 좁혀 놓으면 오히려 러시아를 빼기가 힘들어진다. 요즘 한국에서는 '동아시아'보다는 '동북아' 담론이 더 활발한데 그 직접적인 계기로 두 가지를 들 수 있다. 하나는 노무현 정권이 '동북아 경제중심 추진'을 중요 국정지표로 내건 점이요, 다른 하나는 이른바 북핵위기와 관련해서 동북아 평화체제의 수립이 절실해졌기 때문이다. 어느 경우든 동아시아 전체보다는 동북아시아에 일단 초점을 두는 것이 현실적이며, 러시아의 참여가 필수적이다.

반면에 출판문화와 관련해서는 비록 한·중·일 삼국에 국한된 사업일지라도 '동북아'보다 '동아시아'를 말하는 것이 일리가 있는 것 같다. '동아시아 문명East Asian Civilization'이라 흔히 일컬어지는 한자문명권의 존재가 배경에 있기 때문이다. 이 때의 '동아시아'는 동남아시아까지 포괄하는 지리적 개념이기보다 역사적·문화적 개념인 셈이다.

이처럼 '동아시아'든 '동북아'든 그때그때 상황에 맞는 표현을 쓰고 자신이 어떤 취지로 그 표현을 쓰는지를 명확히만 한다면, 개념규정이 유동적이라는 사실 자체가 문제될 건 없다고 본다. 다만 오늘을 사는 한국인에게 동북아 논의 또한 절실한 것이라고 할 때, 출판문화에서의 동아시아 담론을 그것과 연결시키는 작업도 중요해진다.

예컨대 이번의 5개국어판 '동아시아 공동출판' 기획과 관련해서 한국인으로서 먼저 주목하게 되는 점은 한반도 전부가 아닌 남쪽만이 참여하고 있다는 사실이다. 중국과 대만이 함께 했고 그것도 '간자'와 '번자'라는 별도의 문자체계를 갖고 참여했는데, 동아시아의 일부이자 동북아의 일부이며 남쪽과 똑같은 언어와 문자를 사용하는 조선민주주의인민공화국이 빠진 것이다.

물론 지금의 현실에서 이는 불가피한 선택이라 판단된다. 그러나 동아시아뿐 아니라 남한의 출판문화 자체가 원만하게 발전하기 위해서도 반드시 극복되어야 할 현실이며, 이는 곧 최근의 6자회담 등 '동북아'의 안보 및 평화 논의와 직결된 문제이기도 하다.

다른 한편 '동북아 경제중심' 논의와는 어떤 연관이 있을까. 한국이 문자 그대로 동북아 경제의 중심국가가 되겠다는 논의라면, 이는 한국이 일본이나 중국을 제치고 동북아 최대의 출판강국이 되겠다는 것만큼이나 허황된 생각이다. 아니, 그런 식의 '중심국가'니 '최대강국'이니 하는 발상 자체가 낡아빠진 것이다. 그러나 지역 내 경제협력의 거점hub 내지 연락중심liaison center이 되고 동북아 협력체제를 만들어가는 과정에서 일정한 선도역을 맡겠다는 것이라면, 한반도의 지리적 위치로 보나 중국 또는 일본과 같은 대국이 아니라는 사실로 보나 한결 씨가 먹히는 이야기가 아니겠는가.

마찬가지로 '동아시아 출판문화'의 발달에서도 '동북아 경제중심'으로서 한국이 남다른 역할을 해낼 가능성이 있다고 본다. 동아시아 담론 자체가, '대동아공영권' 논의 부담을 여전히 떨치기 힘든 일본의 지식계나 아시아 전체의 중앙에 위치함으로써 동아시아적 자기인식이 오히려 소홀해질 수도 있는 중국인들의 경우와 달리, 한국에서는 훨씬 알차게 전개될 소지가 크다. 게다가 분단체제 속의 남과 북 어느 쪽보다 나은 사회를 한반도에 건설하는 작업이 성과를 거둔다면, 출판문화에서도 이웃에 모범이 되며 이웃끼리의 만남을 도탑게 할 업적이 많이 나올 것이 분명하다.

푸젠의 문화적 힘을 대만으로

대만

난팡쉬 南方朔 작가

난팡쉬
1944년생.〈신뉴스주간 新新聞週報〉 발행인으로 문화평론가로 활동하고 있다. 저서로『언어는 우리의 보금자리』『나에게 바치는 노래』『환영』등이 있다.

중국에서는 송나라(960-1279) 때 인쇄출판의 3대 중심지가 나타났습니다. 허베이 河北, 저장 浙江, 푸젠 福建인데 특히 푸젠에서 인쇄된 책을 '젠번 建本'이라고 했습니다.

푸젠이 인쇄출판의 중심이 된 데는 역사적 이유가 있습니다. 당(618-907) 말기 중국은 오랫동안 동란과 분열이 반복되었습니다. 그러던 중 푸젠에 '민국(閩國, 893-945)'이 성립되어 100여 년간 태평성대를 누렸습니다. 이 때 중원(황하 강 유역의 남북지역)에서는 반불 反佛 운동이 일어났고 승려들은 남쪽으로 내려왔습니다.

그 결과 푸젠에서 불교가 꽃피었고, 경문을 필사할 종이의 수요가 늘어 제지업이 발달했습니다. 송나라가 중국을 통일한 후 활자판인쇄술이 발명되어 푸젠은 제지·인쇄의 중심지가 되었습니다. 이 때 남송 南宋의 푸젠무역관이던 조여괄 趙汝适은 외교경제무역서『제번지 諸蕃志』(1225)에 '젠번이 한반도에 대량으로 수출되었다'고 기술했습니다.

송대의 문화·경제사를 보면 푸젠의 발달된 출판이 일군 수준 높은 문화적 기풍이 드러나는데 당시 저명한 시인, 화가, 서예가, 학자는 대부분 푸젠 출신이었습니다. 또 푸젠의 경제와 무역은 중국 경제에서 중요한 역할을 했습니다. 이어서 원(元, 1271-1368)나라 때 마르코 폴로는『동방견문록』(1299년경)에, 저장에서 푸젠에 이르는 여정을 기록하며 그 발전상에 감탄했습니다. 그때 취안저우 泉州는 츠퉁 刺桐이라 불리는 세계 최대의 무역항이었는데 그 기반은 이미 송대에 다져진 것이었습니다.

중국의 판본학版本學이나 서지학書誌學에는 푸젠의 제지업과 인쇄출판에 관한 재미있는 기록이 많이 있습니다. 예를 들면 현재 남아 있는 송대의 대중소설은 대부분 푸젠에서 인쇄된 판본입니다. 또 유명한 서예가 미불(米芾, 1051-1107)도 푸젠에서 생산된 종이를 썼다는 기록이 있습니다. 푸젠의 출판물은 역사적으로 저명한 사람들이 읽고 논의했던 것입니다.

새로운 '중화문화권' 또는 '중국문화권'이 형성되고 있는 지금, '젠번'을 통해 이런 생각을 해보았습니다. 대만이 앞으로 인쇄출판의 중심지가 되어 이곳의 출판물을 '타이번臺本'이라 부를 날이 오지 않을까.

오늘날 대만은 역사적으로 당대 말의 푸젠과 비슷합니다. 그런 상황이, 지난 반세기 동안 대만이 스스로의 힘으로 경제나 문화 면에서 눈부신 발전을 이루게 한 것입니다. 50여 년 전 대만의 출판은 아주 작은 규모에서 시작되었습니다. 초기의 출판사는 대체로 자본이 부족했고, 노동 집약적이었으며, 조잡하게 만들어, 자금을 날린 곳이 많았습니다. 조금만 돈이 있으면 누구나 출판사를 차렸는데 대부분 몇 권쯤 낸 뒤에 망해, '꼴 보기 싫은 사람에게 출판사를 권하라'는 말이 나돌 정도였습니다.

그러나 대만의 출판시장은 중간 규모로, 약 2천만 명의 독자가 있어 그럭저럭 어려움을 극복할 수 있었습니다. 또 경제발전까지 한 몫 거들어 독서문화가 형성되고 성장한 것입니다. 특히 1990년대는 매우 중요한 시기로 다음의 경향이 나타났습니다.

첫째, 출판유통에 체인판매 방식이 도입되어 자본주의적 요소가 나타났습니다. 동시에 출판사 규모도 확대되었습니다. 대만 출판업의 체질이 자본주의로 바뀌면서 새로운 단계에 들어선 것입니다. 인쇄제본과 품질관리 기술이 향상되었고 결과적으로 판매량이 늘어 전 업종이 성장했습니다.

둘째, 국제화가 진행되어 세계의 동시성이 강화되었습니다. 따라서 대만에서는 외국 서적이나 번역서가 본격적으로 출판되고 있습니다.

셋째, '양안삼지(兩岸三地, 중국·대만·홍콩)'가 부분적으로 개방됨에 따라 '중화문화권'이 빠르게 형성되고 있습니다. 출판은 정치적인 이유로 제한되고 있지만, 일찍이 유행가 같은 대중문화 상품은 경계를 넘어 침투되었습니다. 이렇게 이미 업계 간 제휴나 시장의 통일이 시작된 겁니다.

양안삼지는 경제가 그렇듯 출판시장에서도 서로 경쟁하고 협력하는 관계여야 합니다. 과거의 '젠번'을 생각하며 저는 이런 낙관론을 내놓게 되었습니다. '중화문화권의 경제·문화교류가 활발해지면 머지않아 '타이번臺本'을 모본模本으로 하게 되지 않을까.' 그렇다면 중국어 출판도 '젠번建本' 시대처럼 여러 중심지가 경쟁하고 협력하여 문화적 창조력을 높이게 될 것입니다.

여자와 어린이, 그리고 책

일본

나카자와 게이 中澤けい 작가

나카자와 게이
1959년생. 메이지明治대학 재학 중에 『바다를 느낄 때』로 군상신인상을 받았다. 소설 『수도권』 외에 에세이 『시간 장식법』 등이 있으며 한국, 중국, 인도 등 작가의 국제교류에 노력하고 있다.

일본인은 개성이 없다고들 한다. 모두 같아야 마음이 놓인다는 말도 있다. 누가 한 말인고 하니 바로 일본인이다. 나도 회의나 토론을 할 때, 모두들 잠자코 다른 사람이 먼저 말 꺼내기만 기다리는 상황이 연출되면 '아! 모두 같아야만 마음이 놓이는 건가' 한숨이 나온다. 사람들과 다른 의견을 내놓을까 두려워 먼저 말하기를 꺼리는 것이다.

이런 성품 때문에 협동작업teamwork에 뛰어난 능력을 발휘하는 것처럼 보이는가 보다. 중국에서는 그런 일본인을 가리켜 '한 개인은 파리 같지만 모이면 용이 된다'고 했단다. 이와 대조적으로 중국인은 '한 개인은 용 같지만 모이면 파리가 된다'고 말한다. 파리도 무리를 이루면 분명 위협적인 존재다. 일본인이 단점으로 생각하는, 장점이랄 것도 없는 특징이 감탄할 일이라니 재미있는 일이다.

이런 일본인의 특징은 농경사회에서 비롯되었다는 속설이 있다. 농사를 지을 때 다른 사람이 어떻게 하는지 보고 행동하던 습성이 몸에 배었기 때문이란다. 그러나 농경에서 비롯된 기질이라면 섬나라인 일본보다 드넓은 중국 땅에서 강하게 나타났을 것이다. 바다로 둘러싸인 일본에는 어민도 많다. 근세 이후엔 일본 해안을 도는 선원도 늘었다. 그래서 농경사회를 반영하는 기질이란 설은 믿을 수 없다. 나는 일본인이 동일하고 집단적인 행동을 좋아하는 것은 여자와 아이들이 읽을 책이 많았기 때문이라고 생각한다.

일본에는 과거제가 정착되지 않았다. 무가

(武家. 무사의 집안)에서 행정을 맡았고 신분은 세습되었다. 이런 모습은 과거제가 뿌리내린 한국에서 보았을 때 일본은 '무武'의 나라요, 한국은 '문文'의 나라가 된다. 이 관점은 어느 정도 수긍할 수 있지만 어색한 느낌을 지울 수 없다. 적어도 에도시대(江戶時代. 1603-1867)의 무가는 전투적인 무사武士라기보다 집안의 중요한 관료이자 행정관이라는 것이 국내의 일반적인 시각이다. 과거科擧가 없었기 때문이라고 단언할 자신은 없지만, 학문은 출세의 도구라기보다 취미와 교양을 위한 것이었다. 즉 책을 읽어 출세할 수 있는 사람이 한정되었기 때문에, 독서의 주된 목적은 취미이자 오락이며 교양이었다.

에도시대 목판화인 우키요에浮世繪[7]에는 앳된 처자가 책 읽는 모습이 여러 군데 나타난다. 고개를 숙이고 작은 책을 읽거나 책상에 턱을 괴고 책장을 넘기기도 한다. 처자들이 읽는 것은 어려운 책이 아니다. 재미 위주의 책이다. 보부상은 그런 처자들에게 빌려줄 책을 들고 쵸닝町人[8]의 집집마다 돌아다녔다고 한다. 우키요에는 보는 이의 눈을 즐겁게 하기 위해 젊고 아리따운 처자의 모습을 담았지만, 보부상에게 책을 빌린 것은 비단 아가씨만이 아니었을 게다. 남녀노소 누구나 '여자와 어린이'를 위해 쓰인 책을 읽었을 것이다.

현재 일본에서는 연간 14억 권이 넘는 책이 인쇄·제본된다. 서점에 진열도 못 되고 반품되는 책이 부지기수란다. 이런 상황은 그저 경제활동이 활발해서가 아니라 근세 이후 출판의 역사가 반영된 것이 아닐까. 쇄국을 하던 에도시대에 이미 '여자와 어린이'가 읽을 책이 대량으로 출판되었다. 책을 읽는 사람들은 자신도 모르는 사이에 같은 감각을 익히고 지식을 흡수하며 자신의 무지無知를 부끄러워하게 된다. 그것이 '한 개인은 파리 같지만 모이면 용이 된다'든가 '개성이 없으며 서로 눈치만 보는' 일본인의 특징을 만든 게 아닐까.

연간 14억 권이나 되는 신간 독자 중에는 여성의 비율이 높을 것이다. 대도시 대형 서점에 가면 여성이 일반 교양서나 문예서를 고르고 있는 모습을 자주 볼 수 있다. 독자는 독서가 위로가 되고 상처받은 마음을 치유해주며 때론 활력소가 된다는 사실을 잊지 않았다. 물론 그런 독자는 여성뿐만 아니다. 남성이 읽을거리를 고르고 있는 모습도 쉽게 볼 수 있다. 특히 해질 녘, 퇴직할 연배로 보이는 남자가 시간을 보람 있게 쓰려고 서점을 찾는 모습이 눈에 띈다. 극동의 섬나라에서 책은 알찬 개인생활을 위한 것으로서 많은 독자를 확보한 것이다. 만화책이 넘쳐나는 오늘날 일본 서점의 풍경은 새로운 것이 아니라 옛 일본과 깊은 관련이 있는지도 모른다.

---

7. 풍속화의 한 양식으로 가부키 배우의 연기하는 모습, 시민생활 등을 그린 일본식 목판화. ―옮긴이

8. 근세 도시에 살던 상공업자. 무사·농민보다 낮은 신분이었으나 경제력을 키워 중세 도시문화의 중심층이 되었다. ―옮긴이

새로운 흐름을 만들어내는 힘

중국

찬쉐 殘雪 작가

찬쉐
1953년생, 후난湖南성 창사長沙시에서 태어났다. 본명은 덩샤오화鄧小華. 저서로 『광야에서』『산 위의 오두막집』『천당에서의 대화』『천정』등이 있다.

내 소설은 특이한 것으로 문학작품 중에서도 가장 대중성이 없는 축에 든다. 때론 그 난해함이 심오한 철학서와 견줄만 하다. 그래서 나는 글쓰기를 시작한 이후 내게 많은 독자가 생기길 기대한 적이 없다.

1985년 내 작품이 처음으로 중국에서 출판되었을 때, 독자들이 관심을 갖긴 했지만 정식 비평이 없어 더욱 책을 내기 어려워졌다. 중국 출판은 국영이기 때문에 책을 내려면 출판사 최고간부의 심사가 필요했다. 국영출판사 간부는 내 작품이 독자를 끌 것 같지도 않고 국가가 권할 만한 작품도 아니라고 했다. 그런 이유로 나는 1985년부터 95년까지 국내에서 겨우 소설 두 권을 냈다. 하지만 해외에서는 10권이나 낼 수 있었다.

1999년을 기점으로 국내 출판 사정은 크게 바뀌었다. 시장원리를 도입한 출판사가 나타난 것이다. 주목할 것은 '작업실'이라 부르는 민영출판사(편집 프로덕션)의 출현이다. 이 민영출판사의 경영자는 끈덕지게 정책의 빈 틈을 파고들어 중국 출판이 건강하게 발전하도록 만들었다. 이 시기에 나는 작업실에서 책을 여덟 권 냈는데 기적처럼 잘 팔렸다. 민영출판사는 적극적으로 판매하고 광고했으며, 지위를 막론하고 일에 정성을 다하는 의욕을 보였다. 그 중에는 사장이 소설이나 시를 쓰는 작가이거나 애독자여서 열심인 경우도 있었다. 민영출판사가 잘되는 것은 당연했다.

민영출판사가 내 작품을 크게 홍보하자 국영출판사에서도 책을 냈다. 3-4년 전부터 국영출판사도 구조개혁을 단행하며, 살아남기 위해 이윤을 추구하게 되었다. 이제 내 작품도 출판시장에서 확실한 수익을 올리고 있다. 1999년 이후 소설, 평론, 산문을 20여 권 냈는데 각기 1만 부쯤 팔렸다.

국내 독자도 변했다. 이전에 내 책은 안 팔렸다. 이유는 국가에서 내 책을 권하지 않았고, 평론가들이 다루기는커녕 반감을 가졌으며, 독자는 성장하지 않았기 때문이다. 그런데 최근 국내의 젊은 독자들이 급속하게 성장했고 독서환경도 개선되었다. 적잖은 대학생이나 교사가 내 작품에 특별한 호의를 갖고 있다.

내 작품은 순문학에 속한다. 순문학은 단기간에 많은 독자가 생기진 않지만, 작은 흐름은 조금씩 커져 잠재해 있던 독자까지 끌어 모은다. 문학을 사랑하고 정신을 살찌우려는 독자는 내 작품에 진지한 관심을 보인다. 평론가가 할 일은 순문학의 힘을 편벽됨 없이 공정하게 비평하고 때론 '살신성인' 하는 것이라고 생각한다. 그런데 현재 우리나라 문학평론가는 독자에게 악영향까지 미친다. 그들은 나 같은 작가를 상아탑에 갇혀 있다거나 독자가 생길 리 없다며 비난한다.

그러나 '독자가 생긴다'는 게 대체 무엇인가. 내 책을 읽는 독자가 공간적 개념이라면 단기적인 효과조차 기대할 수 없을 것이다. 그러나 시간적 개념이라면 장기적인 효과가 있다고 할 수 있다. 역사적으로 보면 순문학 독자는 대중문학 독자만큼이나 많았다. 민족의 혼을 상징하는 예술가를 키워 대중이 수준 높은 문학작품을 이해할 수 있다면 그 민족에겐 희망이 있다. 반대로 수준 높은 예술이 그 안에서 살아남을 수 없다면 민족의 미래는 예측할 수 없다. 독자는 빠르게 성장하는 데 비해 문학평론가는 순문학 발전에 장해가 되고 있다. 나는 지금까지 이런 상황을 바로잡아 건강한 비평문화를 만들어야 한다고 주장해왔다.

시장경제의 발전과 더불어 중국에도 외국처럼 믿을 수 있고 권위 있는 순문학 출판사, 예컨대 프랑스의 전자책 출판사인 쯔예출판사(子夜出版社, Editions 00h00.com) 같은 곳이 한 군데라도 생겼으면 좋겠다. 이런 곳은 사원 예닐곱이면 충분하다. 넓은 공간도 필요 없이 대여섯 칸의 사무실과 창고만 있으면 된다. 돈벌이에 밝진 못하겠지만 출판시장에서 빛나는, 민족의 자랑이 될 것이다. 이 곳의 일꾼은 문화개조를 하는 것이니, 새로운 흐름을 만든다는 측면에서 작가와 비교해도 손색없는 역할을 하는 것이다. 나는 우리나라에 그런 움직임이 나타나길 간절히 바란다. 그것은 나를 위한 것이며, 재능이 있음에도 빛을 보지 못하고 순문학에 몸바친 젊은 탐험가를 위한 것이며, 우리 민족의 미래를 위한 일이기도 하다.

[외부의 시각]

내가 본 동아시아 출판문화
세계 7개국 출판인·학자의 기대와 전망을 듣는다

[동서양의 지적 대화를 위해] 로저 샤르티에 Roger Chartier 프랑스

로저 샤르티에
1945년 리옹에서 태어났다. 프랑스 사회과학고등연구원 교수, 동 연구원 역사학연구센터 소장이다. 저서로 『독서와 독자』 『프랑스 혁명의 문화적 기원』 『서적의 질서』 등이 있다.

'세계화Globalization'란 말은 종종 오해를 낳는다. 확실히 전 세계는 어떤 의미에서 상호의존도가 높아졌다. 그러나 모든 인간 활동이 서로 관련되는가 하면, 꼭 그렇진 않다. 예컨대 경제망, 기술 관련 지식, 제조과정 등은 세계적인 규모와 방향으로 진행되고 있다. 그러나 지적 담론이나 학문 일반, 예술 등 문화적 성과물은 공유된다손 치더라도 그것이 광범위하게 전달되는지는 의문이다. 다른 문화권과 공유하려면 번역이나 회합, 중개가 필수이고 이를 지원하는 학계나 행정, 재단의 지원이 필요하다.

또 세계화라고 말하지만 실제로 세계는 언어나 전통적 관습 등 저마다 다양한 문화요소로 나뉘어 있다. 따라서 이 개별성을 존중하고 지키되 반드시 공유해야 할 부분도 있다. 이 대목에서 출판의 역할이 중요하다. 지금도 전 세계는 타지역의 지적, 문화적, 미적 창조성에 대해 거의 모르는 상태인데 이를 바로잡는 것이 출판인들의 책임과 임무이기 때문이다.

동아시아와 서양의 지적 교류란 관점에서, 나는 서양인들이 배워야 할 점이 많다고 생각한다. 지금까지 동서양 문화가 실질적인 학술 교류를 했다 해도, 그 흐름은 대체로 서양에서 동양으로 가는 것이었다. 동아시아의 출판사는 서양보다 적극적으로 사회과학서나 인문서를 번역해 독자에게 전한다. 당연한 말이지만 이런 일방성을 바로잡으려면 우선 한국, 중국, 일본의 인문서를 서양에서 출판해야 한다. 동아시아 각국의 출판사는 서양 출판사에 공동연구와 비교연구를 제의하고, 서양 독자가 읽을 만한 동아시아의 작품을 소개했으면 좋겠다. 물론 전문가의 대담이나 공동 프로젝트의 기회를 늘리려면 서로 최선의 노력을 다해야 할 것이다.

나는 내 책이 일본과 한국에서 번역되어 동아시아 출판사와 연을 맺게 되었다. 그 과정에서 양국의 수준 높은 편집에 감명을 받았다. 번역자가 작품에 주석을 달고, 머리말이나 맺음말에 해설을 붙여 공저자라 해도 될 만큼 정성을 기울였다. 그런 노력이 있기에 번역서가 온전히 전해지는 것일 게다.

1996년 나는 존스홉킨스 대학의 학술지 〈Late Imperial China〉에 에세이를 썼다. 제목은 「동양에서 구텐베르크를 다시 생각한다」이다. 인쇄·출판 분야에서 서양과 중국 전통의 차이점과 유사점을 편견 없이 논하려는 시도였다. 예컨대 서양에서는 금속활자가 매우 중요한 기술이었다. 그러나 중국에서는 필치를 거의 그대로 재현할 수 있고 인쇄 부수를 유연하게 조절할 수 있다는 점에서 목판이 훨씬 잘 맞는 것이었다. 이렇게 기술 면에서는 다르지만 동서양의 서적 유통망이나 인기 장르 등은 비슷한 점이 많았다.

나는 다행히 이런 공동 프로젝트에 여러 번 참여했다. 앞으로도 아시아의 동료들과 서로의 관심사에 대해 가능성을 찾아보고 싶다. 지적 대화의 확대가 우리 모두에게 풍성한 결과를 가져다 줄 것으로 믿으며.

[동아시아에 대한 깊은 이해를] 앙드레 쉬플랭André Schiffrin 미국

미국인이 동아시아의 지적 성과를 인식한 지는 얼마 안 되었다. 1950년대에 대학생이었던 나는 일반 교양과정에서 아시아 책을 접한 일이 거의 없다. 1962년 판테온출판사에서 일을 시작했는데, 이 곳은 일반 독자를 대상으로 아시아 고전을 내는 보기 드문 곳이었다. 그러나 여기서 펴낸 책들은 원어를 바로 영역한 것이 아니라 독일어를 중역한 것이었다. 나치 독일에서 망명해 회사를 세운 크루트Kurt Wolff와 울프Helen Wolff는 바이마르공화국Weimarer Republik[9] 시절, 널리 애독되었던 동양 서적의 매력을 잊지 않았다. 판테온

앙드레 쉬플랭
1935년 파리에서 태어났다. 오랫동안 판테온 출판사의 편집장으로서 유럽 작품을 미국에 소개했다. 1990년에 뉴프레스를 설립했으며, 2000년 편집자로서의 경험을 정리한 『출판 비즈니스The Business of Books』를 간행했다.

출판사에서는 『홍루몽紅樓夢』 같은 중국 고전을 냈으며, 이후 스즈키 다이세쓰鈴木大拙[10], 하인리히 두몰린Heinrich Dumoulin[11] 등의 불교 관련서를

---

9. 1918년 11월의 독일혁명에 의해 이룩되어, 33년 1월 나치스당의 정권 장악에 의해 끝을 맺은 독일 최초의 공화국이다. — 옮긴이
10. 870-1966. 일본의 불교학자이자 사상가. — 옮긴이
11. 1905-95. 불교에서 말하는 '카르마'와 '다르마'에 관한 연구를 한 가톨릭 성직자. — 옮긴이

여러 권 출간했다.

1960년대 뒤숭숭한 사회 분위기에서 정치, 문화, 정신적인 대안을 타 문화에서 찾는 경향이 나타나면서 동아시아 출판물에 대한 관심이 고조되었다. 특히 유진 헤리겔Eugen Herrigel의 『활쏘기와 참선Zen in the Art of Archery』이란 타이틀이 인기를 끌어 몇 십만 부씩이나 팔렸는가 하면, 『역경易經』의 첫 영역본인 『I Ching』은 100만 부 넘게 팔려 학생과 지식인에게 큰 영향을 주었다. 세계적으로 명성을 얻은 작곡가 존 케이지John Cage도 그 중 한 명이었다. 그 무렵 크노프사가 걸작이라 할 수 있는 일본의 근대소설을 출판하기 시작했다. 일본어를 능숙하게 구사하는 편집자 해롤드 슈트라우스Harold Strauss 덕이었다. 미국인은 일본의 다니자키 준이치로谷崎潤一郎, 미시마 유키오三島由紀夫, 아베 고보安部公房 등 쟁쟁한 작가의 작품을 접하게 되었다. 그리고 판테온출판사에서는 존 다우어John Dower 를 비롯한 신세대 아시아 학자들의 조언을 듣고 이에나가 사부로家永三郎의 『태평양 전쟁』에서 일본의 사진사까지 주요 논픽션을 영역해 출간했다.

내가 자랑스럽게 생각하는 것은 『잊을 수 없는 버섯구름(Unforgettable Fire: Pictures Drawn by Atomic Bomb Survivors of Hiroshima and Nagasaki)』으로 2차 대전 때 생지옥이 된 히로시마廣島와 나가사키長崎의 생존자들이 그린 화집이다. 몇 년 후에 나는 스미스소니언Smithsonian 국립항공우주박물관에 원폭전을 기획하자고 제안했다. 이 기획은 일부 일본군처럼 반성할 줄 모르는 미국 퇴역 군인 사이에서 격렬한 논쟁을 일으켰다. 이 책 출간을 계기로 미국 독자들은 현대 아시아에 대해 더욱 깊이 이해하게 되었고, 다른 출판사도 젊은 아시아 작가의 작품을 출판하기 시작했다. 그 결과 아시아의 인물이나 문화에 대해 전혀 모르던 상황은 조금 개선되었지만 아직은 큰 편차가 있다. 아시아에 번역된 영미권 책은 미국에서 출판된 아시아 책보다 훨씬 많다. 그러나 우리는 적어도 지금까지 얼마나 많은 것을 모르고 지냈는지 비로소 알게 되었다. 어쨌든 걸음마는 시작한 것이다.

[동서의 장벽을 허물기 위해] 고든 그레엄Gordon Graham 영국

지난 50여 년 동안 나는 이따금 아시아의 동업자들을 찾아갔다. 나 같은 서양 출판인들은 많다. 그런데 모두들 동아시아 출판에 대해서는 아는 게 거의 없다. 우선 언어의 장애가 있다. 아시아 언어를 읽거나 유창하게 구사할 수 있는 서양인은 극소수다. 또한 방문 목적이 상업적인 만큼 책을 팔러 가는 경우가 많다. 동아시아에서는 영어책이 상당량 팔리고 있으며, 중국어와 일본어 번역권은 스페인어 다음으로 많이 팔린다. 그러나 영역된 일본·중국 책은 별로 없다.

특히 일본과 중국의 출판인은 우리에게 전혀 다른 인상을 남겼다. 일본 대형 출판사에는 엄격한 위계질서가 있는 것 같은데, 부장급 인사들과 이야기해도 결국엔 그 자리에 없던 최고 책임자의 존재감을 느끼게 된다. 중국의 출판사는 좀더 개방적이어서 직접 간부들과 만나 자유로운 분위기에서 거침없이 이야기할 수 있었다. 또 중국 출판사는 국영체제이고 일본 출판사는 자본경제에서 독립되어 있기 때문에 서양 출판인에게 두 나라는 확실히 다르게 느껴진다.

한국과 대만의 출판사는 훨씬 서양적인 분위기였다. 중국이나 일본과 비교하면 규모가 작지만 그 만큼 외부에 마음을 열고 있기 때문일 것이다. 최근 중국과 서양의 서적 거래량은 한국이나 일본과 비교해 급속히 늘어나고 있다. 이런 급성장의 이유는 중국이 서양 출판사의 지식이나 전문성을 도입하려 하기 때문이다.

이런 상황에서 동아시아의 출판사를 서양에 알리려면 어떻게 해야 할까. 생각할 수 있는 방법은 자국의 책을 영어로 출판해 세계로 배급하는 것이다. 유럽이나 미국 출판사를 좀더 자주 찾는 것도 좋을 것 같다. 영국 출판사는 몇 년 전부터 일본, 중국, 한국에 특파원을 보내는데 항상 일방통행으로 끝나고 만다. 동아시아에 있는 여러 나라는 해마다 도서전시회를 연다. 또 프랑크푸르트나 런던 도서전, 미국 북 엑스포에도 참가하는데 만일 영어로 책을 낸다면 그런 기회에 부스를 설치할 수도 있을 것이다. 그리고 동아시아의 각국은 영어 실력이 굉장히 좋아졌기 때문에 자국에서 출판한 영어책도 시장을 확대할 수 있을 것이다. 더욱 공격적으로 일하고 싶다면 국제적인 출판사를 만들어 서양 출판사를 동아시아의 출판사로 끌어들이는 방법도 있다. 예컨대 프랑스, 독일, 네덜란드의 대형 출판사

고든 그레엄
1920년 글래스고에서 태어났다. 제2차 대전에 종군한 후 출판계에 입문. 1963년부터 영국 맥그로힐 출판사 뉴욕 지사장, 75년부터 버터워스사 회장을 지냈다. 90년 세계 출판관계자들의 결속을 주도하는 잡지 〈로고스〉를 창간, 편집장으로 근무하고 있다.

는 영미권 출판사를 인수함으로써 언어의 벽으로 막혀 있던 국내 시장의 껍질을 부쉈다. 동아시아의 출판사들이 그런 사례를 연구해보는 것도 좋겠다. 동아시아에서 출판이 번성했는지는 모르지만, 그 힘은 내부로만 향해 있다. 유럽이나 미국의 출판은 다국 간 업무가 되었다. 좀더 결속력 있는 출판문화를 만들기 위해서는 다른 지역에서 지역의식을 높이기 위해 어떤 노력을 했는지 연구하는 것도 도움이 될 것이다. 가령 라틴 아메리카, 아프리카, 서유럽 등의 선례가 있다. 이들 지역은 동아시아와 마찬가지로 언어, 문화, 정치 면에서 깊은 골이 있었다.

현재 동아시아와 서양의 관계는 서로 예를 다하고 있지만 가까운 사이라고 볼 순 없다. 커뮤니케이션이란 측면에서는 동아시아의 사상적 깊이에 대한 이해가 부족해 서양 측에서 오해하는 경향이 강하다. 공자와 부처, 다른 한편으로는 아브라함, 아리스토텔레스, 예수의 철학적 유산을 이어받은 동서간에 몇 세기 동안 서로의 이해를 가로막은 유리벽이 존재했던 것이다. 출판사야말로 이 벽의 존재를 인정하고 제거하는 선구자가 되어야 한다.

[타이의 중국어 신문 100년사] 타네스 웡야나바 Thanes Wongyannava 타일랜드

타네스 웡야나바
1957년 방콕에서 태어났다. 타마사트대학 정치학부 교수. 전공은 사회정치학, 철학 및 사회사. 방콕을 거점으로 문화의 다양성에 주목해 여러 나라를 여행하며 연구하고 있다. 현대 음악이나 영화, 요리에 대한 기사를 잡지나 신문에 기고하고 있다.

동아시아의 인쇄문화와 타이의 관계는 역사적으로 보더라도 중국어 신문이 주류다. 타이 최초의 중국어 신문은 〈메이난르바오湄南日報〉인데 그 역사는 연구가들이 여전히 시암Siam[13]이라 부르던 1905년으로 거슬러 올라간다. 그 때 중국에서 온 젊은 이주자들은 청나라가 망하기 전의 중국 정세에 관심을 갖고 신문을 읽었을 것이다. 따라서 곧 여러 가지 신문이 발간되면서 사상은 두 가지로 나뉘었다. 바로 공화파와 군주파다. 공화파의 〈화뤄신바오華羅新報〉는 그 무렵 가장 유력한 중국어 신문이었다. 편집장이던 쑤포청肅佛成은 타이의 활자 문화사에서 가장 눈에 띄는 저널리스트이자 출판인이었을 뿐 아니라, 국가에서 가장 유명한 지식인이기도 했다. 타이 사람들에겐 챠오푸친이라는 이름으로 알려졌는데, 중국 저널리스트를 멸시하던 라마 6세의 의견을 비판하는 책을 여러 권 펴냈다.

1912년 중국에서 공화파가 승리하자 시암 왕조에게 중국어 신문은 매우 위협적인 존재가 되었다. 따라서 1922년 신문법령을 제정하고 많은 신문 관계자들을 탄압했다. 그럼에도 1923년부터 38년까지 중국어 신문은 발전하여 총 발행부수가 2만 부나 되었다. 2차 대전 중 중국어 신문은 타이 국민과 정부의 염격한 통제를 받아 많은 중국인 저널리스트들이 해외로 추방되었다. 또 일본군이 타이를 침공했을 때는 남아 있던 저널리스트들이 지하로 숨어들었다.

중국어 신문은 2차 대전 후 한숨을 돌리며 1956년 타이 군부가 쿠데타를 일으킬 때까지 힘을 기를 수 있었다. 그리고 쿠데타 이후 좌파 신문은 극심한 탄압을 받아, 살아남은 것은 군부와 결탁한 신문뿐이었다. 1950년대 말부터 70년대 초까지 중국어 신문과 잡지는 서서히 판매부수가 줄어 사정이 어려워졌다. 군정부는 타이의 무장투쟁을 지지하는 중국공산당을 견제해, 수많은 중국어 학교를 폐쇄하고 이유를 막론하고 타이에서 중국어를 사용하지 못하게 했다.

현재 타이의 중국어 신문은 주요 6개지가 있는데 3만 부를 찍는 〈스제르바오世界日報〉를 제외하면 각기 5천 부 정도 발행한다. 이들 신문은 대체로 홍콩, 대만, 중국의 신문과 밀접한 관계를 갖고 있어 중국 이민 1세대의 변함없는 지지

---

13. 타이의 옛 이름. 아유타야에 수도를 두었던 타이의 왕조(1350-1767)로 흔히 아유타야 왕조라고 하는데, 중국 사료에는 섬라暹羅로 표기되어 있으며 유럽인들은 시암Siam, Sio이라고 불렀다.

를 받고 있다. 그리고 오늘날 중국이 급속히 발전함에 따라 중국어를 배우는 젊은 지식인도 늘어났다. 그러나 중국어 신문은 차오저우潮州 방언을 많이 쓴다. 차오저우 방언은 타이에서 큰 영향력을 가진 중국계 이주민이 쓰는 말이기 때문이다. 따라서 어학원이나 대학에서 표준어(베이징어)를 배운 젊은 타이인은 타이에서 발행되는 중국어 신문을 읽기 어려운 일이다. 오히려 그들은 인터넷으로 해외의 중국어 신문을 읽는 것이 수월할 것이다. 그러므로 타이와 중국이 1세기 동안 공유한 인쇄문화가 있었다지만, 앞날의 성쇠는 더욱 예측하기 어려워졌다.

[독서에 대한 불굴의 의지] 브루스 커밍스Bruce Cumings 미국

처음으로 동아시아 출판 관계자와 교류한 것은 —주로 한국인데— 30년도 더 된 일이다. 때때로 내가 놀란 것은 그들이 어떻게 해서든 특정한 책을 보려 한 불굴의 의지였다. 박정희 독재(1961-79)가 절정을 이룬 1970년대 초, 서울 인사동에 자리한 서점에서 관심 분야를 말하니 주인은 뒤 켠으로 가 책 한 권을 —실은 여러 권— 마분지에 싸가지고 나왔다. 언뜻 봐도 싸게 팔면 될 것 같았다. 들여다보니 1940년대 후반 독립투쟁의 중심인물인 여운형의 전기 『여운형 투쟁사』로 이만규의 작품이었다.

친구는 놀리며 서점 주인이 내게 판금된 책을 팔고 싶어했던 데는 두 가지 이유가 있을 것이라 했다. 내겐 비싸게 팔 수 있을 뿐 아니라 내가 못 읽을 것으로 판단했을 거라는 말이었다. 그러나 나는 지금도 이렇게 생각한다. 나라가 분단되고 억지로 내전까지 겪은 한국의 역사에 깊은 관심을 가진 사람이 있음에 기뻐했을 것이라고. 게다가 나는 그들이 잘 모르는 자유로운 외국인일 뿐이었다. 나는 그 서점의 단골이 되어 거기서 산 책을 한미교육위원회Fulbright에 있는 친구에

브루스 커밍스
1943년 뉴욕 로체스터에서 태어났다. 시카고대학 역사학 교수. 미국과 동아시아의 관계, 동아시아의 정치경제, 한국 현대사, 미국 외교사 등을 연구. 개념, 은유, 담화 등이 정치경제, 생산양식, 동서관계 등과 관련해 어떤 결과를 만들어내는지 깊은 관심을 갖고 있다.

게 미국에 외교 편으로 보내달라고 부탁했는데 (공항의 세관검사를 피하기 위해), 억압과 검열이라는 권력과 맞서 싸운 듯한 승리감을 맛보았다.

10년이 지나 나는 드디어 인사동에서 산 책을 읽고 『한국전쟁의 기원The Origins of the Korean War』를 출판했다. 그 무렵엔 전두환 독재정권(1980-88)이 군림하고 있었다. 이 책이 영어로 출판되고 몇 개월이 지나자, 마치 사미즈다트(samizdat: 구소련의 지하출판)처럼 서울에 영어판과 한국어판(졸속한 번역이었지만)이 나돌았다. 그 때문에 전두환 정권은 이 책을 발매금지했고, 다른 600여 권도 같은 시련을 겪었다. 그 중 외국인이 쓴 것은 내 것까지 모두 서너 권뿐

이었다. 덕분에 내 책은 법망을 피해 더욱 잘 팔리게 되었다.

이제 그 시절의 젊은이들은 내 책을 베개 밑에 숨겨 두고 회중전등을 비춰가며 읽었노라고 이야기한다. 어수선한 80년대에 학생이었거나 운동가였던 사람들이다. 이것이야말로 한국인들이 얼마나 활자화된 언어와 학문을 사랑하고 존중하는지를 보여주는 것이며, 동시에 이견異見을 제압할 수 있을 것으로 믿는 독재정치의 무의미함을 나타내는 사례다.

1990년대 한국에 진정한 민주주의가 출현하자 내 책은 조선 근대사를 이야기하는 수많은 책 중 한 권이 되어 공공연하게 비판 혹은 개정되고 있다. 자유롭게 번역되어 시장에서 유통되고 신문이나 잡지 등 정기간행물에 내 기사가 실리기도 한다. 특히 잡지〈창작과비평〉(창작과비평사)은 항상 2만 부쯤 팔린다. 지적인 잡지로는 경이적인 부수인데, 이는 인구가 훨씬 많은 미국에서도 생각할 수 없는 일이다. 그렇지만 이 새로운 출판의 자유가, 젊은이들이 지하출판물을 읽었던 때와 비교해 만족할 만한 일인지 때론 의구심이 든다. 언론자유란 어떤 사상이나 이론이든 동시에 널리 퍼지는 자유다. 그런데 오늘날 양심적인 작품은 잡다한 작품의 홍수, 또는 크게 떠드는 소음에 쉽게 묻히고 있다. 바꾸어 말하면 한국 사람들은 오늘날 미국인과 마찬가지로 출판이라는 커다란 소용돌이 속에 있다. 인쇄의 자유가 승리했기 때문에 과잉공급이라는 그늘도 생긴 것이다.

그러나 중요한 것은 한국인 스스로 어떻게 민주주의와 한국 역사를 되찾았는가 하는 점이다. 독재정권이 붕괴되자 젊은 작가들은 남북 분단이나 한국전쟁에 대해 의견을 발표하기 시작했다. 이것은 과거엔 금지되었던 행위다. 1950년부터 87년까지는 정부의 정책을 거스르는 자는 바로 투옥되었다. 그러나 이제는 40년대의 잘못된 정치에 관한 책, 기사, 기록 편찬, 구술역사 Oral History에 관한 연구 등 다종다양한 출판물이 쏟아져 나와 민중연맹, 반란이나 봉기, 게릴라전, 민주주의를 제압했던 한국 군부의 민간인 학살 등 —여러 차례 미국의 지원이나 지령을 받아 이루어졌다— 을 명확히 밝히고 있다.

이들 저술은 '수정주의적修正主義的'인 역할을 피할 수 없기 때문에 한국과 미국의 견해차를 다루지 않을 수 없다. 왜냐하면 오늘날 한국인들은 민주주의를 수호한다는 미국의 입장과 정반대되는 한미사韓美史를 똑똑히 확인하고 있기 때문이다. 그것은 동시에 한국인이 북한 사람을 새로운 시점에서 보게 되었음을 의미한다. 적대시하는 게 아니라 오히려 불운한 역사의 굴레 속에서 어쩔 수 없이 헤매는 형제라는 시각이다.

한 가지 확실한 게 있다. 오늘날 학자, 연구가, 민간단체, 개인 등 많은 사람들은 자국의 분단이나 전쟁에 대한 역사를 직시하며 소신껏 쓰고 있다. 그것은 남북으로 갈린 한반도의 화해를 이끄는 전주곡이 될 것이다.

[문화교류야말로] 모하메드 알리 세판로우 Mohammad Ali Sepanlou 이란

동아시아의 출판문화에 대해 우리 이란인은 무얼 알고 있을까? 동아시아라고 해도 나라별로 다르다. 현재 이란에서는 한국이나 대만의 문화에 대해 아는 게 별로 없다. 실은 출판업계에 대해서도 아는 게 없다. 아는 것이라면 기껏해야 이란에 진출한 기업의 화려한 팸플릿을 보고 인쇄기술의 수준이 높다는 것을 느끼는 정도다.

모하메드 알리 세판로우
1940년 테헤란에서 태어났다. 시인, 문예평론가. 15권의 시집을 포함해 45권의 저서가 있다. 아폴리네르, 사르트르, 랭보의 현대 페르시아어 번역을 했다. 그의 시는 프랑스어, 영어, 독일어, 이탈리아어, 스웨덴어로 번역되었다.

중국에 관해서 잊을 수 없는 것은 페르시아제국 시절 페르시아와 중국이 국경을 접하고 오랫동안 밀접한 관계를 맺었다는 것이다. 그러나 안타깝게도 이 관계는 수백 년 동안 완전히 멀어져, 오늘날 이란인은 중국에 대해 우리의 선조만큼 알지 못한다. 그러나 2000년에 가오싱젠高行健이 노벨 문학상을 수상하면서, 이란인도 중국 현대 문학에 관심을 갖게 되었다. 반대로 이란의 문학은 페르시아 시대의 고전과 근대 페르시아의 작품이 중국어로 번역되었다는 것을 아는 정도다.

그에 비해 일본의 인쇄문화에 대해서는 훨씬 많이 알고 있다. 역사 기록을 보아도 이란과 일본 사이에는 오랜 문화교류가 있었음을 알 수 있다. 고대 페르시아 시집 『쿠시너메Kushnameh』의 주인공은 중국을 횡단하고 당시 '제2의 중국'이라 불리던 일본으로 도피했다. 지금도 일본에는 이란계 사람들이 살고 있는데, 그 중 한 여류 시인은 자신이 일본으로 도망한 사산조페르시아(226-651) 왕자의 후손이라고 했다.

50년도 더 된 일이지만 아쿠타가와 류노스케 芥川龍之介의 작품이 페르시아어로 번역된 것을 계기로 이란 지식인들은 일본 현대문학에 관심을 갖게 되었다. 그 후 다른 작가나 시인의 작품도 페르시아어로 번역되었는데 그 가운데 가와바타 야스나리川端康成, 오에 겐자부로大江健三郎가 특히 인기다. 번역을 통한 관계는 상호적인 것이다. 최근엔 페르시아의 고전뿐 아니라 현대 이란의 시나 산문이 일본어로 번역되었다.

일본에서 이란에 수출하는 서적, 특히 미술서는 일본의 뛰어난 인쇄기술을 보여준다. 사실 최근에는 이란 작가들의 책을 일본에서 인쇄하는 경우도 있다. 오늘날 이란과 일본의 문화적 관계는 만족할 만한 수준이다. 일본의 몇몇 대학에 개설된 페르시아어 학과에서는 이란과 이슬람의 역사, 현대 문화에 대한 깊은 관심을 가지고 수많은 학자를 배출했다. 또 이란의 역사나 문화를 연구하는 일본 학자들의 열의에 대해서도 잘 알고 있다.

동시에 일본에 머물며 페르시아어를 가르치는 이란인 교사들은 일본인의 다채로운 생활에 대한 정보를 이란 정보기관에 보낸다.

일본의 인쇄문화도 그렇게 전해졌다. 예를 들면 얼마 전 한셈 라자부자데Hashem Rajabzadeh 박사는 잡지 〈부하라Bokhara〉에 일본에 관한 기사를 실었다. 이란 사람들은 아사히朝日신문에 대해 세계 최대의 발행 부수를 자랑하는 신문이라는 것, 이 신문의 특파원이 이란에 있다는 정도를 알고 있다.

현재 공부하는 사람까지 포함해 일본어를 할 수 있는 이란인은 굉장히 많다. 하이쿠는 일본의 시 형식으로 알려져 이란 젊은이들 사이에서 꽤나 유행이다. 이 모든 상황을 감안하면 이란과 일본의 문화교류 기획이 얼마나 중요한지 실감하게 된다. 동아시아의 다른 나라에서도 참고해주었으면 좋겠다.

[다문화 국가인 러시아와 동아시아]

유리 메이슈라츠Yury Maysuradze, 보리스 에젠킨Boris Esenkin 러시아

러시아는 다문화 국가로 문학을 다양한 언어로 번역한 오랜 전통이 있다. 2002년만 해도 러시아의 몇몇 출판사는 85가지 언어의 책을 냈다. 아디게이어[13], 알타이어[14], 타타르어[15] 등 러시아에서 사용하지 않는 언어까지 포함해 러시아 작가뿐만 아니라 외국 작가의 작품까지 번역하고 있다. 2002년에 국내에 출판된 서적(약 7만 종)의 약 10 퍼센트가 번역서인데 가장 많은 것은 영어, 프랑스어, 독일어로 일본어(38종)와 중국어(30종)가 9위와 10위를 차지했다. 한국어는 4종으로 순위는 상당히 낮다.

10년 전부터 일본어 및 중국어 번역이 비약적으로 늘어났다. 모스크바에서 가장 큰 서점인 트레이딩 하우스 비블리오 글로버스Trading House Biblio-Globus는 3년 전부터 일본 책을 238권, 중국 책을 80권 서점에 두었다. 가장 많이

유리 메이슈라츠 · 오른쪽
1938년 모스크바에서 태어났다. 비블리오 글로버스의 회장이며, 러시아 도서출판 저널 리스트로 집필해왔다.

보리스 에젠킨 · 왼쪽
1939년 모스크바에서 태어났다. 비블리오 글로버스의 사주로 모스크바 주립 인쇄공예대학 도서산업과 회장도 맡고 있다.

번역되는 것은 시, 산문, 고대중국 및 고대일본 철학서, 동아시아인의 일상생활이나 풍속, 습관을 그린 책 등이다. 그리고 러시아 독자가 좋아하는 분야는 일본이나 중국의 식생활, 스포츠, 자연, 미술, 민화, 격언 등이다.

러시아에서 유명한 중국 서적은 공자, 장자, 노자, 이백 등의 작품이고 일본 서적은 바쇼芭蕉

---

13. Adyghey : 이베리아 카프카스어족 중 북서카프카스어파에 속하는 언어 중 하나.
14. Altai language: 터키(투르크)계, 몽골계, 만주·퉁구스계 언어의 총칭.
15. Tatar language: 러시아 연방 타타르스탄 공화국을 중심으로 쓰이는 언어.

의 하이쿠를 비롯해 아쿠타가와 류노스케芥川龍之介, 다니자키 준이치로谷崎潤一郎, 미시마 유키오三島由紀夫 등 20세기 소설이 인기다. 현대 중국 작가는 러시아에 거의 알려지지 않아 정치가인 덩샤오핑이 유명한 정도다. 한편 현대 일본 문학은 확실히 러시아 시장에 정착했으며, 작가 이노우에 야스시井上靖, 무라카미 류村上龍, 무라카미 하루키村上春樹, 요시모토 바나나吉本ばなな 등은 늘 인기다.

최근 열린 제16회 모스크바도서전에서 조사한 결과, 40여 개 출판사가 일본이나 중국 작품을 독자적으로 번역하고 있었다. 동아시아에 대한 관심은 확실히 높아지고 있다. 뛰어난 중국 문학 연구자이며 번역가인 브로니슬라프 비노그로드스키Bronislav Vinogrodskiy는 러시아에서 젊은 번역자가 등장한 사실을 지적하며 "동아시아인의 사정에 대해 알고 싶어하는 러시아인의 관심이 높아지고 있다. 특히 중국과 일본에 굉장한 흥미를 나타낸다."고 말했다. 러시아와 동아시아의 경제적, 문화적 관계가 깊어지기 시작했음을 나타내는 사례라 할 수 있다.

러시아에서는 머지않아 중국의 모든 분야에 대한 관심이 고조될 것이라고 단언하는 학자도 있다. 그 범위는 정치, 경제뿐 아니라 과학, 법률, 문화, 게다가 현대문학, 영화, 음악까지 아우를 것이다. 덧붙여 중국어, 일본어, 한국어를 배우는 러시아 학생들을 위해 뛰어난 전문서가 나올 것이다.

이런 경향은 더 많은 중국, 일본, 한국 작품의 번역으로 이어질 것이며, 분명히 러시아와 가까운 동아시아 제국諸國의 출판업계가 한층 긴밀한 제휴관계를 맺게 될 것이다.

[책은 그 나라의 정체성을 나타내는 창이다]

도로시아 로사 힐리어니 Dorothea Rosa Herliany 인도네시아

2001년 일본에 가서 일본 출판계의 현황에 대해 알게 되었다. 국제교류기금이 주최하는 〈아세안 제국 등 출판관계자 단체〉 연수 투어 프로그램(2001년 11월 15-29일)에 참가한 것이다. 인도네시아에서는 일본 만화나 아동서가 인기를 끌고 있다. 특히 아동서 시장을 석권하여 인도네시아 아동 문화에도 엄청난 영향을 미쳤기 때문에, 일본의 출판이라고 하면 아동서 분야에 끌린다.

연수가 끝날 무렵, 나는 일본 출판계를 보다 명확히 볼 수 있었고 일본 출판산업이 어떻게 책

도로시아 로사 힐리어니
1963년 중앙자바의 작은 마을에서 태어났다. 1998년 인도네시아 테라 출판사를 설립했고, 2002년에 출판 전문 월간지 〈마타바차〉(인도네시아어로 '읽는 시선'이라는 의미)를 창간했다. 시인으로도 활약하고 있다.

문화를 구축했는지도 알게 되었다. 일본 출판계에는 활기가 가득하다. 인도네시아에서도 이렇

게 출판이 번성하는 게 내 간절한 소망이다. 일본은 출판사의 약 80퍼센트를 소규모 출판사가 차지하고 있기 때문에 건전한 경쟁의식이 있으며, 유통업계는 높은 직업의식을 가지고 있다. 일본 서적시장에는 영어로 된 구미 서적도 넘치고 있다. 그렇다 해도 그것이 과잉된 것은 아니다. 일본 사람들은 일본어 책을 각별히 사랑하기 때문이다. 특히 문고본과 만화를 좋아하는 사람이 많다.

또 하나 내가 감명받은 것은 일본인의 애국심이다. 그것은 일본어를 사랑하여 일본어로 된 독특한 문학까지 사랑하는 것으로 나타난다. 때문에 언뜻 보면 일본인은 세계적인 사건의 '떠들썩함'과 동떨어진 것 같지만, 실은 전세계의 모든 정보를 순식간에 번역해 세계적인 정보를 쉽고 빠르게 입수하는 것이다. 이 뛰어난 능력을 바탕으로 일본인은 세계 발전의 키 플레이어로 기여할 수 있을 것이다.

일본은 내가 가본 유일한 아시아 나라이지만, 나는 일본이 다른 아시아 여러 나라의 모델로 보이는 게 당연하다고 생각한다. 국가로서의 정체성을 잃지 않고 독자적인 문화나 특징을 지키며 국제적인 문제에 관여하는 능력을 보여주기 때문이다. 그리고 책은 일본 문화나 정체성을 나타내는 창이 된다. 나도 지금까지 그렇게 생각하고 인도네시아의 출판 활동을 추진해왔다. 아시아에서도 우리가 주목해야 할 것은 자국의 정체성과 특징을 확실히 지키면서 한편으로 외국 작품을 자국어로 번역함으로써 다른 문화를 공유하는 것이다.

| 토론 |

동아시아에 공통된 '책문화'가 존재하는가
공통된 책의 기억을 되살려 동아시아에 정신문화를 되짚어 보아야 한다

하오밍이 郝明義 다콰이원화추반 大塊文化出版
한기호 한국출판마케팅연구소 소장

중국, 일본, 한국을 잇는 '책문화'의 두 얼굴 —— 하오밍이

저는 동아시아에 공통된 책문화가 있다고 생각합니다. 우선 제 독서 경험에 대해 이야기하겠습니다.

2002년 '넷앤북스Net and Books'라는 시리즈로 중국 사전의 역사에 관한 책(『사전적양개세계詞典的兩個世界』)을 편집했습니다. 1912년 쑨원孫文이 중화민국 성립을 선언한 후 중국 문자는 크게 바뀌었습니다. 1910년대부터 문어문과 구어문을 구별했고, 1950년대에는 번체자와 간체자가 구분되어 문자에 관한 여러 주장이 나왔습니다. 그것은 문화적·정치적인 주장을 반영하기도 하는데, 특히 1949년 공산혁명 이후 정부가 실시한 간체자나 핑잉(중국어를 로마자로 표음 표기하는 것)은 정치적 입장을 나타낸 대표적인 경우입니다.

그래서 저는 이 부분에 주목했습니다. 그리고 편집을 진행하며 '책문화'로 연결된 중국과 일본의 특별한 관계를 알게 되었습니다. 예를 들면 중국의 옛 사전이나 특수한 판본은 모두 일본에 있었습니다. 규코서원汲古書院의 『명청속어사전집성明淸俗語辭書集成』에서 많은 예를 발견했습니다. 중국의 사전문

하오밍이
1956년 부산에서 태어났다. 렉스 하우라고 부른다. 스바오추반공쓰時報出版公司, 타이완상우인수관臺灣商務印書館의 사장을 지낸 뒤 1996년 다콰이원화추반공쓰 大塊文化出版公司를 설립했다.
2001년에는 인터넷과 책을 연계하는 회사 넷앤북스Net and Books를 창립했다.

화는 근대 일본과 더욱 밀접한 관계를 갖게 됩니다. 예를 들어 '사전'이란 말은 본래 중국에서 '쯔수字書' '쯔뎬字典'이라고 썼습니다. 그러던 것이 근대에 '츠수辭書' '츠뎬詞典'이 된 것은 일본에서 사전을 '지쇼辭書'나 '지텐辭典'이라 부른 것과 무관하지 않

습니다. 더 중요한 것이 있습니다. 1950년대 이후 중국 대륙에서 추진된 간체자나 핑잉은 1920년대에 필기체를 이용한 약자화 운동과 로마자 운동, 한자 타도 운동이 그 원류인데, 사실 이것은 일본 메이지시대(1868-1912)의 한자 폐지 운동과 로마자 운동의 영향을 많이 받은 것입니다.

이 책이 겨우 완성될 무렵 저는 일본 〈책과 컴퓨터〉에서 주최하는 심포지엄 '동아시아출판인회의'에 참가했습니다. 그때 도쿄의 간다 진보초神田 新保町에 있는 고서점가를 돌았는데 마침 손에 넣은 것이 나가시마 다이스케永嶋大典의 『영일사전발달사蘭和·英和辭書發達史』(講談社, 1970)입니다. 그 중 14쪽에 이르는 권말부록 「영어 사전사 연표」는 큰 수확이었습니다. 저는 이미 중국에서 근대 중국 영한사전英漢辭典의 일인자인 쾅치자오鄺其照의 자료를 수집해 둔 상태였는데, 이 부록은 중국어권 밖에도 가치 있는 자료가 있다는 것을 깨닫게 했습니다.

쾅치자오의 사전은 초기 영일英日사전에 큰 영향을 주었고, 그 때문에 나가시마 선생의 책에서도 다룰 수 있었던 것입니다. 그리고 그것을 단서로 관서대학의 우치다 게이이치內田慶市 교수에게 부탁해 새로운 자료를 더 구할 수 있었습니다.

중국과 일본이 이 정도이니 중국과 한국은 더 깊은 관련이 있을 것입니다. 저는 잠깐 본 적이 있는 『열하일기』를 2003년 초 베이징 완성수위안에서 살 수 있었습니다. 이 책은 한국 문학자인 박지원(1737-1805)의 저서입니다. 1780년 박지원은 청조 건륭 황제의 고희를 축하하기 위해 조선 사절단을 이끌고 중국에 갔습니다. 압록강에서 베이징을 거쳐 열하에 이르는 2천 리(약 1000km) 남짓 되는 여정으로,

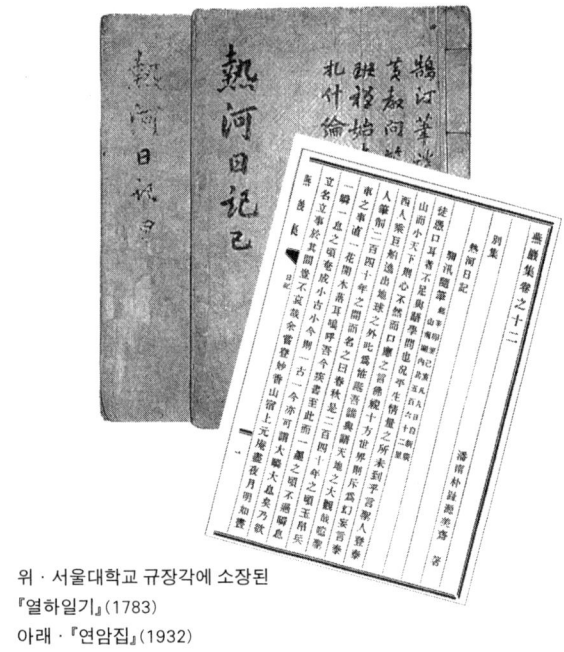

위·서울대학교 규장각에 소장된
『열하일기』(1783)
아래·『연암집』(1932)

30여 곳에 머물며 경험한 것을 한자로 기록한 책입니다. 일기, 수필, 정치평론 등의 형식으로 각계 인사나 명사들과 교류하며 보고 들은 중국인들의 모습을 시간의 축에 따라 기록했습니다. 이와 비슷한 것으로 건륭 황제가 집권하던 1793년 영국 사절단이 기록한 중국방문록 『영사알현건륭기실英使謁見乾隆紀實』이 있지만, 그것을 읽은 후의 느낌은 전혀 달랐습니다.

중국과 한국의 역사적 관계에 대해서는 군말이 필요 없을 겁니다. 『열하일기』는 양국 공통의 '책문화'에 의해 형성된 문화교류가 있었다는 사실, 그리고 그것이 양국의 역사적 조합을 가능하게 한다는 것을 보여주는 하나의 예입니다. 그 이전의 비슷한 예를 찾자면 당연히 『이조 인조실록李朝仁祖實錄』(인조 재위 1623-49)이 되겠죠. 이런 양국간의 역사적 조합은 당사자들에게만 중요한 것이 아닙니다.

1978년 일본 헤이본샤平凡社에서 번역 출간한 『열하일기』(전2권)가 그것을 증명하고 있습니다.

저는 이런 개인적인 독서 체험을 통해 동아시아 공통의 '책문화'가 있다고 이야기하는 것입니다. 출판인으로서 생각해 보면 동아시아 공통의 책문화에는 두 측면이 있습니다. 거시적인 측면에서 동아시아 각지에는 상대국에 없는 서적이나 판본이 보존되어 있다는 점. 미시적인 측면으로 동아시아 각지에 서로 주목하지 않았던 역사나 문화의 기록이 있다는 것입니다. 상대국에 있는 서적이나 판본을 이용하고 그 내용을 열독閱讀·실증할 수 있다면, 서로 이해하는 데 도움이 될 뿐만 아니라 자신을 더욱 잘 알 수 있지 않을까요?

사마천의 정신은 동아시아에 면면히 계승되어왔다 —— 한기호

하오밍이 씨는 한국과 중국의 공통된 책문화로 형성된 문화적인 소통의 사례로 연암 박지원의 『열하일기』를 들었습니다. 때마침 『열하일기』는 한국에서 다시금 주목받고 있습니다. 『열하일기, 웃음과 역설의 유쾌한 시공간』(그린비, 2003)은 『열하일기』를 해체한 다음 재구성해 오늘의 시각에 맞게 다시 서술한 책인데, 인문 분야 베스트셀러에 오르면서 대단한 화제를 불러일으키고 있습니다. 이 책의 저자 고미숙은 박지원을 '유목민'으로 규정하고 그를 프랑스 현대 철학자인 질 들뢰즈와 조우시켰습니다. 따라서 『열하일기』는 '유목적 텍스트'로 규정됩니다.

연암 박지원의 문학론은 한 마디로 '법고창신法古創新'으로 요약할 수 있습니다. 연암은 '선진先秦·양한兩漢의 고문古文을 본받되, 지금 우리가 서 있는 현실을 있는 그대로 표현하려면 그것을 창조적으로 변용시켜야 한다'는 당시로서는 선진적인 담론을 명쾌한 논리로 주장하고, 실제 창작을 통해 적극적으로 실천했습니다. 그는 고문의 피상적 이해와 '모방倣古'을 비판하고, 고문의 참 정신이 당대의 현실문제에 충실하여 작자의 '사의寫意'에 힘쓴

한기호
1958년 경주에서 태어났다.
공주사범대학 국어교육과를 졸업하고,
'창작과비평사'에서 영업을 담당했다.
1998년 한국출판마케팅연구소를 설립하여
컨설팅 및 출판활동을 하고 있다.
저서로는 『디지털 시대의 책만들기』 『한국
출판의 활로 바로 이것이다』 등이 있다.

데 있으므로, 무엇보다도 이러한 정신을 본받아야 한다고 주장해서 고문의 위대한 전통을 수용하는 문제法古에 있어 남다른 식견을 보여주었습니다.

그런데 연암의 이런 현실 인식은 『사기史記』의 저자 사마천司馬遷의 '발분저서發憤著書'의 정신과 맥이 닿아 있습니다. 연암의 소설집인 『방경각외전放

鷹閣外傳』은 바로 『사기』 열전에 구현된 '발분저서'의 정신과 표현원리를 계승·발전시킨 작품으로 평가받고 있습니다. "역사발전에 있어서 개인의 의의를 발견한 것이 『사기』 열전의 출현을 가져온 근본 요인이었듯, 『방경각외전』의 작품들은 바로 서민의 발견에서 입전된 것"(김명호, 「연암문학과 사기」, 『이조후기 한문학의 재조명』, 창작과비평사)입니다.

그러면 『사기』란 과연 무엇을 의미할까요. 동아시아 모든 나라에서 비록 박지원의 사례가 아니라 할지라도, 『사기』는 시대와 이데올로기를 초월한 보편적 진리를 알려주는 고전으로 이 지역 내의 웬만한 서점에는 필수적으로 갖춰져 있습니다. 『사기』의 정신은 동아시아 모든 나라에 면면히 이어져 오고 있다고 보아야 합니다. 따라서 동아시아에 공통의 책문화가 존재하는지의 여부에 대해서는 의심할 여지가 없을 것입니다. 이제 우리의 숙제는 동아시아 제 나라에 공통으로 존재하는 책문화의 정신을 전세계에 보편화할 수 있는 방안을 함께 도출하는 것입니다. 근대화는 곧 서구화(극단적으로는 미국화)를 의미했지만 그것에는 더 이상 기대할 것이 없다는 시각마저 있습니다. 이번에 이뤄지는 '동아시아 공동출판' 프로젝트는 그런 의미에서 동아시아 모두에게 필요한 정신을 찾아내는 매우 중요한 작업이라 할 수 있습니다.

그러나 각 나라에 존재하는 『사기』가 모두 같은 판본이라 볼 수 없습니다. 『지혜로 읽는 사기』(푸른숲)의 저자 김영수는 필자와 함께 한 지난 9월의 중국 여행 중에 중요한 사실을 알려주었습니다. 중국은 얼마 전까지 연대를 확정하지 못했던 하夏·상商·주周, 이른바 3대에 대한 연대 비정 사업을 국가

『열하일기, 웃음과 역설의 유쾌한 시공간』

적 차원에서 시행해 마무리 지었습니다. 그 과정에서 주周의 무왕武王이 몇 년간 재위했는지가 문제가 되었죠. 그 때 일본 고잔지高山寺에 소장되어 있는 『사기』 「주본기周本紀」에 무왕武王이 승리한 뒤 이듬해(기원전 1045년)에 병이 났고 그로부터 2년(기원전 1043년) 뒤에 죽었다는 기록, 즉 '후이년이붕後二年而崩'이란 다섯 글자가 결정적인 역할을 했습니다. 아들 성왕成王은 그 이듬해인 기원전 1042년에 즉위했으므로 무왕은 4년간 재위했다는 사실을 확인할 수 있었습니다.

중국에서는 애초부터 『사기』가 '비방서'로 낙인 찍혀 많은 화를 입었지만 일본에서는 그런 화를 면할 수 있었습니다. 그래서 정확한 판본을 소유할 수 있었고, 출판문화가 발달한 일본에서는 정성 들여 교열을 본 새로운 판본의 『사기』를 발행할 수 있었죠. 그 덕분에 『사기』 연구에 있어 일본은 단연 앞설 수 있었습니다.

그런 면에서 하오밍이 씨의 질문을 겸한 결론은

매우 중요한 지적입니다. 그렇지만 하오밍이 씨의 문제 제기를 가장 고마워해야 할 나라는 한국입니다. 한국은 중국과 일본의 침략에 여러 차례 굴복할 수밖에 없었고, 그 과정에서 책 또한 무수하게 약탈당했습니다. 그 책들은 대부분 동아시아 공통 문자인 한자로 씌어져 있습니다. 한국에서는 일찍이 신문학新文學 이전에 있었던 한문학漢文學을 엄연한 역사적·객관적 실체로 인정하고 민족문화 자산의 일부로 받아들였습니다. 그러나 정작 이름은 기록으로 존재하지만 실체를 파악하지 못하는 경우도 적지 않았습니다. 그런 실체를 소유한 사람들이 실증해준다면 한국 문화사도 더욱 충실해질 것입니다.

하지만 동아시아 제 나라는 지난 100년간 압축적으로 근대를 경험하는 과정에서 냉전 시스템이 작동해 서로를 인정하기보다는 애써 무시하거나 공격하는 일이 많았습니다. 문화적 자산 또한 인정하지 않으려 들었죠. 그러나 세계체제가 더욱 공고화될수록 동아시아의 상호 연관성이 날로 긴밀해지고 있음을 느낄 수 있습니다. 따라서 우리는 세계체제의 지역적 구현체인 동아시아 지역체제에 대한 보다 깊은 체계화가 필요하다고 봅니다. 그런 체계화는 서로의 정신적 자산에 대한 이해와 인정이 전제되어야 합니다. 동아시아의 공통된 책의 문화를 마련하는 일은 바로 그런 방향이어야 한다고 보고 있지만, 이에 대한 하오밍이 씨의 의견은 어떠신지요?

동아시아 한자 문화권의 지그소 퍼즐 —— 하오밍이

20세기는 테크놀로지의 시대였습니다. 인류는 상대성이론을 기점으로 이루어진 기술 발전 덕분에 그때까지 경험하지 못한 빠르고 거대한 변화를 겪었습니다. 21세기도 DNA 암호 해독, 생명복제 등으로 알 수 있듯 당분간 테크놀러지의 세기는 수준 높게 발전할 것입니다.

인류는 테크놀로지와 인문적 문화가 교차하며 발전해왔습니다. 두 개의 곡선이 교차하며 오르내리는 모양이죠. 테크놀로지 곡선이 높은 위치에서 발전할 때 인문 곡선은 비교적 낮은 위치에 자리하는 경향이 있습니다. 그런데 20세기에는 테크놀로지 곡선이 급격하게 상승했고, 현재도 이런 경향이 유지되고 있습니다. 그렇다면 앞으로는 틀림없이 인문 곡선이 가파른 상향 곡선을 그리게 될 것입니다.

이유는 간단합니다. 끝이 다하면 반동이 생기게 마련이니까요. 오늘날 테크놀로지는 시간·공간·문화에 대한 인식을 크게 바꿔놓았습니다. DNA 해독은 인류가 신과 대화를 나눈 것과 다름없는 일로 이제 우리는 인류·세계, 시간·공간·우주라는 개념을 새로운 사상으로 재구축해야 합니다. 즉, 인문 곡선은 새로운 전환점을 맞아 상승할 겁니다.

이런 인문 곡선의 새로운 전환점에서 우리는 동양인 특유의 생각을 가져야 합니다. 어떤 관점에서 19세기 이후 인류의 문화는 대부분이 서구의 것이었습니다. 테크놀로지뿐만 아니라 인문 영역도 마찬가지입니다. 서구에서는 17세기부터 테크놀로지가 기계적 우주관과 함께 발전했을 뿐만 아니라 인문 영역도 직선적·이성적 사상과 함께 발전해왔습니다. 그리고 19세기 중엽 서구 세력이 아시아에 진출하자 한자 문화권 국가들은 그들의 테크놀로지에 충격을 받았고 당황했습니다.

중국이 그 대표적인 예라고 할 수 있습니다. 충격에 당황한 결과 본래 갖고 있던 지식과 문화 체계를 파괴하는 동시에 서둘러 서구의 것을 배우려 했기 때문에 결국 정체를 알 수 없는 존재가 되고 말았습니다. 아편전쟁 후 장즈둥張之洞이 제출한 이론이 그 대표적인 예입니다. 서둘러 서구를 따라가기 위해 장즈둥은 중국의 학문을 주체로 하되 서양의 학문을 수단으로 쓰자는 주장을 했습니다. 또한 서양의 학문西學을 정치西政와 기술西藝로 나누고, 전자를 후자보다 우선으로 삼았습니다. 이런 구별은 당시 학습 효율성을 높이기 위한 것이었지만, 그 이후에 미친 영향은 매우 심각합니다. 이 영향으로 백년 이상 중국인은 지식이나 문화에 대해 진지한 태도를 갖지 않았기 때문입니다. 편리함, 속도감, 구체적인 성과를 추구하며 사람들은 계속 지식과 문화를 나누며 파괴했습니다— 자신의 과거 문화뿐만 아니라 서양의 문화까지도. 그리고 20세기에 들어서자 중국에서는 다양한 정치적 주장과 세력이 일어났습니다. 지식과 문화가 분할, 분열, 파괴되는 과정이 더욱 가속화되었습니다. 그 결과 '중국의 학문을 주체로 하자'는 주장에서 주체는 뒤틀렸고, 동시에 수단이 되어야 할 서양의 학문까지 지리멸렬한 것이 되었습니다. 게다가 뒤틀린 중국의 학문은 지리멸렬한 서양의 학문과 서로 영향을 주고받으며 더더욱 왜곡·분열되었습니다.

아시아의 한자 문화권 중에서 중국은 특히 심각한 경우인데, 한국과 일본도 이와 크게 다르지 않을 겁니다.

그런 까닭에 테크놀로지 곡선이 새로운 전환점을 맞이하려는 현재, 인류는 그에 걸맞은 인문 곡선의 전환점에 대해 생각하고 있습니다. 현재 한자 문화권의 사람들은 한편으로 서구와 같은 문제에 직면해 있으면서 다른 한편으로 우리 고유의 문제와도 마주하고 있습니다. 즉 과거 150-60년 동안 안이한 태도로 지식과 문화를 왜곡시키고 파괴했던 문제를 어떻게 해결할 것인가 고민해야 합니다.

동아시아의 한자 문화권이라면 어느 나라나 이 문제에 직면하고 있을 겁니다. 이런 문제를 정리해야 과거를 현재로, 동시에 미래로 연결할 수 있습니다.

굴절되고 파괴된 지식과 문화를 새롭게 정리하기 위해 우리는 마음속에 다음과 같은 이미지를 새겨두어야 할 것입니다.

1_ 이것은 동아시아 한자 문화권에서 해결해야 할 지그소 퍼즐jigsaw puzzle이다. 2_ 이 지그소 퍼즐을 맞춰야 할 사람은 주로 동아시아 한자 문화권의 각 지역과 국가다. 3_ 각 지역·국가에는 각각 완성해야 할 퍼즐이 있고 그 퍼즐은 다른 퍼즐과 영향을 주고받는다.

이것은 지식 퍼즐이며 문화 퍼즐입니다. 중요한 것은 일그러지고 파괴된 자신의 지식과 문화 지도의 퍼즐을 완성시키는 것뿐만 아니라, 다른 지도를 참조·융합함으로써 완성도 높은 지도를 만들 수 있다는 점입니다. 그리고 이로 인해 더욱 생생한 화상을 만들어낼 수 있을 것입니다.

17세기 이후 직선·이성을 주축으로 삼았던 서구의 인문 곡선이 새로운 전환점을 필요로 할 때, 우리 동아시아 한자 문화권의 퍼즐이 성과를 거둔다면 이 새로운 전환점에서 동아시아 문화의 요소와 가치를 투입할 수 있을 겁니다. 이것은 우리의 미래를 위한 의무일 뿐만 아니라, 인류 전체에 영향을 끼치는 가치 있는 일입니다. 그리고 저는 그런 가치와 영향력이 존재한다고 믿습니다. 물론, 우리가 이대로 우리의 지식과 문화를 방치한다면 앞서 언급한 분열과 왜곡은 계속될 것입니다. 그 결과가 어떻게 될지는 쉽게 상상할 수 있을 겁니다.

'왜 동아시아인가'에서 '어떤 동아시아인가'로 —— 한기호

한국의 진보적인 문학 계간지인 〈창작과비평〉은 지난 몇 년간 지속적으로 동아시아 담론을 전개해왔습니다. 이런 일련의 작업은 세계에서 유일하게 분단 상태로 남아 있는 한반도의 냉전체제를 극복하는 과정에서 세계체제를 극복하면서, 어떻게 대안적 질서를 만들어갈 것인가 하는 문제의식에서 생긴 것입니다.

이 잡지를 발행하는 창작과비평사는 지난 9월 공식적으로 회사명을 창비로 바꾸면서 '동아시아의 비판적 지성'이란 기획 시리즈를 첫 책으로 내놓았습니다. 이 시리즈에는 대만의 천광싱(陳光興, 타이완칭화臺灣淸華대학 교수)의 『제국의 눈』, 중국 쑨거(孫歌, 중귀서후이커쉐위안中國社會科學院 연구원)의 『아시아라는 사유공간』, 추이즈위안(崔之元, 미국 MIT 교수)의 『중국은 어디로 가고 있는가』, 왕후이(汪暉, 중귀칭화中國淸華대학 교수)의 『새로운 아시아를 상상한다』, 일본의 사카이 나오키(酒井直樹, 미국 코넬대학 교수)의 『국민주의의 포이에시스』와 야마무로 신이치(山室信一, 교토대학京都大學 교수)의 『여럿이며 하나인 아시아』 등이 수록되었습니다.

시리즈의 기획자들은 '기획의 말'에서 19세기 후반 "서세동점西勢東漸의 역사 속에서 서양의 문명적 표준에 비춰진 동아시아는 '야만' 또는 '반야만'으로 위치지어"졌었지만 "21세기 초입인 지금 동아시아는 세계의 번영과 쇠퇴, 평화와 전쟁을 갈음하는 핵심적 지역으로 부상"하고 있다는 현실인식을 합니다. 이어 동아시아란 "지리적 경계나 구조를 지닌 실체가 아니라 이 지역을 구성하는 주체의 행위에 따라 유동하는 역사적 공간"이라고 정의합니다.

한국에서는 이미 동아시아 담론이 지식인 사회에서 유행이라고 할 정도로 활기를 띠고 있는데, 이런 논의는 "단순히 역사적·문명사적 관점이 아닌, 실천적 과제"여야 하며, 이제 우리는 '왜' 동아시아인가에서 더 나아가 '어떤' 동아시아인가를 물을 때라는 상황인식을 합니다. 따라서 이제 "동아시아가 역사적 실체로서 허용하고 요구하는 미래지향적 과제를 한층 더 적극적으로 감당해야 할 시점"입니다. 나아가 이런 논의가 '지적 유행'으로 그치지 않으려면 "미국이 주도하는 전지구적 자본주의의 확산과정에서 억압당하고 있는 모든 지역에 대한 관심과 연대"로 이어져야 한다는 점을 강조했습니다.

그들은 이제 동아시아는 '실천과제(또는 프로젝트)로서의 동아시아'라고 규정짓고 있습니다. 이런 기획물이 등장한다는 것은 일단 한국 사회에서 서구지식인에 비해 '물리적인 거리'보다 '마음의 거리'가 더 멀었던 동아시아의 비판적 지식인들의 생각을 구체적으로 대중에게 전달한다는 점에서 매우 의미 있는 일이라 하지 않을 수 없습니다.

하지만 이런 작업이 보다 의미를 가지려면 개별 사회에서의 실제적인 변화를 통해 서로 접점을 찾아야 합니다. 그것을 통해 "후기 자본주의가 추구하는 세계화와 문화적 획일성, 서구를 모델로 한 단선적인 발전관에서 벗어나 새로운 문명과 사고, 전략의 단위로서의 동아시아가 지닌 가능성"을 구체적으로 찾아내야 합니다. 더구나 이번 '동아시아 공동출판' 프로젝트를 통해서는 왜 새삼 동아시아인가에 대한 깊은 천착이 필요합니다.

출판에서 동아시아가 지역적 관심 이상의 주목을 받는 이유는 무엇일까요? 2001년 WTO에 가입한 중국이 "세계 최대의 충분히 개발되지 않은 도서소비시장으로 외국자본이 노리는 '식탁 위에 남은 마지막 고깃덩이'라 할 수 있기"(천궤이룽陳桂龍 「중국 출판업 : 예상된 변화상황」, 〈웨칸원화月刊文化, 중궈원화웨칸서中國文化月刊社, 2003년 8월호) 때문일까요? 중국과 문화적 동질성이 높은 일본과 한국이 출판물 수출을 통해 자본을 늘리려는 대상이기 때문일까요?

사실 2003년 9월 베이징에서 열린 국제 도서전에서 중국 출판인들의 한국 출판물에 대한 관심은 대단했습니다. 이것은 구체적인 통계에서도 드러납니다. 중국의 한국 출판물 수입량은 2001년에 351.15퍼센트 증가하고, 2002년에 244.34퍼센트, 2003년 상반기까지는 이미 100퍼센트 이상 증가했습니다. 전체 번역서 중 한국 출판물이 차지하는 비중은 1999년부터 2002년까지는 +1.43퍼센트였으나, 이를 2003년 상반기까지 연장하면 +2.13퍼센트나 됩니다. 그래서 한국은 최근 중국 출판에서 가장 주목하는 국가가 되었습니다. (이상 자료는 〈中國新聞出版報〉, 2003. 9. 17)

하지만 중국이 수입하는 출판물들은 주로 아동·청소년 대상의 과학, 환경, 스포츠, 문화 등을 다룬 학습만화이거나 한류 바람의 장르소설, 건축과 컴퓨터 서적 등 실용서에 집중되고 있습니다. '어떤' 동아시아인가에 답하는 출판물들에는 아예 관심이 없다 해도 무방합니다. 사실 이런 일은 과거에 한국이 일본 출판물을 수입할 때 벌어졌던 일과도 비슷합니다. 필자는 세계 출판계가 동아시아에 대해 갖는 관심은 이런 저작권 수출 차원 이상이라고 생각합니다. 납활자hot type 시대에는 활자가 단지 메시지만 전달했다면, 사진식자cold type와 필름이 활용되던 시대부터는 활자가 스스로의 규약이나 틀에서 벗어나며 의미와 이미지를 함께 전달하기 시작했습니다. 활자 안에 잠재되었던 이미지성의 발견은 디지털 시대의 산물이라고 보아야 합니다.

그런데 활자의 이미지성은 단지 메시지만 전달하는 표음문자인 영어보다 이미지성이 강한 표의문자인 한자가 매우 유리합니다. 한글은 비록 표음문자이기는 하지만 표의문자적인 특성도 내포하고 있습니다. 그래서 타이포그래피가 21세기 커뮤니케이션 디자인의 키워드가 되고 있는 지금, 동아시아는 새로운 가능성에 직면하고 있습니다. 책의 촉각성과 물성이 중시되는 새로운 아날로그로서의 책의 가능성이 점증하는 만큼, 동아시아는 앞서서 그 가능성을 키워가야 할 것이며 그런 작업을 통해 '어떤' 동아시아인가를 책이라는 구체적인 상품을 통해 구현할 수 있어야 할 것입니다.

후기

가와카미 스스무 河上 進
〈책과컴퓨터〉 동아시아 공동출판 프로젝트 편집장

'동아시아의 출판'이란 주제로 한국, 중국, 대만, 일본이 진행하는 공동출판은 2003년 1월부터 기획했다. '우리 〈책과컴퓨터〉 편집실에서 몇 년 동안 구축한 동아시아 인맥을 살려 함께 책을 만들어 보고 싶다.' 첫 동기는 이렇게 소박했다.

일본은 물론이고 다른 세 나라에서도 번역 출판은 활발하게 진행되고 있다. 그러나 학술 연구서를 제외하면 여러 나라의 저자나 편집자가 대등한 입장에서 국제적인 공동출판을 한 적은 거의 없다. 출판 환경이나 편집 방식도 다르다. 따라서 미리 어떤 원칙을 세워야 했는데 이것이 굉장히 어려운 일이었다. 그리고 4월, 구체적인 준비를 하며 서서히 새로운 문제와 직면했고 하나씩 실마리를 풀듯 해결해야 했다. 예컨대 '4개국'이라는 일본어 표현이 있다. 미묘한 문제가 있는 건 알지만 '4지역'이라 해도 모순은 사라지지 않았다. 결과적으로 일본어판에서는 '4개국'이란 표현을 썼는데 여기에 전혀 정치적인 의도가 없음을 밝혀둔다.

이 책은 구성에서 집필자 선정까지 3개월이 넘게 걸렸다. 우리는 구미와 다른, 동아시아 책의 전통이나 문화교류, 근현대에서 미래까지 책의 형태나 독서 환경 변화 등을 총체적으로 짚어 보자고 제안했다. 그러나 각국의 편집위원이 낸 안은 현재, 그러니까 최근 10여 년 간 출판계의 굵직한 변화를 전달하는 데 중점을 둔 것이었다. 이메일 교환과 회의를 통해 결정한 차례는 평론과 르포 등 각국의 출판 사정을 구체적으로 논하는 부분과 거시적으로 '동아시아의 문화'를 논하는 부분으로 구성했다.

또 각국이 독자적으로 편집·디자인한 16쪽짜리 '특집'에도 몇 가지 문제가 생겼다. 한국의 정병규, 중국의 왕옌, 대만의 황용쑹 씨가 디자인한 작품의 디지털 데이터에 번역한 일본어 텍스트를 앉히기로 했는데 열리지 않는 파일이 오기도 했고, 번역하면서 분량이 늘어나 부득이하게 문장을 삭제할 수밖에 없는 일도 있었다.

그러나 오랜 시간이 걸린 이 작업은 결코 헛된 것이 아니었다. 여름부터 가을까지 우리가 받은 원고는 각국의 현재 출판 상황을 생생하게 전하는 동시에 '책과 출판의 미래'에 희망을 주는 것이었다.

많은 사람들의 공동작업으로 일본어판이 완성되었다. 그러나 이것은 하나의 과정에 불과하다. 앞으로 각국 편집위원의 주도하에 새롭게 번역·편집된 한국어판(한국), 간체자판(중국), 번체자판(대만)이 간행될 것이다. 또 구미에서 영어판도 간행될 예정이다. 이 모든 버전이 상호 협력을 통해 완성될 것임은 두말 할 필요도 없다.

지역을 초월해 언어의 장벽을 뛰어넘는 공동출판의 경험을 어떻게 축적하고 이어나갈 것인가. 이것이 프로젝트에 참가한 동아시아 출판인에게 주어진 공통의 과제이다.

편집위원

중국 류쑤리劉蘇里, 대만 하오밍이郝明義, 일본 가토 게이지加藤敬事, 한국 한기호

동아시아 공동출판 ■ 한국어판
동아시아에 새로운 '책의 길'을 만든다

2004년 6월 5일 ···	1판 1쇄 발행
펴낸곳 한국출판마케팅연구소 ·······················	**출판등록** 2000년11월6일제10-2065호
주소 ··	121-818 서울시 마포구 동교동 184-17 경문사빌딩4층
전화 02-336-5675 ······················· **팩스** 02-337-5347 ·······················	**이메일** kpm@chollian.net
디자인 정병규디자인 ···	**인쇄** 예림인쇄
ⓒ**한국출판마케팅연구소, 2004.** ·······················	**Printed in Seoul, Korea.**
ISBN 89-89420-25-3 ···	값은 뒤표지에 있습니다
총판 ㈜송인서적 ······················· **전화** 02-491-2555 ·······················	**팩스** 02-439-5088-90

이 책은 일본의 다이닛폰 인쇄주식회사(大日本印刷株式會社)가 지원하는
『동아시아 공동출판, 동아시아에 새로운 '책의 길'을 만든다』 한국어판이다. 2004년 3월 8일에 일본어판이 간행되었다.
일본어판의 편집은 〈계간 책과컴퓨터〉 편집실, 발행은 다이닛폰 인쇄주식회사 ICC 본부,
발매는 주식회사 트랜스아트 이치가야 분실에서 진행했다.

2004 한국출판마케팅연구소 도서목록

네트워크 세상으로 통하는 엔터키! 〈키워드 100〉 시리즈

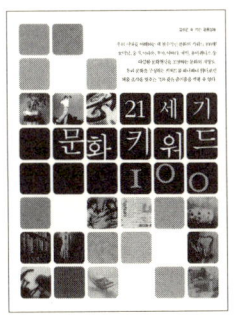 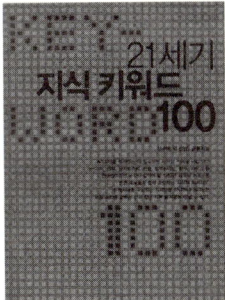

21세기 문화 키워드 100 김성곤 외 75명 공동집필 | 444쪽 | 20,000원
❖ 한국간행물윤리위원회 청소년 권장도서 - 사회부문

21세기 지식 키워드 100 강수택 외 68명 공동집필 | 548쪽 | 20,000원
❖ 문화관광부 추천도서 - 학술부문

❖ 〈키워드〉 시리즈는 계속 출간됩니다.

원 테마 출판 전문지 계간 〈북페뎀〉

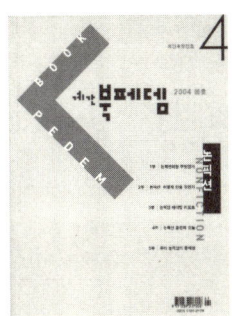 

01_어린이책 북페뎀편집위원회 엮음 | 272쪽 | 25,000원
02_출판기획 북페뎀편집위원회 엮음 | 400쪽 | 28,000원
03_청소년출판 북페뎀편집위원회 엮음 | 400쪽 | 20,000원
01_논픽션 북페뎀편집위원회 엮음 | 324쪽 | 20,000원

05_장르문학 04.6 발행예정
06_그림책 04.9 발행예정
07_북디자인 04.12 발행예정

한 해의 출판 동향과 전망 〈책의 현장〉

책의 현장 2001 한국출판마케팅연구소 엮음 | 328쪽 | 15,000원
책의 현장 2002 한국출판마케팅연구소 엮음 | 352쪽 | 15,000원
책의 현장 2003 한국출판마케팅연구소 엮음 | 580쪽 | 25,000원
책의 현장 2004 한국출판마케팅연구소 엮음 | 744쪽 | 35,000원

디지털 시대의 출판 어떻게 변화하는가

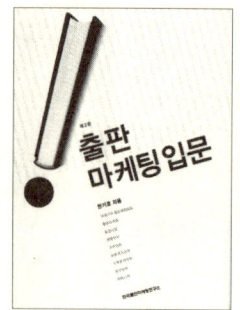 

출판마케팅 입문 제2판 한기호 지음 | 376쪽 | 18,000원
한국출판의 활로, 바로 이것이다 한기호 지음 | 340쪽 | 15,000원
구텐베르크 은하계의 행방 츠노 카이타로 지음, 한기호·박지현 옮김 | 312쪽 | 12,000원
디지털 시대의 책 만들기 한기호 지음 | 308쪽 | 10,000원
우리에게 온라인 서점은 과연 무엇인가 한기호 지음 | 184쪽 | 8,000원
e-북이 아니라 e-콘텐츠다 한기호 지음 | 208쪽 | 8,000원

아, 이렇게 즐거운 책 읽기라니!

각주와 이크의 책읽기 이권우 지음 | 376쪽 | 10,000원
어느 게으름뱅이의 책읽기 이권우 지음 | 202쪽 | 8,000원
테마가 있는 책 읽기 최성일 지음 | 300쪽 | 12,000원
베스트셀러 죽이기 최성일 지음 | 216쪽 | 8,000원
주례사 비평을 넘어서 김명인 외 지음 | 336쪽 | 12,000원

사랑받은 책은 이유가 있다

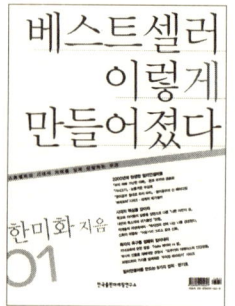 

베스트셀러 이렇게 만들어졌다_01 한미화 지음 | 308쪽 | 15,000원
베스트셀러 이렇게 만들어졌다_02 한미화 지음 | 368쪽 | 18,000원
우리시대 스테디셀러의 계보 한미화 지음 | 200쪽 | 8,000원
책과 말하다 박맹호 외 지음 | 389쪽 | 20,000원